Hsüan-tsangs Reisewege

Hsüan-tsang beim Rezitieren der Sūtren, chinesische Steinabreibung.

René Grousset

Die Reise nach Westen

oder
wie Hsüan-tsang den Buddhismus
nach China holte

Aus dem Französischen
von Peter Fischer
in Zusammenarbeit mit
Renate Schmidt

Eugen Diederichs Verlag

Originaltitel: Sur les Traces du Bouddha (Librairie Plon, Paris)

Mit 15 Abbildungen und einer Karte

CIP-Kurztitelaufnahme der Deutschen Bibliothek

Grousset, René:
Die Reise nach Westen oder wie Hsüan-Tsang den Buddhismus nach China holte
René Grousset. Aus d. Franz. von Peter Fischer in Zusammenarbeit mit Renate Schmidt.
1. Aufl. – Köln : Diederichs, 1986.
Einheitssacht.: Sur les traces du Bouddha ‹dt.›
ISBN 3-424-00890-7

Erste Auflage 1986

Umschlaggestaltung: Eberhart May, Bergisch Gladbach
Satz: Fotosatz Froitzheim, Bonn
Druck und Bindung: Clausen & Bosse, Leck
ISBN: 3-424-00890-7

Inhalt

Der Marco Polo des Ostens 7
Vorwort zur deutschen Ausgabe

Im China der Epen 13
Der Ruf des Buddhismus 31
Durch den Großen Westen 39
Persische Malereien im Inneren der Gobi 51
In Erwartung der Horden 73
In der gräko-buddhistischen Welt 87
Dem heiligen Ganges entgegen 118
An den heiligen Stätten des Buddhismus 139
Reise durch den Dekhan 171
Nālandā, die Klosterstadt 187
Der Dichterkönig Harṣa 197
Vom Pamir bis nach Tunhuang 217
Der Ruhm der T'ang 237

Chinesische Pilgermönche auf der Seidenstraße 249
Ein Nachwort

Anhang
Literaturhinweise 257
Register 258

Der Marco Polo des Ostens

Vorwort zur deutschen Ausgabe

Sur les Traces du Bouddha heißt dieses Buch im Original, geschrieben von einem der besten Kenner der Materie, dem Orientalisten, Kunsthistoriker und Museumsmann René Grousset (1885–1952), Mitglied der Académie Française.

Auf den Spuren Buddhas umschließt vieles. Vor allem die unerhörte, in ihren Wirkungen einzigartige Pilgerreise des Hsüan-tsang, den es im 7. Jahrhundert in die Länder des Westens zog, vor allem nach Indien, um dort das Gesetz zu suchen, das Buddha der Welt hinterlassen hatte, und um die ursprüngliche, die vollkommene Lehre in seine Heimat zu überführen; der fast 17 Jahre lang ›on the road‹, auf der Seidenstraße und dann an den heiligen Stätten des Buddhismus zubrachte, bevor er weitere 19 Jahre darauf verwandte, die mitgebrachten 657 Sanskrit-Handschriften ins Chinesische zu übersetzen: der bedeutendste Reisende und *homme de lettres* seiner Zeit, ein ›Marco Polo des Ostens‹, in seiner Wirkung kaum zu überschätzen.

Durch die Person dieses Pilgermönches läßt uns Grousset mit den markantesten Persönlichkeiten der Epoche zusammentreffen, dem T'ang-Kaiser T'ai-tsung und dem Guru Śīlabhadra, Führern der Steppenvölker wie indischen Fürsten, und disputierenden Buddhisten jedweder Abstammung. Er zeichnet Charaktere, ebenso prägnant wie Sitten und Bräuche unterschiedlicher Länder oder wie die Kleidungs- und Eßgewohnheiten der jeweiligen Anhängerschaft.

Kräftige Spuren haben auch die sino-buddhistischen Kunstwerke und Bauten dieser Zeit hinterlassen: die Reliefs von Gandhāra, die Fresken von Turfan, die hundertfachen Buddhastatuen im Höhlenkloster Tunhuang. Als heute noch greifbare Zeugnisse verwehter und versunkener Kulturen werden sie eingehend beschrieben, in ihren Ursprüngen, Einflüssen, Wechselwirkungen. Gestützt auf die Ausgrabungen von Aurel Stein (Chotan), Le Coq und Grünwedel (Tur-

fan), Alfred Foucher (Nagarahāra), die auch deswegen glückten, weil Hsüan-tsang 1200 Jahre zuvor sehr präzise geographische und geomorphologische Angaben machte, gelingt es Grousset, uns die Epoche auch kunstgeschichtlich nahezubringen. Im Vergleich mit griechischen, mit persischen Artefakten schafft er weite Horizonte.
Der Reiseweg des Hsüan-tsang erhellt auch die politische Geschichte Zentralasiens, einschließlich Tibets und der Mongolei. Er führt zu den Anfängen der glanzvollen T'ang-Zeit (618 bis 907) und in das kaum durchschaubare Indische Reich. Hsüan-tsangs in zwölf Kapitel gegliederte ›Aufzeichnungen über die Westlande aus der Zeit der Großen T'ang-Dynastie‹ (*Ta-T'ang Hsiyü chi*, 648), in denen er dem Kaiser seine strapaziösen Reisen schildert, gelten als zuverlässigste Quelle selbst der indischen Verhältnisse, über die sonst wenig Authentisches vorliegt.
So wird dieses Buch gewissermaßen zum Reiseführer durch das Asien des 7. Jahrhunderts, und speziell seiner mächtigen Ost-West-Tangente, der Seidenstraße. Durch und mit Hsüan-tsang lernen wir die heiligen Stätten des Buddhismus kennen, bekommen Einblick ins tägliche Leben, nehmen die geistigen Energien wahr, ohne die jenes Reiseabenteuer nie geglückt wäre. In wenigen Strichen skizziert der Autor sein Vorhaben:
»Unsere westliche Welt lag damals in einer Art Dämmerzustand, sie ahnte nichts von dem baldigen Anbruch des Romanischen Zeitalters. Noch waren in Byzanz die großen ›makedonischen Basileis‹ nicht hervorgetreten, doch im Fernen Osten erlebten Indien und China eine Epoche intensivster politischer wie intellektueller, religiöser wie künstlerischer Aktivität. Der Buddhismus hatte sie zueinander in Beziehung gesetzt und eine breite humanistische Strömung geschaffen, die von Ceylon bis zu den nördlichen Inseln des japanischen Archipels reichte. Von der Austrocknung des Islam, der religiösen Verarmung im Zuge des Neokonfuzianismus und auch von den rückschrittlichen Auswirkungen des Hinduismus war erst wenig zu spüren. Die buddhistische Spiritualität, die sich in tausend Jahren meditativer Versenkung entwickeln konnte, hatte bisher unvorstellbare Tiefen der menschlichen Seele erreicht – und die indische Kunst hatte daraus kräftige Impulse erhalten. China, sehr empfänglich für Neuerungen, zudem auf einem Höhepunkt seiner Macht, ließ sich von solcher Stärke und Reinheit anrühren.

So kam es zu einer Sternstunde menschlichen Geistes, einer Stunde Athens und Alexandrias ebenbürtig. Es war die große Zeit des chinesischen Epos in Zentralasien, der gigantischen Pilgerreisen an die heiligen Wasser des Ganges, des machtvollen *Großen Fahrzeugs* (Mahāyāna) und der *Kunst der Gupta*. Dieses Zeitalter einer blühenden Kultur möchte ich im vorliegenden Buch noch einmal erstehen lassen.« Soweit der Autor in seinem Vorwort zur Erstauflage (Paris 1929).

Im Geleitwort zur Neuausgabe 1977 stellt Jeannine Auboyer, Chefkonservatorin des Musée Guimet, das Grousset jahrzehntelang geleitet hatte, einen Zusammenhang her zwischen seinen damaligen Entdeckungen, seiner inspirierten Mittlertätigkeit und den soeben zugänglich gemachten Sammlungen indischer, zentral- und ostasiatischer Kunst in den neuen Räumen des Museums. Es sei Groussets bleibendes Verdienst, die verschiedenen asiatischen Kulturen einem breiteren Publikum bekanntgemacht zu haben, und dies in aller wünschenswerten Differenzierung, sowohl ihrer Formenwelt nach wie auch in ihrer geschichtlichen Entwicklung.

Die deutsche Übersetzung dieser – nun schon klassischen – Darstellung berücksichtigt auch neuere Forschungsergebnisse. Sie konzentriert sich dabei auf die ersten dreizehn Kapitel, die mit dem Tode des Pilgermönchs und ›Schriftenholers‹ Hsüan-tsang schließen. In einem Schlußkapitel wird resümierend über die Nachwirkungen dieser Jahrhundertgestalt berichtet. Vielleicht wird es eines Tages möglich, den originalen Reisebericht des Hsüan-tsang, den er 648 seinem Kaiser vorlegte und der bereits in Korea (1058), in Japan (1911), auf Französisch (1857/58) und auf Englisch (1885) erschienen ist, auch den deutschen Lesern zu vermitteln. Das gilt ebenso für den umfangreichen, in China ungeheuer populären Roman ›Die Reise in den Westen‹ von Wu Ch'eng-ên (um 1550), dessen Handlungsentwurf auf die Reise des Hsüan-tsang zu Beginn der T'ang-Zeit zurückgeht. Erst wenn dieser 100 Kapitel umfassende Roman vollständig im Deutschen vorliegt, wird man einschätzen können, wie sich historischer Bericht, legendäres Rankenwerk, Phantasie und Darstellungskraft eines späteren Romanciers überlagern. Im mythologischen Roman, neun Jahrhunderte später als Hsüan-tsangs ›Aufzeichnungen über die Westlande‹ verfaßt, pilgert ›San-Tsang‹ in Begleitung des heldenhaften Affenkönigs Sun Wu-k'ung, des sehr menschlichen Schweins

孫行者

Der legendäre Affe aus dem Roman ›Die Reise in den Westen‹.

Chu-pa-chieh und eines zum Buddhismus bekehrten Dämons nach Indien, um der heiligen Schriften habhaft zu werden. Er muß unterwegs neun mal neun Prüfungen bestehen – ein Stationendrama von immer wiederkehrenden Verführungen, Verzauberungen, Dämonenkämpfen, Himmel- und Höllenwesen.
In Form dieser magischen Pilgerfahrt, als romanhafte Epopöe, als Einzelepisode in Pekingoper, Schattentheater, Puppenspiel oder Bilderbuch, lebt die Gestalt unseres ›großen Reisenden‹ heute fort.

Ulf Diederichs

Vorbemerkung des Übersetzers

Zur Transkription der chinesischen Namen und Begriffe wird das Wade-Giles-System verwandt. Zweisilbige geographische Namen werden zusammengeschrieben, mehrsilbige mit Bindestrich. Chinesische Personennamen werden entsprechend der chinesischen Praxis wiedergegeben: der Familienname steht dem persönlichen Namen voran. Die Transkription der Sanskritnamen und -begriffe erfolgt nach Monier-Williams: *A Sanskrit-English Dictionary* mit geringfügigen Modifikationen nach Franklin Edgerton: *Buddhist Hybrid Sanskrit Dictionary* und Mochizuki Shinkō: *Bukkyōdaijiten*. Eine Pluralbildung von Sanskritbegriffen und -namen erfolgt nicht (Ausnahmen: Buddha, Bodhisattva, Jaina); Sanskritnamen erhalten durchgängig ein genitivisches -s. Bei modernen indischen, afghanischen und zentralasiatischen Namen wird aufgrund der vielen unterschiedlichen Transkriptionssysteme auf die Verwendung diakritischer Zeichen verzichtet und ihre Schreibung weitgehend eingedeutscht. Eckige Klammern im Text kennzeichnen Zusätze des Übersetzers.

Im China der Epen

Selten wurde die Menschheit derart gewaltig durcheinandergemischt wie im Fernen Osten zur Zeit des frühen Mittelalters, das auf den Zusammenbruch des nationalen Reiches der Han folgte, dem chinesischen Äquivalent für unser Römisches Reich. Im Laufe zweier Jahrhunderte, dem vierten und fünften, lösten sich turko-mongolische Horden, die mehr oder weniger mit den Hunnen in Europa verwandt waren, in der Herrschaft über die Provinzen Nordchinas ab; ein Schauspiel, das im Grunde dem unseres Abendlandes im fünften und sechsten Jahrhundert entsprach und das ihm auch in sittlich-moralischer Hinsicht ziemlich ähnlich war, da die tatarischen Söhne des Himmels ihre primitive Grausamkeit mit dem Laster alter, dem Verfall preisgegebener Kulturen vereinigten. Hat uns nicht Charles Vignier auf die Spuren dieses Rückschrittes selbst bei der – übrigens prachtvollen – Barbarei zeitgenössischer Bronzen hingewiesen?
Zu Beginn des fünften Jahrhunderts schließlich schaltet eine dieser Tatarendynastien, staatsmännischer als die anderen, die der Toba-Türken, welche sich Könige von Wei nennen lassen, verwandte Horden aus, nimmt die chinesische Kultur an und führt nahezu 150 Jahre lang in Nordchina ein glorreiches, kraftvolles, aufs Ganze gesehen friedliches Regiment.
Im Jahre 453 n. Chr. tritt der Herrscher dieser Sino-Tataren der Wei, T'o-pa Chün, zum Buddhismus über.
Der Buddhismus war, daran sei erinnert, kein Neuankömmling in China, da er dort bereits seit fast vier Jahrhunderten verkündet wurde. Dort hatte er gute wie schlechte Zeiten gesehen: Von den nationalen Kaisern des Altertums lange Zeit für unbedeutend gehalten, war er in der Folge von mehreren barbarischen Stämmen, die in Nordchina eindrangen, übernommen worden, wobei er von ihrer kurzlebigen Macht profitierte, aber aufgrund eben dieser Tatsache

auch auf den Widerstand der konservativen Literati stieß. Die Bekehrung der Toba-Könige von Wei war ein Ereignis von ganz anderer Bedeutsamkeit. Obgleich von barbarischer Herkunft, waren diese Fürsten hinreichend assimiliert, um von den Nordchinesen als einheimische Herrscher angesehen zu werden. Tatsächlich ist es ihnen zu verdanken, daß der Buddhismus erstmals vollständig Fuß fassen konnte, und er wurde, da die südlichen Kaiser von Nanking derselben religiösen Strömung wie ihre Rivalen in den Nordprovinzen folgten, beinahe über Nacht in ganz China Staatsreligion.
Sein Triumph sollte, wie wir sehen werden, in der Kunst unsterbliche Zeugnisse hinterlassen: die Höhlenanlagen von Yünkang und Lungmên mit ihren aus dem Fels gehauenen Reliefs und ihren Statuen, die uns in ihrer Kraft, ihrer Inbrunst und Aufrichtigkeit bereits an die Kunst unserer Kathedralen denken lassen. Diese machtvolle Renaissance, unserer romanischen Renaissance des elften Jahrhunderts so ähnlich, weitete sich noch aus, als eine brillante nationale Dynastie, die der Sui, die beiden China vereint und das große Reich früherer Zeiten wiederhergestellt hatte. In den wenigen Jahren ihrer Herrschaft (589–617) vervielfachten die sino-buddhistischen Bildhauerwerkstätten ihre Erzeugnisse, und man muß lediglich die Alben von Oswald Sirén durchblättern, um festzustellen, welch ein Reichtum an Meisterwerken in dieser kurzen Zeitspanne entstehen konnte. Die Torheiten des zweiten Kaisers der Sui, Yang-ti, des chinesischen Xerxes oder Sardanapal, bewirkten dann jedoch den erneuten, jähen Zusammenbruch, den Aufstand der Prätorianer und Legionskommandeure, den Krieg von Provinz zu Provinz, zwischen Kondottiere und Kondottiere. Wir sind heute gut mit dem Rhythmus der chinesischen Bürgerkriege und dem Elend in ihrem Gefolge vertraut; hinzufügen muß man jedoch noch das damals unvermeidliche Wiederauftauchen der Barbaren am Rande der Gobi und an allen Übergängen der Großen Mauer.
Dichter der T'ang-Zeit wie Yang Ch'iung werden uns von ihrer Verzweiflung angesichts der Rückkehr der großen tausendjährigen Erschütterungen nach der kurzlebigen Reichseinheit unter den Sui erzählen: »Die Kriegsbrände haben Ch'angan erleuchtet. Niemanden gibt es heutzutage, der im Innersten seines Herzens frei von Sorge wäre. Reiter im eisernen Harnisch umzingeln die kaiserliche Hauptstadt. Die Flocken des Schnees lassen die vereisten Standarten schwer

werden. Die wütende Stimme des Windes mischt sich mit dem Lärm der Trommeln. Nun also sind die Zeiten zurückgekehrt, in denen der Führer von 100 Soldaten höheres Ansehen genießt als ein in den Wissenschaften erfahrener und begabter Gelehrter!«

Ein anderer zeitgenössischer Dichter, Wei Chêng (gest. 643), legte sein Schreibzeug nieder, um sich einer der kämpfenden Armeen anzuschließen: »Da man noch immer um das Reich streitet, werfe ich meinen Pinsel hin, um nur noch an die Streitwagen zu denken. Wenngleich viele Pläne fehlgeschlagen sind und sich viele Hoffnungen als trügerisch erwiesen haben, so hat doch wenigstens meine Tatkraft noch unvermindert Bestand. Mit einem Kletterstab und einer Reitpeitsche mache ich mich auf den Weg und werde mich, mein Pferd anspornend, dem Sohn des Himmels erbieten. Ich will, daß er mir einen Strick gibt, um den Anführer der Rebellen zu fesseln; ich will, daß meine siegreichen Waffen die Dreistigkeit unserer Feinde zerschmettern. Auf gewundenen Pfaden erklimme ich die Gipfel und steige wieder hinab in die Ebenen. Auf alten, verkrüppelten Bäumen singt der Vogel, von Rauhreif erstarrt. In der Einsamkeit des Gebirges vernehme ich des Nachts das Geschrei der Affen. Auf atemberaubende bodenlose Abgründe folgen endlose Wege. Andere Wagemutige würden schwach angesichts dieser Prüfung, nicht jedoch der Krieger, der einen strengen Willen in seinem Herzen trägt.«

Der Führer, den Wei Chêng zu treffen sich aufmachte, war der junge General Li Shih-min, der künftige Kaiser T'ai-tsung der Große. Zu jenem Zeitpunkt trat er tatsächlich als der geniale Krieger in Erscheinung, der mit starker Hand das Reich wiederherstellen und der chinesischen Geschichte und Kultur für drei Jahrhunderte einen neuen Verlauf aufzwingen sollte.

Der Vater Li Shih-mins, Li Yüan, Graf von T'ang und Gouverneur eines Militärdistriktes in Shanhsi, war ein Mann von edlem Geschlecht, ein geschätzter General, ein redlicher Beamter, soweit dies für eine Persönlichkeit seiner Bedeutung möglich war, ein übervorsichtiger Charakter, der sich stets davor fürchtete, seinem Ruf zu schaden, und der sich doch genügend Loyalität bewahrte, seinen Eid nur in allerhöchster Not zu brechen. Überdies war er von konfuzianischer Weisheit und gelehrten Maximen erfüllt. Auch Li Shih-min war trotz seiner Jugend (er war 597 geboren worden und demnach etwas über 20 Jahre alt) mit historischen Reminiszenzen und schönen Sentenzen aufgewachsen. Aber die Erfahrung des Lagerlebens – das Lehen seines Vaters war eine Art Mark, die sich ständig in Alarmbereitschaft gegen die Raubzüge der Türken befand – ebenso wie die Erfahrung des Lebens am Hofe – dieser Hof der Sui, der prächtigste, korrupteste und eigenwilligste, den man jemals im Fernen Osten gesehen hatte – hatten den jungen Mann gelehrt, sich eher der konfuzianischen Weisheit zu bedienen, als sich von ihr knechten zu lassen. Was immer er im weiteren Verlauf unternimmt – und wir werden merkwürdige Schatten in seinem Lebenswandel feststellen –, stets wird er es verstehen, die Moral auf seiner Seite zu haben. Dies und ein außergewöhnlicher Elan, eine fast untrügliche Sicherheit der Entscheidung, sowie eine vollkommene Ausgewogenheit zwischen Tapferkeit, Wagemut und gesundem Menschenverstand machen ihn im damaligen China zum Ideal des vollkommenen Menschen.

Unterdessen befand sich das Reich in einem Zustand völliger militärischer Anarchie. Kaiser Yang der Sui hatte sich nach Yangchou zurückgezogen, wo er im Schutze des Mündungsgebiets des Blauen Flusses (Yangtze) unter Verzicht auf den Thron ein ausschweifendes Leben führte, während seine Generäle einander die Provinzen streitig machten. Den jungen Li Shih-min, der einer festen militärischen Gefolgschaft auf seinen Domänen in Shanhsi gewiß und durch persönliche freundschaftliche Beziehungen mit mehreren türkischen Khanen gestärkt war und überdies mit verschiedenen Beamten des Palastes wertvolle Intrigen gesponnen hatte, quälte der Ärger über die anachronistische Loyalität seines Vaters. Um letzterem seinen Willen aufzuzwingen, griff er zu durch und durch chinesischen Methoden. Er hatte sich, gesteht uns die *Geschichte der T'ang*, mit einem Eunuchen des kaiserlichen Harems verbündet. Auf Li Shih-mins Betreiben bot der Eunuch Li Yüan ein Mädchen an, das für den Kaiser ausersehen war. Das junge, zurückgezogen lebende Mädchen muß hübsch gewesen sein, denn ohne zu überlegen, nahm der ehrenwerte Li Yüan das gefährliche Geschenk an. Sogleich machte Li Shih-min seinen Vater darauf aufmerksam, daß er seine Familie soeben in die Reichsacht gesetzt hätte, da die Entführung eines Palastmädchens rechtlich mit dem Tode bestraft würde. Li Yüan war darüber aufs höchste bestürzt, aber was konnte er machen? Für einen Rückzug war es zu spät. Er rief seine Getreuen zusammen und

mobilisierte die Truppen seines Gouvernements in T'aiyüan, seiner Residenz, Hauptstadt des heutigen Shanhsi, – nicht ohne zunächst seine eigenen Skrupel durch die Ankündigung zu beschwichtigen, daß er nur aus Loyalität zu den Waffen greife, um den Kaiser von anderen Thronbewerbern zu befreien.
Das war alles, was Li Shih-min wollte. Seine Armee war bereit. Ebenso wie er es verstanden hatte, sich Helfershelfer bis in den kaiserlichen Harem hinein zu verschaffen, hatte er sich durch seine offene und ehrliche soldatische Haltung die Sympathie der Türken erworben. Diese gefährlichen Nachbarn hatten ihm 500 Elitesöldner sowie 2000 Pferde zur Verfügung gestellt. Zur gleichen Zeit verkauft seine Schwester Li Shih, eine junge Heldin, die ebenso gut auf dem Pferd reitet wie er, ihren Schmuck und wirbt mit dem Erlös 10000 Mann an, die sie ihm zuführt. Li Shih-min verfügt bald über 60000 erprobte Soldaten, deren Strapazen er teilt, die er durch sein Vorbild zu fanatisieren weiß und die ihm bis in den Tod ergeben sein werden. Mehr als vier Jahre lang (618–622) wird er Provinz für Provinz, Armee für Armee Ordnung in das chinesische Chaos bringen.
Zuallererst werden die Bedenken seines Vaters durch die Umstände beschwichtigt: Unten am Yangtze haben Angehörige der Leibwache unter Ausnutzung der allgemeinen Unruhen den legitimen Kaiser Yang ermordet. Daraufhin erklärt sich der Graf von T'ang zum Rächer der Dynastie und übernimmt in dieser Eigenschaft im Namen des letzten Sui das Amt des Reichsverwesers, bis er einige Monate später auf Betreiben Li Shih-mins diesen Schattenkaiser absetzt und sich selbst zum Kaiser ausruft (618).
Die kaiserliche Hauptstadt Ch'ang'an, unser heutiges Hsi'an, die in der alten chinesischen Geschichte ein wenig dieselbe Rolle spielt, wie Rom in der Geschichte des Abendlandes, hat als erste ihre Tore geöffnet (618). Schließlich waren die T'ang in dieser Provinz Shênhsi beheimatet, wo seit den einstigen Ch'in stets alle großen Dynastien ihren Ausgang genommen hatten. Bald darauf geht Li Shih-min die Belagerung der zweiten Hauptstadt, Loyang, an, in der einer der gefährlichsten Rivalen seines Vaters das Kommando führt. Ein schwieriges Unterfangen, da die Stadt außerordentlich stark befestigt war und die anderen Anwärter auf den Thron, die der Erfolg der T'ang zu beunruhigen begann, es nicht versäumten, ihr zu Hilfe zu kommen. Der junge Held nahm Yü-ch'ih Ching-tê, bis vor kurzem

einer seiner Gegner, mit sich. Er hatte ihn für seine Sache gewonnen, nachdem er ihn gefangengenommen und ihm trotz des Mißtrauens seiner Ratgeber mit der ihm eigenen Großzügigkeit ein Kommando übertragen hatte.

Als Li Shih-min die Stadt auf Sichtweite erreicht hatte, machte er sich, so berichtet uns sein Biograph, mit einem Trupp von 800 Reitern auf, um deren unmittelbare Umgebung auszukundschaften. Aber die Garnison bemerkte ihn, machte einen Ausfall und umzingelte die kleine Schar. Bei dem Versuch, sich mit dem Säbel in der Hand einen Weg freizuschlagen, erkannte ihn ein feindlicher Offizier und stürzte sich mit gesenkter Lanze auf ihn. Der künftige Kaiser war gerade im Begriff, seine Waghalsigkeit mit dem Leben zu bezahlen, als Ching-tê, der ihn nicht aus den Augen gelassen hatte, den Angreifer niederstreckte. In diesem Augenblick betraten die T'ang-Bataillone den Schauplatz des Kampfes und halfen ihrem Führer aus dieser mißlichen Lage. In der Zwischenzeit zog eine feindliche Armee, die von einem der Prätendenten befehligt wurde, aus dem Distrikt Paichih herab, um Loyang zu entsetzen. Während sie nur noch einige Meilen von der Stadt entfernt ist, bricht Li Shih-min mit der Elite seiner Kavallerie im Morgengrauen auf, reitet im Galopp zum Lager des Feindes, dringt überraschend ein und säbelt alles bis zum Zelt des Generals nieder, der inmitten des Durcheinanders, das unter seinen Leuten entsteht, durch einen Lanzenstoß verletzt und gefangengenommen wird. Einige Tage später kapituliert Loyang. Li Shih-min läßt den Kaiserpalast, angefüllt mit Kunstschätzen der Sui, in Brand setzen und kehrt im Triumph nach Ch'ang'an zurück (621). Die chinesischen Annalen schildern die Rückkehr des jungen Siegers mit einer für sie ungewöhnlichen Farbigkeit. Sie zeigen ihn uns, wie er langsam die Straßen der Hauptstadt auf einem prächtig herausgeputzten Streitroß durchquert, bekleidet mit einem Mantelrock über goldenem Küraß, den Helm auf seinem Haupt, den Bogen quer über der Brust, über der Schulter den Köcher gespickt mit Pfeilen und den Säbel in der Hand. Die besiegten Thronanwärter marschierten zu beiden Seiten seines Pferdes, nahe den Steigbügeln. Diese Beschreibung der *Geschichte der T'ang* tritt uns außerordenlich plastisch vor Augen, seitdem es uns die jüngsten archäologischen Funde erlauben, sie unmittelbar nachzuvollziehen. Durch die Grabstatuetten wissen wir, wie die Kavallerie der T'ang piaffierte und Passaden ausführte.

Die von Li Shih-min bevorzugten Reitpferde kennen wir sogar von ihrem Porträt, mit ihrem Namen und ihren Dienstzeitverzeichnissen – diese robusten Pferde mit geflochtener Mähne, die er in die Platten seines Grabes im Kreis Lich'üan hat meißeln lassen. Ein noch präziseres Detail: bei dem Streitroß, das am Triumphzug durch Ch'ang'an teilnahm, handelt es sich zweifellos um »Herbsttau«, der als der treue Gefährte seines Herrn bei der Eroberung von Honan gerühmt wird. Die Rüstung des Eroberers können wir jederzeit im exakten Ebenbild auf den kräftigen Schultern der Krieger oder *lokapāla* in den Grabporträts oder den buddhistischen Statuen unserer Sammlungen betrachten.
Durch Eisen und Feuer fand sich die chinesische Einheit noch einmal hergestellt. Es war aber auch höchste Zeit, denn die Türken rückten heran.
Seit sie Mitte des 6. Jahrhunderts an die Stelle der Awaren im Reich der Steppe getreten waren, beherrschten die Türken den Norden Asiens von den mandschurischen Wäldern bis zu den Ufern des Oxus. Eines ihrer Khanate war auf mongolischem Weideland südlich des Baikalsees errichtet worden; ein anderes in den Ebenen von Russisch-Turkestan. Im Südwesten durch das persische Reich der Sassaniden und im Osten durch die chinesischen Dynastien der Wei und Sui lange Zeit zurückgehalten, warfen sie, auf Wüste und Steppe beschränkt, unaufhörlich begehrliche Blicke auf die alten zivilisierten Reiche und deren Reichtum. Die grauen Augen dieser halbnomadischen Hirten hatten bereits den seldschukischen Traum, den Traum des Dschingis-Khans, die Vision, in Horden in die Kaiserstädte am Euphrat und Huangho einzufallen. Die militärische Anarchie, in der China sich scheinbar noch immer wand, erschien ihnen eine ausgezeichnete Gelegenheit zu bieten. Der Khan der nördlichen Türken, Hsieh-li, der über das Gebiet des Orchon in der Mongolei herrschte, und sein Neffe T'u-li führten die gewaltigen Reiterscharen an, die die Grenzposten hinwegfegten und durch die Provinz Shênhsi bis in die Randgebiete von Ch'ang'an vordrangen. Der alte Li Yüan wurde von panischer Angst ergriffen und sprach davon, die Hauptstadt zu verlegen. Li Shih-min ließ ihn reden und rückte mit 100 Elitereitern vor, um der Herausforderung der Türken zu begegnen. Das Wagnis auf sich nehmend, reitet er an sie heran, dringt in ihre Reihen ein und hebt zu einer flammenden Rede an: »Die Dynastie der T'ang ver-

dankt den Türken nichts! Warum dringt Ihr in unsere Gebiete ein? Ich bin der Prinz von Ch'in und bereit, mich mit Eurem Khan zu messen!« Gleichzeitig appellierte er persönlich an bestimmte Anführer wie den Khan T'u-li, mit denen ihn eine alte militärische Kameradschaft verband, und erweckte in ihnen ein Gefühl der Waffenbrüderschaft. Eine solch feste Haltung, verbunden mit einer genauen Kenntnis der türkischen Seele, flößte dem wankelmütigen Geist der Barbaren Furcht ein. Die Anführer der Horden berieten sich eine Zeitlang, dann kehrten sie, ohne einen einzigen Säbelstreich zu führen, um. Einige Stunden später ging ein sintflutartiger Regen auf diese Gegend nieder. Sogleich versammelte Li Shih-min seine Heerführer. »Kameraden«, läßt ihn sein Chronist sprechen, »dies ist der Augenblick, uns zu bewähren. Die ganze Steppe ist nur noch ein einziges Meer. Gleich bricht die Nacht herein, und sie wird eine der dunkelsten sein. Wir müssen marschieren. Die Türken sind nur zu fürchten, wenn sie ihre Pfeile abschießen können. Auf zu ihnen mit dem Säbel und der Pike in der Hand, und wir werden sie durchbohren, noch ehe sie ihre Verteidigung organisiert haben!«
So geschah es. Im Morgengrauen wurde das Lager der Türken erstürmt, und die chinesische Kavallerie säbelte alles nieder, sogar das Zelt des Khans, der um Verhandlungen bat und sich dann in die Mongolei zurückzog (624).
Der junge Held erwies sich mehr und mehr als der Rückhalt des Reiches. Seine beiden Brüder, eifersüchtig auf seinen Ruhm, beschlossen, sich seiner zu entledigen. Selbst Li Yüan, der ihm den Thron verdankte, fühlte sich durch die Popularität seines Sohnes allmählich in seiner Eigenliebe verletzt und hielt ihn von den öffentlichen Angelegenheiten fern. In jener Zeit begann eines der grausamen Dramen, für die die Verbotene Stadt ebenso viele Beispiele wie der Heilige Palast in Konstantinopel liefert: Man könnte meinen, eine Seite aus dem byzantinischen Epos zu lesen, wenn man in der *Geschichte der T'ang* den Bericht über diese tragischen Tage verfolgt. Auf einem Bankett, das sie zur Feier seiner Siege für ihn veranstalten, lassen seine Brüder Li Shih-min vergiften. Er nimmt ein Gegengift. Dann warten sie mit gedungenen Mördern in der Nähe eines Palasttores auf ihn. Aber ein Verräter warnt ihn – die ganze Geschichte trieft ebenso von Verrat wie von Blut und tugendhaften Deklamationen –, und Li Shih-min kommt ihnen zuvor. Den Absichten des Gegners

rechtzeitig begegnend, postieren seine Getreuen alte Haudegen an den richtigen Stellen. In der Stunde, als der Hinterhalt gegen ihn vorbereitet wird, geht er auf den Feind zu: derselbe Mann in einem Krieg von Meuchelmördern, der er auch auf dem Schlachtfeld war. »Er legt seinen Küraß an, setzt seinen Helm auf, nimmt Köcher und Pfeile und geht hinaus, um sich zum Palast zu begeben.« Sobald seine beiden Brüder ihn in der Ferne erblickten, beschossen sie ihn mit einem Pfeilhagel. Aber sie verfehlten ihn, während Li Shih-min einen der beiden mit seinem ersten Pfeil niederstreckte. Der zweite wurde durch Li Shih-mins Leutnant getötet. In diesem Moment zeigten sich die Soldaten, die Li Shih-min in einem Hinterhalt postiert hatte, und, wie die *Geschichte der T'ang* berichtet, »wagte es niemand mehr, sich zu bewegen«. Da in der Zwischenzeit, so fährt der Chronist fort, die Diener des Palastes und die Bevölkerung der Stadt selbst in Mengen herbeizuströmen begannen, nahm Li Shih-min seinen Helm ab, gab sich zu erkennen und wandte sich vor den blutigen Leichnamen seiner beiden Brüder an die Menge: »Fürchtet nicht um mich, meine Kinder. Die mich ermorden wollten, sind tot!« Daraufhin schlug einer der Getreuen Li Shih-mins, Ching-tê, den beiden jungen Männern das Haupt ab und zeigte es dem Volke.
Es blieb nur noch, dem Kaiser, dessen Parteilichkeit zugunsten der beiden Opfer stets offenkundig gewesen war, die Hinrichtung kundzutun. Li Shih-min beauftragte Ching-tê damit. Dieser drang unter Mißachtung der heiligsten Regeln der Etikette in voller Rüstung in das Gemach des Kaisers ein, die Hände vielleicht noch rot vom Blut der Prinzen.
Zwischen den Zeilen des offiziellen Berichtes der *Annalen* erkennt man undeutlich, was sich abgespielt haben mußte – eine schöne Szene konfuzianischer Heuchelei, in der die Mörder, noch ganz erhitzt vom Kampf, darangehen, moralische Maximen aufzutischen, und dabei nur eine einzige Sorge haben: zur Legalität unter Wahrung des Gesichtes zurückzukehren.
Indessen hatte der alte Kaiser, als er die Neuigkeit erfuhr, seinen Zorn und sein Schluchzen nicht unterdrücken können. Seine erste Regung bestand darin, eine strenge Untersuchung zu verlangen. Er hatte noch nicht begriffen, daß er nicht länger der Herrscher war. Diskret rief ihn einer seiner Höflinge in die Realität zurück: »Es gibt

keine Untersuchung mehr, die durchzuführen wäre... Wie immer die Sache sich abgespielt haben mag, Eure beiden toten Söhne sind schuldig, und Li Shih-min ist unschuldig.« Worte, die eines Tacitus würdig sind, und die den abschließenden Ton unter dieses neronische Drama setzen. Außerdem entdeckten jetzt dieselben Höflinge abscheuliche Verbrechen zu Lasten der Opfer: hatten die beiden ermordeten Prinzen nicht Intrigen mit mehreren Frauen ihres Vaters gesponnen? Das war mehr, als notwendig war, um ihre Hinrichtung zu rechtfertigen!
Li Shih-min ließ sich melden. Als der Brudermörder erschien, wobei er übrigens alle Zeichen der ergreifendsten Kindespflicht der Pietät entbot, umarmte ihn der alte Monarch unter Tränen und beglückwünschte ihn sogar zur Rettung der Familie. Es war eine rührende Szene. »Der Kaiser«, schreibt der offizielle Chronist gelassen, »hatte stets zwischen seinen Söhnen geschwankt. Der Tod der beiden älteren setzte seiner Unschlüssigkeit ein Ende, und seine alte Zuneigung zu Li Shih-min nahm wieder alle ihr gebührenden Rechte in seinem Herzen ein. Als er ihn zu seinen Füßen in der Haltung eines Verbrechers sah, der um Gnade zu bitten schien, konnte er seine Tränen nicht zurückhalten. Er richtete ihn auf, umarmte ihn und versicherte ihm, daß er, weit davon entfernt, ihn für schuldig zu halten, überzeugt sei, daß Li Shih-min lediglich in Notwehr gehandelt hätte.« Nach jenen Worten dankte der Kaiser, wie man erwartet hatte, zugunsten seines Sohnes ab, wenngleich nicht ohne weitere erbauliche Szenen: In Übereinstimmung mit der Etikette lehnt Li Shih-min den Thron ab. Vergeblich spricht sich die Versammlung der hohen Würdenträger zugunsten des Helden der Stunde aus; er lehnt noch immer ab und »bittet seinen Vater, sich vor ihm auf die Knie werfend, inständig unter Tränen, die Herrschaft bis zu seinem Tode zu bewahren«. Doch der alte Mann spricht seinen Befehl aus, und Li Shih-min muß als treuer Untertan gehorchen. So gezwungen, besteigt er schließlich den Thron... Dies geschah am 4. September 626. – Um jegliche Blutrache im Keime zu ersticken und die Befriedung des Reiches zu vollenden, ließ der neue Monarch unverzüglich seine Schwägerinnen und alle seine Neffen töten. Der frühere Kaiser zog sich in einen seiner Paläste zurück, wo, wie Pater Gaubil in seiner Übersetzung des *T'ang-shu* schreibt, »er im Genuß aller Ehren und ruhiger Freuden lebte, ohne daß ihm sein Sohn jemals den geringsten

Anlaß gab, den Schritt zu bedauern, den er mit seiner Abdankung getan hatte«.
Dieses Palastdrama hatte indessen den Türken wieder Hoffnung gegeben. Kaum saß der neue Kaiser auf dem Thron, da fielen die Horden aus der Mongolei über das Reich her. Einhunderttausend Reiter durchquerten in einem kühnen Dauerritt die Wüste Gobi, drangen in Kansu und Shênhsi ein und zogen das Tal des Flusses Wei bis Ch'ang'an hinunter. Am 23. September 626 tauchten ihre Schwadronen vor der Brücke von Pien-ch'iao gegenüber dem Nordtor der Stadt auf. Die Höflinge flehten abermals den jungen Kaiser an, eine derart exponierte Hauptstadt aufzugeben. Aber Li Shih-min, den wir von nun an bei seinem kanonischen Namen, Kaiser T'ai-tsung, nennen wollen, war nicht der Mann, sich einschüchtern zu lassen. Voller Anmaßung hatte der Khan Hsieh-li einen seiner Männer geschickt, den Tribut zu fordern, andernfalls eine Million Nomaden kämen, um die Stadt zu plündern. T'ai-tsung antwortete mit der Drohung, den Abgesandten enthaupten zu lassen. Er ging damit ein Wagnis ein, scheint er doch in diesem Moment nur über recht wenige Truppen in Ch'ang'an verfügt zu haben. Um den Feind irrezuführen, befahl er, seine Truppen durch verschiedene Tore ausrücken und am Fuße der Mauern aufmarschieren zu lassen, während er selbst mit einer Handvoll Reiter vorauseilen und, wie es seiner Gewohnheit entsprach, die feindliche Armee auskundschaften würde. Trotz der Einwände seiner Begleiter drang er direkt vor den Augen der türkischen Schwadronen den Lauf des Flusses Wei entlang vor, dem ersten Pfeil auf Gedeih und Verderb ausgeliefert. Besser als seine Leute durchschaute er nämlich die Mentalität der Nomaden: »Die Türken kennen mich«, läßt ihn sein Biograph sprechen. »Sie haben gelernt, mich zu fürchten. Mein bloßer Anblick wird ihnen Entsetzen einflößen. Und wenn sie meine Truppen aufmarschieren sehen, werden sie sie für zahlreicher halten, als sie in Wirklichkeit sind.« Folglich setzte er seinen Ritt in Richtung auf den Feind »mit derselben Zuversicht, wie wenn er gegangen wäre, um sein Lager zu besuchen«, fort. Als die Türken seiner ansichtig wurden, »getroffen von diesem Ausdruck der Erhabenheit und Unerschrockenheit, den seine ganze Person verbreitete, stiegen sie von ihren Pferden und grüßten ihn nach Art ihres Landes«. Überdies marschierte in demselben Augenblick die chinesische Armee hinter ihm in der Ebene auf, wobei sie ihre

Kürasse und Standarten in der Sonne funkeln ließen. T'ai-tsung ritt noch näher an das Lager der Türken heran; dann, sein Pferd am Zügel führend, gab er der chinesischen Armee den Wink, sich zurückzuziehen und in Schlachtordnung aufgestellt zu verharren.
Mit erhobener Stimme rief der Kaiser die beiden türkischen Khane, Hsieh-li und T'u-li, an, um ihnen einen Einzelkampf im Stile der Krieger der Steppe vorzuschlagen: »Li Shih-min hat, auch wenn er Kaiser geworden ist, nicht vergessen, sich seiner Waffen zu bedienen!« Und im Namen der soldatischen Ehre, wobei er sich ihrer Ausdrucksweise bediente und an ihre Gefühle als Krieger appellierte, warf er ihnen heftig vor, den Waffenstillstand gebrochen und ihren Schwur verraten zu haben. Offen herausgefordert worden zu sein, überwältigt von so viel Kühnheit und außerdem überrascht vom Aufmarsch der chinesischen Kavallerie, baten die türkischen Khane um Frieden. Er wurde am folgenden Tag auf der nämlichen Brücke über den Wei vor dem Nordtor von Ch'ang'an nach der traditionellen Opferung eines Schimmels geschlossen. Dieses Mal hatten die Türken die Lektion verstanden. Sie durften nicht mehr wiederkehren.
Einige Wochen später kamen an der Grenze 3000 Pferde und 10000 Schafe an. Sie waren der erste Tribut der Nomaden. T'ai-tsung verweigerte ihre Annahme, solange man nicht alle Chinesen, die während der letzten Kriege gefangengenommen worden waren, zurückschickte. Nach ihrer Herausgabe lud er die Gesandten der Horden ein »und behandelte sie wie die Botschafter der größten Mächte«.
Um die Wiederkehr dergleichen ernster und beunruhigender Situationen zu verhindern, riet man T'ai-tsung, die Große Mauer wiederaufzubauen oder zu verstärken. Er lächelte: »Was bedarf es noch der Befestigung der Grenzen?« In der Tat untergruben interne Zwistigkeiten, ja sogar Aufstände, von ihm geschickt geschürt, die Autorität der Khane des Orchon. Auf eine unkluge Provokation des Khans Chieh-li hin ließ er seine Kavalleriekolonnen nach der anderen Seite der Wüste Gobi mitten hinein in die mongolische Steppe stürmen. Die überrumpelten Horden wurden zerschlagen, und der Khan wurde mit all seinen Vasallen gefangengenommen (630).
Die *Geschichte der T'ang* beschreibt selbstgefällig das grandiose Schauspiel der türkischen Anführer, niedergeworfen zu T'ai-tsungs Füßen. Bei einer öffentlichen Audienz ließ sich der Kaiser die kurz

zuvor besiegten Feinde ebenso wie die Khane, die er bereits seit langem auf seine Seite gebracht hatte, vorführen: »Im Audienzsaal angekommen, vollzogen sie die Zeremonien der Respekterweisung, indem sie bei drei verschiedenen Gelegenheiten jeweils dreimal hintereinander mit der Stirn auf den Boden schlugen.« Der Großkhan Chieh-li wurde als Kriegsgefangener behandelt und stand im Rang den Anführern der loyalen Horden nach. Überdies sollte ihm nach dieser Erniedrigung die subtile kaiserliche Politik Pardon gewähren und ihm, obgleich immer noch gefangengehalten, einen Palast am Hofe zubilligen.

Das gesamte Khanat der Nordtürken, das heißt die gesamte heutige Mongolei, wurde annektiert (630). Die türkische Inschrift von Kocho-Tsaidam faßt auf dramatische Weise die Katastrophe eines ganzen Volkes zusammen: »Die Söhne der türkischen Adeligen wurden Sklaven des chinesischen Volkes, ihre reinen Töchter seine Dienerinnen. Die türkischen Adeligen gaben ihre Titel auf, unterwarfen sich, indem sie Titel chinesischer Würdenträger annahmen, dem chinesischen Khagan und widmeten ihm fünfzig Jahre ihre Arbeit und ihre Kraft.«

Tatsächlich fanden die Türken in T'ai-tsung einen Krieger, der ihnen entsprach. Da er seit seiner Jugend unter ihren Söldnern gelebt hatte, konnte er, wie wir gesehen haben, die Sprache sprechen, die ihnen zusagte. Sie liebten diesen Kaiser, der, stets zu Pferde, so wenig den ängstlichen Söhnen des Himmels von einst glich und in dem sie einen Kriegsherren wiederfanden, der sie, gleich ihren alten Khaganen, in die Schlacht und zur Beute führen konnte. Bald wird ihm die Hälfte der Khane der Steppe leidenschaftlich ergeben sein. Sie werden ihm, wie es die Inschrift von Kocho-Tsaidam beklagt, eine unerschütterliche Treue geloben, an ihn gebunden durch jenen militärischen Eid, der die Grundlage der türkischen Gesellschaft bildete.

Mit solchen Hilfstruppen sollte T'ai-tsung, nachdem er die Türken der Mongolei zerschlagen hatte, im Laufe der kommenden zwanzig Jahre die Türken von Turkestan, die indoeuropäischen Oasen der Gobi und sogar die verschiedenen Staaten Zentralasiens bis zum Kaspischen Meer und zu den Grenzen Indiens in seine Abhängigkeit bringen. Unter ihm enthüllte sich dem erstaunten Asien ein unerwartetes China, ein China, das eines Epos würdig ist. Weit davon entfernt, sich mit den Barbaren gütlich zu einigen und ihren Rückzug mit Gold zu erkaufen, war er es, der sie erbeben ließ. Die realistische Kunst dieser Zeit, jene gewaltige Kunst der Darstellung von Tieren und militärischen Sujets, der Reliefs, Statuen und Grabbeigaben aus Terrakotta mit ihrer fast exzessiven Kraft (man betrachte die athletischen *lokapāla* von Lungmên!) und mit ihrem bis zur karikierten Leidenschaftlichkeit reichenden Sinn für Emphase, bringt diese Geisteshaltung treffend zum Ausdruck. Selbst die T'ang-Keramik mit ihren leicht ins Grobe gehenden Farben, einem Orange-gelb und einem offenen Grün, ist aufschlußreich für diese Epoche.

Als T'ai-tsung eines Tages sein Werk dem der großen Eroberer vergangener Zeiten gegenüberstellte, sollte er den Namen des berühmtesten Kaisers des chinesischen Altertums, Han Wu-ti, beschwören. Jenseits der Barbareneinfälle des 4. Jahrhunderts ist das China der Han tatsächlich wieder auferstanden, und der Reiterzug der Han wird sich bald durch das übertroffen sehen, was nun beginnt. Selbst Pan Ch'ao, Zeitgenosse und Wetteiferer unseres Trajans, Eroberer des antiken Kaschgarien, konnte für sich nicht so viele erbeutete Herden, zerschlagene Horden und Tausende abgeschlagener Köpfer verbuchen, wie die Generäle der T'ang sie zählen würden. Denn in der Zwischenzeit hat China, für drei Jahrhunderte unter den Barbareneinfällen gebeugt, das Blut der siegreichen Horden aufgesogen; es hat sich damit genährt und gestärkt und richtet nun unter Hinzufügung der inneren Überlegenheit seiner tausendjährigen Zivilisation die Kraft gegen die Bewohner der Steppe, von denen es die Kraft gewonnen hat.

Betrachten wir nur in unseren Sammlungen von Grabstatuetten dieses Volk von Reitern und Fußsoldaten, bedeckt mit dem Kaftan der türkischen Hilfstruppen oder mit dem Helm der T'ang-Legionäre: grobe, stets halbtatarische Gesichter, bis zur Grimasse verhärtete Züge. Da stehen sie nun, grimmig postiert in ihrem Harnisch aus gekochtem Leder, dessen Brust- und Rückenteile durch Metallplatten verstärkt sind – ein lederner oder metallener Plattenschurz, ein großer runder oder rechteckiger Schild, mit Ungeheuern verziert –, bereit zur Durchquerung der Gobi oder zum Erklimmen des Altai. Selbst in buddhistischen Arbeiten wie den Statuen oder Gemälden, welche die *lokapāla* Vajrapāṇi oder Vaiśravaṇa darstellen, werden wir diese, an den Panzer von Krustentieren erinnernden Rüstungen, dieses furchtbare, bissige Wesen wiederfinden. Und betrachten wir die Kavallerie

der T'ang, die in der Stille der Gräber vor Ungeduld mit den Hufen scharrt, wiehert und schnaubt in Erwartung der angekündigten Vorstöße nach Kaschgar und Kutscha! Wie gut kann man verstehen, daß die tocharischen Städte der Gobi, so stolz auf ihre indoiranische Kultur, dem Galopp dieser Schwadronen nicht haben standhalten können! Denn wird nicht allen Abenteurern Zentralasiens von den türkischen Khanen wie A-shih-na Shê-êrh oder A-shih-na Ta-nai bis zu den koreanischen Heerführern wie Kao Hsien-chih zugestanden, die kaiserlichen Armeen zu befehligen, sofern sie nur hitzig und wagemutig sind? Die Westtürken selbst, die das Reich der Sassaniden erzittern lassen und später der jungen arabischen Macht Sorge bereiten werden, werden sich dieser Kavallerie beugen, die ihrer eigenen so ähnlich ist. Man wird sie wie ein Wirbelwind über ihre Lagerplätze herfallen sehen, der ihre Jurten bis zu den Schluchten des Tarbagatai zerstreut und sie bis auf die Steppe der Kirgisen zurückwirft.
Der Herr der Stunde ist fortan der Bewohner des Grenzlandes. Li T'ai-po hat ihn ein Jahrhundert später in den folgenden Versen besungen, Versen, die ein Hauch des T'ang-Epos durchzieht:
»Der Grenzer schlägt während seines ganzen Lebens nicht ein einziges Buch auf. Aber er versteht es, auf die Jagd zu gehen, ist geschickt, stark und unerschrocken. Im Herbst ist sein Pferd fett, da ihm das Gras der Weiden wunderbar bekommt; doch wenn es galoppiert, wirft es keinen Schatten mehr...
Welch stolze und hochmütige Erscheinung! Seine surrende Peitsche trifft den Schnee oder klingt in ihrem goldenen Halter wieder. Angeregt vom feurigen Wein, ruft er seinen Falken und reitet weit ins Gelände hinaus. Sein Bogen, gerundet von seiner mächtigen Kraftanstrengung, verfehlt niemals sein Ziel. Oft fallen zwei Vögel zur gleichen Zeit nieder, auf einen Streich mit seinem schwirrenden Pfeil erlegt. Die Leute gehen alle beiseite, um ihm Platz zu machen, denn seine Tapferkeit und sein kriegerisches Temperament sind in der Gobi wohlbekannt.«
Der Herrschaftsantritt der T'ang-Dynastie warf aufs neue die religiöse Frage auf. Mit der Erziehung, den Neigungen und den Sorgen, die wir beim Kaiser T'ai-tsung beobachtet haben, wie auch angesichts der Umgebung, die wir soeben beschrieben haben, konnte er bei seinem Herrschaftsantritt für die Religion des Friedens, des Idealismus und der Entsagung, welche der Buddhismus darstellte, nur

schwache Sympathien hegen. »Wu-ti, Kaiser der Liang«, bemerkte er eines Tages, »hat seinen Offizieren den Buddhismus derart gut gepredigt, daß diese nicht imstande waren, ein Pferd zu besteigen, um ihn zu verteidigen. Kaiser Yüan erklärte seinen Offizieren die Texte des Laotse, anstatt sie gegen die Hunnen marschieren zu lassen, die sein Reich verheerten. Diese Tatsachen sprechen Bände für den, der sie zu verstehen weiß!« Sein Vertrauter in diesen Dingen, der alte konfuzianische Gelehrte Fu I, empfand einen ausgesprochenen Abscheu gegen den Buddhismus. Es war Fu I, der 626 eine Eingabe an den Kaiser richtete, welche alle Vorwürfe des konfuzianischen Positivismus gegen das buddhistische Mönchs- und Klosterwesen enthielt: »Die Lehre Buddhas ist voller Überspanntheiten und Unsinnigkeiten. Die Treue der Untertanen zu ihrem Fürsten und die Kindespietät sind Pflichten, welche diese Sekte in keiner Weise anerkennt. Ihre Schüler verbringen ihr Leben in Müßiggang, ohne sich auch nur die geringste Mühe zu geben. Wenn sie ein Gewand tragen, das sich von dem unseren unterscheidet, so geschieht das, um die Obrigkeit zu beeinflussen oder sich von jeder Sorge zu befreien. Durch diese Hirngespinste veranlassen sie die einfachen Leute, einer trügerischen Glückseligkeit nachzulaufen, und erwecken in ihnen eine Mißachtung unserer Gesetze und der weisen Belehrungen der Alten.«

Der Positivismus des Gelehrten trifft hier mit dem instinktiven Antiklerikalismus des alten Haudegens zusammen. Darüber hinaus hat es Fu I selbst, als er sich an Li Yüan und Li Shih-min wandte, nicht verabsäumt, den Pazifismus und das Zölibat der Buddhisten als Argument gegen ihn zu verwenden: »Die Sekte«, ruft er aus, »zählt heute mehr als 100000 Bonzen und ebenso viele Nonnen, die im Stande der Ehelosigkeit leben. Es wäre im Interesse des Staates, sie zu zwingen, einander zu ehelichen. Somit würden sie 100000 Familien gründen und Untertanen erzeugen, die den Truppen für die nächsten Kriege eingegliedert würden. Gegenwärtig fallen jene Leute durch ihre Untätigkeit der Gesellschaft zur Last, auf deren Kosten sie leben. Machte man sie wieder zu Mitgliedern der nämlichen Gesellschaft, brächte man sie dazu, zum Gemeinwohl beizutragen, und sie entzögen dem Staat nicht mehr länger die Arme, die seiner Verteidigung dienen müssen.«

Dieser seltsame militärische Antiklerikalismus stimmte voll und ganz

Zwei Buddhas im mystischen Gespräch. Bronze mit Goldüberzug, China 518 (Musées Nationaux).

mit den Neigungen der T'ang überein. Kurz nachdem er die Eingabe seines Ministers erhalten hatte, ließ Li Yüan im ganzen Reich eine Zählung der Klöster und Religiosen vornehmen. Anschließend ordnete er eine fast vollständige Laisierung an, wobei er lediglich drei Klöster in Ch'ang'an, seiner Hauptstadt, und jeweils nur eines in den großen Städten zuließ. Obendrein wurden die genehmigten Klöster unter strikte Aufsicht der Behörden gestellt. Der Bericht Hsüan-tsangs wird uns zeigen, auf welche Schwierigkeiten von dieser Seite jede neue Ordination stieß.

Sobald T'ai-tsung den Thron bestiegen hatte, setzte er die Politik seines Vaters fort. Im Jahre 631 verkündete er beispielsweise auf Betreiben Fu Is, seines Ratgebers in diesen Dingen, einen Erlaß, um die Mönche zu den konfuzianischen Riten der Kindespflicht der Pietät zu zwingen – reine Schikane, aber aufschlußreich für systematische Böswilligkeit.

Eine Ära von Antiklerikalismus und gleichzeitig brutalem Militarismus schien für den Fernen Osten anzubrechen. Aber war es dem Eroberer möglich, dem Lauf der chinesischen Entwicklung entgegenzuwirken? Er konnte das Gesicht Asiens verändern und sein Volk in einem Epos mitreißen, das Makedoniens und Roms würdig gewesen wäre. Wie bedeutend indessen seine Persönlichkeit auch immer gewesen sein mag – erhaben beherrscht sie drei Jahrhunderte Geschichte –, es stand nicht in seiner Macht, in der chinesischen Seele die Welle des Mystizismus aufzuhalten, die sich ungestüm ausbreitete.

Der Ruf des Buddhismus

Jahrhunderte des Schwertes sind oft Jahrhunderte des Glaubens. Vor dem Hintergrund der Trümmer der germanischen Invasionen sieht man im Abendland des frühen Mittelalters empfindsame Seelen sich auf sich selbst zurückziehen und in ihrem Glauben den unentbehrlichen Trost finden. Damit verhielt es sich auch im China des 5. Jahrhunderts nicht anders. Um sich von der Intensität des religiösen Gefühls in dieser Epoche zu überzeugen, brauchen wir uns keineswegs an die schriftlichen Zeugnisse zu wenden. Es genügt, die Augen auf die Werke der Wei-Dynastie zu richten, auf die Stelen, Reliefs oder Statuen in unseren Museen und Sammlungen.

Um hier einem Mißverständnis vorzubeugen: Die Werke der Wei sind nicht gleichermaßen und notwenig schön in sich selbst. Wir sind im Gegenteil der Ansicht, daß die bildnerische Qualität der meisten Stücke höchst mittelmäßig ist. Aber in dieser Hinsicht interessieren sie uns gar nicht. Was sich für uns an den Votiv-Stelen als anziehend erweist – zum Beispiel die große Stele aus dem Jahre 554 im Museum von Boston –, ist die absolute Unterordnung der plastischen Darstellung unter das religiöse Gefühl. Zweifellos blieben die präbuddhistischen oder zumindest sinnlichen Quellen dieser Kunst leicht erkennbar; aber wie sehr sind sie doch durch die große Strömung des neuen Idealismus umgestaltet worden! Es finden sich offenkundige Reminiszenzen an die ›konfuzianischen‹ Grabreliefs des antiken China – jedoch ohne die phantasmagorische Bewegung, die unter der Han-Dynastie, den Menschen, Genien und Tieren in den Grabkammern Gestalt gab: Gottheiten und Randfiguren sind hier in dem großen buddhistischen Frieden erstarrt. Gleichfalls lassen sich Reminiszenzen an die griechische Kunst von Gandhāra oder die indische Kunst der Zeit der Gupta ausmachen, jedoch kaum oder gar nicht mehr an die hellenistische Plastik noch an hinduistische Sinnlichkeit und

Anmut. Nichts als schlanker gewordene, starre Figuren mit unbewegtem Lächeln, mit der rituellen Geste von Schutzverheißung oder Barmherzigkeit, mit einem Gewand, das von kantigen Falten rauh gebrochen oder durch kleines, abgerundetes Geriesel kindisch gemildert wird. In Wirklichkeit sind sie unter dem gewaltigen, oben in einer Spitze endenden Nimbus, der sie umgibt und mit seinen hohen Flammen krönt, keine materiellen Wesen mehr, sondern vielmehr die fleisch- und körperlose Stilisierung des monastischen Mantels.
Welch transzendenter Idealismus, welches Wunder an Glaubenseifer hat die faden apollinischen Buddhas von Gandhāra und die indischen Buddhas der Gupta-Schulen, in ihrer Nacktheit von noch so tropischer Sinnlichkeit, in diese länglichen, benedizierenden Statuen verwandeln können? Aber wie konnten dann andererseits die Reliefs der christlichen Sarkophage den pathetischen romanischen Figuren so viel Lebendiges verleihen? Man muß hier tatsächlich an unsere früheste französische Bildhauerkunst denken, und Alfred Salmony hat vollkommen recht, die Kunst der Wei mit den Hochreliefs unserer Kathedralen zu vergleichen: St. Sernin von Toulouse, St. Pierre von Moissac, St. Pierre von Angoulême, Vézelay, St. Lazare von Autun oder ferner das romanische Portal der Kathedrale von Chartres. Gleichwohl weisen die Tympana von Vézelay, Moissac und Autun eine Lebendigkeit auf, die der Kunst der Wei gänzlich fremd ist. Andererseits tritt etwas von der gotischen Zartheit bereits in den großen Reliefs von Yünkang und mehreren zeitgenössischen Statuen, bei vollrunden oder Stele-Figuren zutage. Dort liegt schon ein Lächeln über der Strenge der Gesamtheit der alten sino-buddhistichen Bildwerke; dies ist aber noch nicht die Rehabilitierung des Realismus, der in der T'ang-Zeit der Kunst fast all ihre Glaubensinbrunst und all ihre Mysterien nehmen wird. Manche Buddhas von Yünkang oder verschiedene Stelen wie die aus der Sammlung Gualino (ehemals Vignier) mit ihren drei Figuren bieten uns so in ihrer Zartheit geschmeidiger Linien einen stillen Eindruck von Frische und Aufrichtigkeit, von erholsamer Schlichtheit, die vielleicht einzigartig in der Kunst des Fernen Ostens ist. Übertragen in die Welt der Formen, ist das der Idealismus selbst des Mahāyāna. Später, unter den T'ang, wird es Werke geben, die wie in Lungmên vielleicht unserem eigenen Klassizismus näher stehen, näher auch, wie in T'ienlung-shan, der originären indischen Kunst; sie werden jedoch nie der

anmutigen Schlichtheit der Kunst der Wei gleichkommen. Niemals dürfen diese großen Werke vergessen werden, wenn man die Stimmung des buddhistischen China im frühen Mittelalter erfassen will. Sie allein werden uns die Bestimmung eines Hsüan-tsang voll und ganz verständlich machen.
Im Jahre 618, dem Jahr, da der künftige Kaiser T'ai-tsung seine Reihe von Feldzügen unternahm, die ihm das Reich erobern sollten, kam ein junger buddhistischer Mönch, der sich auf der Flucht vor den Bürgerkriegen befand, die die Landstriche des Nordens verwüsteten, in Szuch'uan an. Diese entlegene, in ihren alpenartigen Tälern geschützte Provinz sollte ihm eine relativ ruhige Zufluchtsstätte bieten, um das Ende der Wirren abzuwarten.
Der Flüchtling war erst an die fünfzehn Jahre alt und wahrscheinlich 602 in Loyang geboren. Der Name, unter dem er uns bekannt ist, sein Mönchsname Hsüan-tsang nämlich, sollte gemeinsam mit dem T'ai-tsungs der berühmteste Name des Jahrhunderts werden; denn die Geschichte wird eines Tages den Eroberer und den Pilger in gemeinsamer Berühmtheit vereinigen. War es jedoch möglich, sich gegensätzlichere Genies vorzustellen? Wir sind bereits der epischen Gestalt des chinesischen Caesar an der Schwelle dieser Epoche, welche er erhaben beherrscht, begegnet. Nun stellt sich uns ein junger Mönch vor, für den die Welt buchstäblich nicht existiert, ganz entflammt in metaphysischer Sorge und in Mystik; im übrigen auch er zutiefst chinesisch: dieser leidenschaftliche Buddhist ist der Erbe einer langen Reihe Gelehrter und Mandarine, gereift in der Einhaltung der konfuzianischen Weisheit und der tausendjährigen Etikette, dieser Höflichkeit des chinesischen Herzens. Er selbst ist in unverfälschter konfuzianischer Tradition aufgezogen worden. Seit seinem achten Lebensjahr setzte er seinen Vater durch die Befolgung der konfuzianischen Riten in Erstaunen, und alles an ihm schien auf einen der berühmtesten Gelehrten der Zeit hinzudeuten, als das Beispiel seines älteren Bruders, der soeben buddhistischer Mönch geworden war, über seine Berufung entschied. Der Jüngling kam, um nun selbst »an die Schwarze Pforte« im Kloster Ching-t'u-szu in Loyang zu klopfen, und seine früh erlangte Weisheit setzte einen der Vorsteher der Mönchsgemeinschaft derart in Erstaunen, daß er trotz seiner Jugend aufgenommen wurde. Noch keine 13 Jahre alt, legte er das Gelübde in diesem Kloster ab.

Hsüan-tsang hatte seinen Weg gefunden. Er stürzte sich in das Studium der indischen Philosophie. Die buddhistischen Schulen waren, wie wir in der Folge sehen werden, ebenso zahlreich wie verschieden; sie reichten von den Sekten mit positivistischem Streben, deren Richtung man das Kleine Fahrzeug *(Hīnayāna)* nannte, bis hin zu den mystischen Lehren des Großen Fahrzeuges *(Mahāyāna)*. Es waren letztere, denen sich Hsüan-tsang sofort zuwandte. Der mystische ›Nihilismus‹ des *Nirvāṇasūtra* und der absolute Idealismus des *Mahāyānasaṃparigrahaśāstra* begeisterten ihn in solchem Maße, daß er darüber Nahrung und Schlaf vergaß.

Wie wir aber gesehen haben, war Loyang nicht gerade der geeignete Aufenthaltsort für solche Meditationen. In der Anarchie, die dem Sturz der Sui folgte, inmitten der Kriege zwischen den T'ang und ihren Rivalen »war die kaiserliche Stadt zu einem Schlupfwinkel für Räuber verkommen und Honan zu einer Höhle für wilde Tiere; die Straßen von Loyang waren mit Leichen übersät. Die hohen Beamten waren hingemordet worden. Die zahlreichen Kinder des Buddhagesetzes waren gezwungen, zugrunde zu gehen oder die Flucht zu ergreifen.«[1]

Aber wohin fliehen? Fast das ganze Reich war der Anarchie verfallen. Eine furchtbare Zeit für eine empfindliche Seele, für einen Gelehrten wie Hsüan-tsang. »In jener Zeit«, schreibt sein Biograph schmerzlich, »fing die Dynastie der T'ang gerade erst an, sich zu etablieren. Alle Truppen standen noch unter Waffen. Man beschäftigte sich ausschließlich mit der Kriegskunst und hatte nicht die Zeit, an die Lehre des Konfuzius oder Buddhas zu denken...« Zu jener Zeit machten sich Hsüan-tsang und sein Bruder auf, um in den Bergen von Szuch'uan Zuflucht zu suchen.

In Ch'êngtu, der Hauptstadt von Szuch'uan, trafen die Flüchtlinge auf einen kleinen Kreis von Religiosen und Philosophen, der wie sie durch den Bürgerkrieg vertrieben worden war. Dort verbrachte Hsüan-tsang zwei oder drei Jahre im Kloster Kung-hui-szu damit, tiefer in die verschiedenen buddhistischen Lehrgebäude einzudrin-

1 Für die Geschichte Hsüan-tsangs verwenden wir die Übersetzung von Stanislas Julien, die wir, wo nötig, entsprechend den Berichtigungen späterer Sinologen (insbesondere Paul Pelliot, Bulletin de l'Ecole Française d'Extrême-Orient, 1905, S. 421–57) und den Funden der Indologie verbessern.

Porträt des Hsüan-tsang, Tunhuang (Musée Guimet).

gen. Es ist interessant festzustellen, daß seine philosophischen Ansichten seit dieser Zeit deutlicher hervortreten. Auch wenn er die Werke der positivistischen und realistischen Schule wie das *Abhidharmakośaśāstra* studiert, so gibt er doch mehr und mehr dem Idealismus des *Mahāyānasaṃparigrahaśāstra* den Vorzug. Gleichwohl kann und wird man bei Hsüan-tsang niemals eine Spur von systematischer Ausschließlichkeit feststellen, und gerade das ist es, was seine Stärke ausmachen wird. Seine Vertrautheit mit den Doktrinen der gegensätzlichsten Schulen zu einer Zeit, da so viele andere Mönche sich auf die Lehren ihrer Sekte beschränkten, wird ihm seine dialektische Überlegenheit sichern: Im Verlaufe seiner Erörterungen über Metaphysik mit den Doctores Zentralasiens und Indiens wird man sehen, daß er sie fortwährend mit der Masse seiner Gelehrsamkeit und der Lebhaftigkeit seiner Zitate überschüttet. In der unermeßlichen Welt des Sanskrit, die sich damals vom äußersten Ende Dekhans bis nach Nara, vom entlegensten Teil Sumatras bis nach Turfan erstreckte, wird ihn uns seine Biographie unablässig als jemanden vorstellen, der, kaum an einem Ort angekommen, Doctores um sich versammelt und mit ihnen gleich den Meistern der Gelehrsamkeit diskutiert, die, in ihrem Gedächtnis den zweifachen Schatz der heiligen und weltlichen Schriften bewahrend, sechs Jahrhunderte später die gesamte lateinische Welt von Salerno bis Uppsala, von Santiago de Compostela bis zur Abtei von Fulda durchreisen.
Und wenn Hsüan-tsang eines Tages den Pinsel in die Hand nehmen wird, um seinerseits eine Abhandlung über Metaphysik zu schreiben, wird eben dieses Ausmaß an Kenntnissen den Reichtum seiner *Vijñapti-mātratā-siddhi* ausmachen.
Als er das 20. Lebensjahr erreicht hatte, empfing er, den wir von nun an den ›Meister des Gesetzes‹ nennen werden, in Ch'êngtu die vollständigen monastischen ›Regeln‹. Man befand sich im Jahre 622. Mit dem Sieg der T'ang ging der Bürgerkrieg seinem Ende entgegen. Hsüan-tsang verließ Szuch'uan und ging nach Ch'ang'an, der Hauptstadt der neuen Dynastie, in der heutigen Provinz Shênhsi gelegen. Diese berühmte Stadt, das Rom des alten China, war eines der ersten Zentren des Buddhismus im Fernen Osten. Bereits fünf Jahrhunderte zuvor hatten aus Indien und Kaschgarien gekommene Missionare dort Klöster errichtet, in denen man seither unermüdlich die gewaltige Literatur der beiden buddhistischen ›Fahrzeuge‹ vom Sanskrit ins

Chinesische übersetzte. Zur Zeit Hsüan-tsangs bekannten sich dort noch zahlreiche Meister offen zur Lehre Śākyamunis. Unglücklicherweise waren sie weit davon entfernt, untereinander einig zu sein. In ebenso viele Schulen gespalten, wie der Buddhismus Sekten umfaßte, bot ihre Unterweisung seltsame Diskordanzen. Die Kluft, die heutzutage einen ›Minimalisten‹ aus Ceylon von einem ›Maximalisten‹ aus Tibet trennt, vermag uns eine Vorstellung davon zu vermitteln.

Die Meinungsverschiedenheiten waren bedeutsam. Ohne auf die Einzelheiten der verschiedenen buddhistischen Sekten einzugehen, sei daran erinnert, daß im Laufe der Jahrhunderte aus der Unterweisung Buddhas die unterschiedlichsten Interpretationen geschaffen worden waren. Für die Anhänger dessen, was man das ›Kleine Fahrzeug‹ der Errettung oder *Hīnayāna* nennt, beschränkte sich der Buddhismus in etwa auf die Praxis der monastischen Regeln für die Religiosen und der Mildtätigkeit für die Laien, im philosophischen Bereich auf eine Art realistischen Positivismus und – als letztes Ziel – auf eine Theorie der individuellen Errettung durch das Erlöschen, das *nirvāṇa* des Menschen. Das ›Große Fahrzeug‹ der Errettung oder *Mahāyāna* bot hingegen ausgereiftere Vorstellungen. Für seine Getreuen fand die buddhistische Theorie der Errettung ihre Vollendung in einer Metaphysik. Unter ihnen einerseits die Lehrer des ›Mittleren Weges‹ oder *mādhyamika*, die mittels eines eigenartigen und radikalen Kritizismus zu einer Anschauung von der ›universalen Leere‹ gelangten, die selbst bald in dem innigsten Pietismus endete; andere vertraten mit der Idealistischen Schule *(vijñānavāda)*, die auch Mystische Schule *(yogācāra)* genannt wird, tatsächlich einen absoluten Idealismus in Verbindung mit einer Theorie der mystischen Vereinigung.

Wie wir gesehen haben, gingen Hsüan-tsangs intellektuelle Sympathien eher in die Richtung der letztgenannten Schule. Gleichwohl verwirrten ihn durchaus die Gegensätze zwischen den verschiedenen Lehrmeistern sowie unglücklicherweise auch die zumindest offenkundigen Widersprüche in den heiligen Schriften. »Der Meister des Gesetzes«, so erzählt sein Biograph sehr nett, »erkannte, daß jeder dieser Lehrmeister ein außerordentliches Verdienst besaß. Aber als er ihre Lehren anhand der heiligen Schriften nachprüfen wollte, erkannte er in ihnen schwerwiegende Diskordanzen, so daß er nicht mehr wußte, welchem System er folgen sollte. Daraufhin legte er den

Eid ab, die Lande des Westens zu bereisen, um die Weisen zu den Punkten zu befragen, die seinen Geist verwirrten.«
Nachdem er diesen Entschluß gefaßt hatte, ließ er zusammen mit einigen anderen Mönchen beim Kaiser T'ai-tsung ein Gesuch um die Berechtigung einreichen, China verlassen zu dürfen. Er erhielt die Antwort in Form eines kaiserlichen Erlasses: es war eine Ablehnung. T'ai-tsung, dessen Macht noch nicht hinreichend gesichert war und dessen Diplomatie mit der Feindseligkeit oder dem Verrat mehrerer Völker Zentralasiens rang, gefiel es gar nicht, daß sich seine Untertanen ohne offizielle Mission in diese gefährlichen Gebiete vorwagen wollten. Hsüan-tsang hatte keinerlei Illusionen über die Schwierigkeiten, die ihn erwarteten: »Wissend, daß die Wege im Westen voller Gefahren sind, prüfte er sein Herz und fühlte, daß er, da er sich vom Leben der Welt hatte frei machen können, in der Lage wäre, allen Hindernissen Trotz zu bieten, ohne einen Schritt zurückzuweichen.« Der Kaiser untersagte ihm, die Grenze zu überschreiten. Seine Begleiter verließen ihn. Was kümmerte ihn das schon? »Er wollte in die Fußstapfen der Weisen und Heiligen treten, die religiösen Gesetze wiederherstellen und die fremden Völker bekehren. Ohne zu zaudern, hätte er Wind und Wogen die Stirn geboten, und in Gegenwart des Kaisers selbst wäre die Festigkeit seines Charakters nur noch stärker geworden.« Die Hilfe der Menschen verschmähend, begab er sich zur inneren Sammlung in einen geweihten Turm, »um seine Absichten der Vielzahl der Heiligen vorzutragen und sie zu bitten, seine Reise und Rückkehr mit einem unsichtbaren Schutz zu umgeben«.
Ein Traum bestärkte den Apostel in seinem Entschluß. In einer Nacht des Jahres 629 erblickte er in diesem Traum den heiligen Berg Sumeru, der sich inmitten des Meeres erhob. Besessen von dem Wunsch, zum heiligen Gipfel zu gelangen, zögerte er nicht, sich in die Wogen zu stürzen. Da tauchte ein mystischer Lotus unter seinen Schritten auf und setzte ihn mühelos am Fuße des Berges ab. Dieser ragte jedoch derart schroff empor, daß er ihn nicht besteigen konnte. Aber ein rätselhafter Wirbelwind hob ihn hinauf, und er fand sich unvermittelt auf dem Gipfel wieder. Dort entdeckte er einen unendlich weiten Horizont, an dem sich nichts seinen Blicken entzog; Symbol für die zahllosen Länder, die sein Glaube erobern sollte. Er wurde von Freude erfüllt und erwachte.
Einige Tage später brach er nach dem Großen Westen auf.

Durch den Großen Westen

Zum Zeitpunkt seiner Abreise war der Pilger ungefähr 26 Jahre alt. Er war sehr schön und wie viele Nordchinesen von hohem Wuchs: »Er besaß einen leicht gefärbten Teint und strahlende Augen. Seine Erscheinung war ernst und würdevoll, und seine Züge strahlten Anmut und Glanz aus.«

Kein Zweifel, daß, wie so viele Episoden seiner Reise bezeugen, seine starke Persönlichkeit, geformt aus Kraft und Milde, eine tiefe Anziehungskraft ausübte: »Der Klang seiner Stimme war rein und durchdringend, und seine Sprache zeichnete sich gleichermaßen durch Würde, Eleganz und Harmonie aus, so daß seine Zuhörer nicht müde wurden, ihr zu lauschen... Er trug gern weite Gewänder aus feiner Baumwolle und einen breiten Gürtel, was ihm Ausdruck und Äußeres eines Gelehrten verlieh.«

Möglicherweise beruht die Überlegenheit seines Genies in der Tat auf dieser innigen Verbindung der alten konfuzianischen Weisheit mit der Zartheit des Buddhismus. Er besaß alle Qualitäten eines Konfuzianers, nicht allein die formalen Qualitäten, die den Charme der chinesischen oder japanischen Gesellschaft ausmachen – die ererbte, gegebenenfalls bis zum Heroismus getriebene Höflichkeit –, sondern auch die tieferen Tugenden: gesunder Menschenverstand, Umsicht, rechtes Maß, Zurückhaltung im täglichen Leben, unendliches Feingefühl in der Freundschaft und Gleichmut. »Als strenger Befolger der Disziplin war er stets derselbe. Nichts kam seiner liebevollen Güte und seiner zarten Frömmigkeit, der Festigkeit seines Glaubenseifers und seinem unerschütterlichen Festhalten an den Praktiken des Buddhagesetzes gleich. Außerdem war er mit seiner Freundschaft zurückhaltend und faßte nicht leichtfertig Zuneigung.«

Hinter all dem stand das Strahlen, die innere Freude der großen

Mystiker: »Sein Gang war ruhig und leicht. Er schaute geradeaus und warf niemals Blicke zur Seite. Er war majestätisch wie die großen Flüsse, welche die Erde umspannen, ruhig und schimmernd wie der Lotus, der sich inmitten der Wasser erhebt...«

Entschlossen, um jeden Preis sein Gelübde zu erfüllen, erreichte er die Hochtäler und Schluchten des heutigen Kansu, der westlichsten der chinesischen Provinzen, die wie ein Korridor zwischen der Sandwüste Gobi und dem wilden Plateau des Kuku-nor in das Grasland eindringt. Liangchou, die letzte bedeutende Stadt in Kansu, war früher wie heute der Ausgangspunkt der Karawanenstraßen in Richtung Mongolei und Tarim-Becken. Sie war gleichfalls ein Handelsplatz, der von allen Völkern des Großen Westens, von der Schleife des Gelben Flusses bis zum Pamir, frequentiert wurde. Wir können uns dieses bunte Völkergemisch anhand verschiedener Fresken von Bäzäklik nahe bei Turfan, vorstellen, wo wir in einer *praṇidhi*-Szene bärtige Spender völlig unterschiedlichen Typs vorüberziehen sehen: die einen eher türkisch, die anderen eindeutig persisch, manche mit einer Art Flachhelm auf dem Kopf, alle gefolgt von ihren Kamelen und Maultieren, ›buddhistische Weise aus dem Morgenland‹, zweifellos den turkestanischen oder sogdischen Karawanenführern nachgebildet, die der Seidenhandel bis an die chinesischen Grenzen lockte.

In Liangchou angekommen, nutzte Hsüan-tsang einen dieser Märkte, auf dem sich so viele verschiedene Stämme drängten, um mit seiner Predigt zu beginnen. Wir wissen, daß die wohlwollenden Karawanenführer, denen er das Buddhagesetz verkündet hatte, ihn in ihrer Dankbarkeit bedrängten, Gold- und Silbermünzen sowie weiße Pferde als Geschenke anzunehmen. Er übergab fast alle diese Geschenke den buddhistischen Klöstern der Gegend, »um für den Unterhalt der Lampen und die übrigen Bedürfnisse der Gemeinde zu sorgen«.

Jenseits von Kansu endete China; dort begann der Große Westen mit der Steppe von Alashan und der Sandwüste Gobi. Dies war ein furchtbar ungastlicher Landstrich. Ein Jahrhundert später trat in den Versen der Dichter am Hofe des Kaisers Ming-huang, ungeachtet der seither durch die T'ang-Armeen gemachten Eroberungen, das uralte Entsetzen der chinesischen Seele vor diesen feindlichen Einöden an den Tag: »Im Herbst«, schreibt Li T'ai-po, »steigen unsere Grenznachbarn von ihren Bergen herab. Wir müssen ihnen entlang der Großen Mauer entgegengehen. Der Bambustiger wird geteilt, und der General bricht auf: Die Soldaten des Reiches werden erst im Wüstensand der Gobi anhalten. Die Mondsichel, im leeren Raum schwebend, ist alles, was man in dieser grausamen Wüste erblickt, wo der Tau auf dem blanken Eisen der Säbel und Kürasse Kristalle bildet. Gar viele Tage werden bis zur Rückkehr vergehen. Seufzt nicht, junge Frauen, ihr müßtet zu lange seufzen.«

Noch weiter entfernt ragten die schneebedeckten Gipfel des T'ien-shan, des K'unlun-shan und des Pamirgebirges empor, wo den Soldaten und den Pilger noch größere Gefahren erwarteten: »Im fünften Monat ist der Schnee auf dem T'ienshan noch immer nicht geschmolzen. Nicht eine Blume zeigt sich in diesem rauhen Klima. Zwar vernimmt man die Flöte, die die Frühlingsweise der Lieder der Weiden spielt, aber die Farbe des heiteren Frühlings bietet sich nirgendwo dem Blicke dar.« (Li T'ai-po)

Auf dieser Grenzscheide zwischen zwei Welten waren selbst die Armeen der T'ang niemals in Sicherheit: »Das Morgenrot bricht an. Nun gilt es zu kämpfen, achtsam den drängenden Befehlen der Glocke und der Trommel Folge zu leisten. Die Nacht bricht herein, und man schläft, ohne den Sattel zu verlassen, den Hals des Pferdes umschlungen ...« (Li T'ai-po)

Was sollen wir von dem Pilger sagen, der dabei war, sich in diese Einöden zu wagen, und nicht einmal die Unterstützung der Regierung besaß, der sich im Gegenteil vor den letzten chinesischen Vorposten verbergen mußte?

Jenseits von Liangchou waren die Grenzen geschlossen, und niemandem war es erlaubt, sie ohne kaiserliche Genehmigung zu überschreiten. Von Hsüan-tsangs Absichten in Kenntnis gesetzt, ließ die Regierung von Liangchou ihn zu sich rufen und befahl ihm, nach China zurückzukehren. Der Pilger beschränkte sich darauf, größere Vorsicht an den Tag zu legen, und zog heimlich weiter westwärts, wobei er sich am Tage versteckte und des Nachts seine Reise fortsetzte. Er erreichte so Kuachou im südlichen Teil der Oase Anhsi, ungefähr 12 km südlich des Su-lo-ho (bzw. Shu-lê-ho) oder Bulunghir-Flusses. Um den Weg nach Hami zu nehmen, der ersten Oase des gegenwärtigen Ostturkestan, mußte er zunächst den Fluß überqueren; ein schwieriges Unterfangen, denn der Su-lo-ho war an einem Teil seines

Laufes ein derart verengter und damit reißender Strom, daß er mit einem Boot unüberwindbar war, und auch wenn er sich später verbreiterte, so nur, um sich bei der Ankunft in Karanor in einen Sumpf zu verwandeln. Zudem wurde der Übergang von der chinesischen Festung Jadetor oder Yü-mên-kuan bewacht, die das gesamte Tal beherrschte. Befand sich der Reisende erst einmal am nördlichen Ufer und folgte dem einzigen Weg, der die Wüste in nordwestlicher Richtung auf Hami zu durchquerte, mußte er noch fünf weitere chinesische Wachttürme in Sichtweite passieren, die letzten Posten an der Schwelle zu einer anderen Welt.

Als er von dieser Situation erfuhr, so erzählt uns sein Biograph, wurde er von Schmerz ergriffen. Sein Pferd war gerade gestorben, und zu allem Unglück waren, nach Bekanntwerden seiner Abreise, an den Grenzen Meldereiter mit dem Auftrag angekommen, ihn festzunehmen. Glücklicherweise stellte sich der Gouverneur der Region als ein frommer Buddhist heraus, der, anstatt die erhaltenen Befehle auszuführen, das offizielle Reskript verschwinden ließ, den Betroffenen benachrichtigte und ihn aufforderte, sich eiligst zu entfernen. Aber die beiden Novizen, die den Pilger so weit begleitet hatten, fühlten ihren Mut sinken. Der erste, von Furcht ergriffen, gelangte wieder nach Tunhuang. Den zweiten entließ Hsüan-tsang selbst, da jener unfähig war, die Strapazen der Reise zu ertragen.

Der Meister des Gesetzes war also wieder allein. Er kaufte ein neues Pferd und flehte den Bodhisattva Maitreya an, ihm einen Führer zu senden, um die letzten Grenzposten zu passieren. Kurz darauf stellte sich ihm ein junger Barbar buddhistischen Glaubens vor, der sich erbot, ihn zu führen. Seinen frommen Beteuerungen vertrauend, nahm der Pilger das Angebot freudig an und betrat mit seinem unverhofften Führer vor Sonnenuntergang eine dicht mit Gras bewachsene Steppe. Die Begegnung, die er dort mit einem alten, aus diesem Grenzgebiet stammenden Mann hatte, war geeignet, seinen Mut einer Bewährungsprobe auszusetzen. Mit Nachdruck führte ihm der neu zu ihm Gestoßene all seine Unbesonnenheit vor Augen: »Die Wege des Westens sind schlecht und gefährlich. Mal wird man durch Treibsand aufgehalten, mal durch glühende Winde. Wenn man auf sie trifft, kann niemand ihnen entgehen. Häufig kommen große Karawanen vom richtigen Wege ab und gehen zugrunde. Um so mehr Ihr, verehrter Meister, der Ihr allein seid, wie könnt Ihr diese Reise

Hsüan-tsang auf dem Weg nach Westen, chinesische Steinabreibung.

durchführen? Laßt Vorsicht walten und setzt Euer Leben nicht derart aufs Spiel!« Da Hsüan-tsang jedoch seine unerschütterliche Entschlossenheit zum Ausdruck brachte, nötigte ihm der Alte sein Reittier auf, ein altes Pferd mit rotbraunem Fell, das den Weg nach Hami bereits über fünfzehnmal gemacht hatte.

Hsüan-tsang und sein Führer gelangten so in Sichtweite der Festung Yü-mên-kuan. Der Führer fällte einige Bäume, warf damit einen Steg über den Su-lu-ho, gab seinem Pferd die Peitsche und lenkte es hinüber. An der nördlichen Uferböschung angelangt, breitete der Meister des Gesetzes, von den Strapazen erschöpft, eine Matte auf dem Boden aus und schlief ein. Plötzlich bot sich ihm undeutlich ein seltsames Schauspiel: Sein rätselhafter Begleiter, ungefähr hundert Schritte von ihm entfernt liegend, zog sein Schwert, erhob sich und bewegte sich ganz langsam auf ihn zu; keine zehn Schritte mehr entfernt, schien er zu zögern und machte kehrt. Da Hsüan-tsang sich, der Gefahr bewußt, gleichfalls erhob, wobei er seine Seele Bodhisattva Avalokiteśvara befahl, trat die beunruhigende Gestalt endgültig den Rückzug an, legte sich wieder hin und schlief ein. Zweifellos war in dem unsteten und habgierigen Geist dieses Barbaren der Gedanke an ein Verbrechen einen Augenblick lang aufgekommen; dann hatte der Mann, sei es aus abergläubischer Furcht oder aus einem Rest von Ehrfurcht, seine Meinung geändert. Aber niemals war eine Begleitung unsicherer gewesen ...

Beim ersten Sonnenstrahl befahl Hsüan-tsang, ohne auf dieses seltsame, beunruhigende Ereignis der vergangenen Nacht anzuspielen, dem Führer, Wasser zu holen. Der junge Mann gehorchte widerwillig. Sei es aus verborgener Scham, durchschaut worden zu sein, sei es aus echter Angst vor den chinesischen Vorposten, führte er die Schwierigkeiten des Weges ins Feld: »Dieser Weg ist unermeßlich lang und voller Gefahren. Man findet an ihm weder Wasser noch Weideland. Nur unterhalb des fünften Signalturms gibt es ausgezeichnetes Wasser. Es wird nötig sein, es dort des Nachts heimlich zu schöpfen und schnell weiterzuziehen, denn wir sind verloren, wenn man uns von oben bemerkt. Das Sicherste für uns ist es, wieder umzukehren.« Nachdem der Meister des Gesetzes dies nachdrücklich abgelehnt hatte, drangen sie weiter in die Steppe vor, wobei sie sich, so gut es ging, verbargen, indem sie sich niederduckten und nur ab und zu den Kopf hoben, um sich zu orientieren. Plötzlich zog der junge Mann sein Schwert, spannte seinen Bogen und bat Hsüan-tsang, voranzureiten. Hsüan-tsang, der von nun an keinerlei Zweifel mehr an dessen Absichten hegte, weigerte sich. Durch die feste Haltung des anderen eingeschüchtert, willigte der Führer nochmals ein, als Kundschafter vorauszureiten. Aber nach einigen Kilometern schützte er seinen Widerwillen gegen die Verletzung der kaiserlichen Befehle vor, ließ den Pilger im Stich und verschwand.

Hsüan-tsang drang nun allein in die Wüste ein, in die grenzenlose Gobi, die Mörderin ganzer Herden und Karawanen. Sich nach den aufgetürmten Gebeinen und den Haufen von Kamelmist richtend, mit denen die Wüste reichlich gesegnet war, zog er mit langsamem und beschwerlichem Schritt seines Weges. Plötzlich erblickte er Hunderte bewaffneter Truppen, die gleichsam den Horizont zu bedecken schienen. »Er sah, wie sie bald marschierten, bald anhielten.« Alle Soldaten waren in Filzstoffe und Pelzwerk in der Art der Barbaren der Gobi und des Altai gekleidet. »Hier tauchten reich ausgestattete Kamele und Pferde auf, dort funkelnde Lanzen und glänzende Standarten. Bald waren es neue Figuren, neue Formen, und in jedem Augenblick bot diese sich ständig ändernde Szene nacheinander tausend Metamorphosen dar. Sobald man jedoch näher kam, verflüchtigte sich alles...« Der Pilger wähnte sich der Heerschar des Māra, des Dämons des Buddhismus, gegenüberzustehen. Er war Opfer einer Fata Morgana geworden.

Es gab indessen eine realere Gefahr; er näherte sich dem ersten der Signaltürme, den allerletzten Wärtern der chinesischen Grenze.[1] Um sich den Blicken der Wächter zu entziehen, verbarg er sich in einem versandeten Flußbett und brach erst in der Nacht wieder auf. Westlich des Turms angekommen, fand er die Wasserstelle, die man ihm angekündigt hatte; er stieg zu ihr hinab, um zu trinken und seine Wasserschläuche zu füllen. Aber in demselben Augenblick hörte er, wie ein Pfeil heranschwirrte, der ihn beinahe am Knie verletzt hätte. Dann bohrte sich ein zweiter Pfeil neben ihm in den Boden. Er begriff, daß er entdeckt war, und schrie aus Leibeskräften: »Ich bin ein Mönch, der aus der Hauptstadt kommt. Schießt nicht auf mich!«

---

1 Dieser erste Turm wurde von Sir Aurel Stein als der Rastplatz von Pi-ting-tzu lokalisiert; siehe Karte 38 des Atlasbandes von *Innermost Asia*. Vgl. auch Aurel Stein: *La Traversée du désert par Hiuan-tsang*. In: T'oung-pao, 1921–1922, S. 350.

Sein Pferd am Zügel fassend, ging er auf den Turm zu. Die Wachen öffneten das Tor und führten ihn zu ihrem Kommandanten. Dieser Mann, der aus der Stadt Tunhuang stammte, bekannte sich zum Buddhismus. Auch er machte Hsüan-tsang wieder die Gefahren seines Unternehmens deutlich und versuchte zunächst, ihn zur Aufgabe zu bewegen.

Der vortreffliche Mann riet dem Pilger, seine Reise in Tunhuang zu beenden, wo ein äußerst gelehrter Mönch wohnte. Die Heftigkeit seiner Antwort wird sogar noch in dem Bericht seines Biographen laut: »Seit meiner Kindheit habe ich mich für die Religion Buddhas begeistert. In den beiden Hauptstädten (Ch'ang'an und Loyang) haben es die Männer, die das Buddhagesetz kennen, die Religiosen mit dem größten Glaubenseifer nicht verabsäumt, zu meinen Lehrstunden herbeizueilen, um sich darein zu vertiefen und ihre Früchte zu ernten. Ich habe vor ihnen gesprochen, gepredigt, diskutiert. Nicht ohne zu erröten, gestehe ich, daß ich der namhafteste Religiose dieser Epoche bin. Glaubt Ihr, daß ich, wenn ich weitere Fortschritte in der Tugend machen und auf mein Ansehen hinarbeiten wollte, den Mönchen von Tunhuang untergeordnet bleiben würde?«

Nach dieser derben, beißenden Schmährede, in der der namhafte Pilger aus der Hauptstadt den einfachen Provinzoffizier, der in einer Kolonialfestung verloren ist, niederschmettert, appeliert Hsüan-tsang an die religiösen Gefühle seines Gesprächspartners: »Zutiefst getroffen mußte ich feststellen, daß die heiligen Schriften unvollständig waren und ihre Interpretation fatale Lücken aufwies. Unter Mißachtung meines Lebens und den Hindernissen und Gefahren trotzend, habe ich geschworen, in Indien das Gesetz zu suchen, das Buddha der Welt hinterlassen hat. Aber Ihr, guter Mann, drängt mich zur Rückkehr, statt meinen Eifer anzuspornen! Werdet Ihr es etwa nachher wagen zu sagen, daß Ihr mein Mitleid mit dem Leid der Welt teilt und daß Ihr mit mir den Menschen helfen wollt, das *nirvāṇa* zu erlangen? Wenn Ihr mich unbedingt zurückhalten wollt, gestatte ich Euch, mir das Leben zu nehmen. Hsüan-tsang wird nicht einen einzigen Schritt tun, um nach China zurückzukehren!«

Der Kommandant des Postens hatte gewiß noch nie eine derartige Beredsamkeit vernommen. Von dieser barschen Anrede erdrückt, in seiner Pietät gerührt, entschloß er sich, den Pilger zu unterstützen. Nachdem er ihn mit Lebensmitteln versorgt hatte, gab er ihm eine

Empfehlung für den nächsten Grenzposten mit. Er riet ihm, den fünften und letzten Wachtturm[1] zu meiden, da der dortige befehlshabende Offizier feindlich gegenüber dem Buddhismus eingestellt war. Um diesen letzten Grenzposten zu umgehen, muß Hsüan-tsang nun den Weg nach Hami verlassen und einer parallelen Wegstrecke nach dem Westen folgen, also mitten in die Wüste vordringen, diese Gashun-Gobi, welche die Chinesen das Sandmeer nennen: »Man sieht dort weder Vögel noch Vierbeiner, weder Wasser noch Weiden.« Und der Chronist fügt diese wunderbare Zeile hinzu: »Um sich selbst den Weg zu weisen, ließ er es sich angelegen sein, beim Laufen die Richtung des Schattens zu beobachten, und er las mit Inbrunst die Schrift von der *prajñā-pāramitā* (vollkommene buddhistische Weisheit).« Können wir uns diese Wüste vorstellen, in der dieser Mann einsam, jede Gefahr durchwandernd und dem Unbekannten zugewandt, seiner Wege ins ferne Indien zieht, um nach einigen Texten zu forschen und die metaphysischen Systeme miteinander zu konfrontieren? Diesen Pilger, der nur seinen Schatten zum Führer hat – den Schatten seines Glaubens, auf den endlosen Sand geworfen – und als Trost unter der Glut der Sonne nur die mystische Flamme der vollkommenen Weisheit?

Er suchte vergeblich nach der Wasserstelle, von der man ihm berichtet hatte, der ›Quelle der Halbesel‹. – »Von Durst geplagt, griff er nach seinem Wasserschlauch, aber da dieser sehr schwer war, entglitt er seinen Händen, und sein ganzer Wasservorrat ergoß sich auf den Boden. Da der Weg in langen Windungen verlief, wußte er außerdem nicht, welcher Richtung er folgen sollte.« Verzweifelt schlug er wieder den Weg zur chinesischen Grenze ein. Dies war der einzige Augenblick, da dem Pilger Zweifel kamen. Doch nachdem er an die zehn Kilometer des Rückweges hinter sich gebracht hatte, faßte er sich wieder: »Am Anfang habe ich geschworen, daß, wenn ich Indien nicht erreichte, ich niemals einen Schritt tun würde, um nach China zurückzukehren. Lieber will ich auf dem Wege nach Westen sterben als nach Osten zurückgehen, um dort zu leben.« – »Daraufhin«, erzählt sein Biograph, »lenkte er die Zügel seines Pferdes nach Nordwesten, inbrünstig zum Bodhisattva Avalokiteśvara betend. Er

[1] Der Posten von Hsing-hsing-hsia entsprechend der Identifizierung von Sir Aurel Stein.

schaute sich nach allen Seiten um und entdeckte nur eine grenzenlose Ebene, auf der weder eine Spur von Menschen noch von Pferden zu sehen war. In der Nacht ließen böse Geister Fackeln so zahlreich wie die Sterne leuchten; am Tage wirbelten schreckliche Winde den Sand auf und zerstreuten ihn wie strömenden Regen. Inmitten all dieser grausamen Angriffe blieb sein Herz ohne Furcht; er litt jedoch unter dem Wassermangel und war so sehr von Durst gequält, daß er nicht mehr die Kraft hatte, einen Schritt zu tun. Vier Nächte und fünf Tage lang netzte nicht ein Tropfen Wasser seine Kehle. Ein verheerendes Feuer brannte in einen Eingeweiden, und um ein Haar wäre er umgekommen. Außerstande, sich von der Stelle zu bewegen, legte er sich auf dem Sand nieder und, obwohl vor Schwäche ermattet, rief er unablässig den Namen Avalokiteśvaras an.

›Auf dieser Reise‹, flehte er inständig, ›begehre ich weder Reichtümer noch Lob, noch Ansehen. Mein einziges Ziel ist die Suche nach der höheren Einsicht und dem rechten Gesetz. Euer Herz, oh Bodhisattva, ist ohne Unterlaß bestrebt, die Geschöpfe aus der Bitterkeit des Lebens zu befreien. Nun, gab es jemals eine grausamere als die meinige? Könntet Ihr sie ignorieren?‹

So betete er mit unermüdlicher Inbrunst bis in die Mitte der fünften Nacht, als plötzlich eine köstliche Brise all seine Glieder durchfuhr und sie ebenso geschmeidig und munter machte, als hätte er sich in einem erfrischenden Wasser gebadet. Sogleich erlangten seine glanzlosen Augen ihr Sehvermögen wieder, und sein Pferd bekam die Kraft, sich selbst zu erheben. Auf solche Weise neu belebt, konnte er ein wenig Schlaf nehmen. Aber während er schlief, erblickte er im Traum einen riesigen Geist von mehreren *chang*[1] Länge, der, eine Lanze und Standarte haltend, ihm mit einer furchtbaren Stimme zurief: ›Warum schläfst Du noch immer, anstatt mit Eifer auszuschreiten?‹

Aus dem Schlafe hochgeschreckt, machte sich der Meister des Gesetzes auf den Weg. Er hatte beinahe sechs Kilometer zurückgelegt, als sein Pferd auf einmal die Richtung änderte, ohne daß er es zurückhalten oder auf den ursprünglichen Weg zurückführen konnte.« Während er sich so von dem Instinkt des Tieres leiten ließ, gewahrte er bald mehrere Tagewerk grünes Weideland, stieg ab und ließ das Pferd

1 chang, chinesisches Längenmaß = 3,33 m.

nach Belieben weiden. In der Nähe schimmerte ein Teich, dessen Wasser rein und klar wie ein Spiegel war. Der Pilger trank daraus in langen Zügen. Nachdem er wieder zu Kräften gekommen war, füllte er seinen Schlauch, schnitt Gras für sein Pferd und brach auf.[1]
Nach zwei Tagen Weges verließ er endlich die Sandwüste und kam in Iwu, dem heutigen Hami, an. Diese Oase, lange Zeit eine Siedlung bewaffneter chinesischer Kolonisten, hatte während der Reichswirren der Suzeränität der Türken zugestimmt, sollte jedoch einige Monate nach der Durchreise Hsüan-tsangs wieder an China fallen (630). Der Pilger hielt sich dort in einem Kloster auf, in welchem noch drei chinesische Religiose lebten. Einer von ihnen, ein armer, alter Mann, kam auf den Meister des Gesetzes zu und umarmte ihn unter Tränen. Nachdem er ihn lange Zeit an seine Brust gedrückt hatte, rief er unter Schluchzen: »Konnte ich erwarten, heute einen Mann aus meinem Dorfe wiederzusehen?« Der Meister des Gesetzes empfand gleichfalls eine zarte Rührung und vermochte seine Tränen nicht zurückzuhalten.
Unterdessen war der König von Kaoch'ang, dem heutigen Turfan, der am nächsten nach Westen gelegenen Oase, von der Anwesenheit Hsüan-tsangs in Hami unterrichtet worden. Er schickte zehn seiner Offiziere auf prächtigen Pferden in die Stadt, um den Pilger zu einer Reise über Turfan einzuladen. Diese Reise brachte die Pläne Hsüan-tsangs ein wenig durcheinander, der die Absicht hatte, weiter nördlich die türkische Stadt Bäschbalyk oder Peit'ing, westlich von Kuch'êng, wegen des buddhistischen *stūpa* zu besuchen, welcher sich dort erhob und ihm seinen Beinamen Khag(h)an-stūpa eingebracht hatte. Aber der König von Turfan war ein frommer Buddhist und mächtiger Monarch, dessen Einfluß in der gesamten Gobi groß war. Hsüan-tsang fügte sich seinem Wunsch und traf nach einer Reise von sechs Tagen durch die Wüste Schar-nor in Turfan ein.[2]

1 Diese Wasserstelle wurde von Sir Aurel Stein am Posten von Chang-liu-shui, 56 km südöstlich von Hami lokalisiert. (Siehe Karte 34 des Atlasbandes von *Innermost Asia*.)

2 Um der Reiseroute Hsüan-tsangs durch Zentralasien im Detail zu folgen, siehe Aurel Stein: *Innermost Asia*, Bd. IV (Kartenatlas).

Persische Malereien im Inneren der Gobi

Das Königreich Turfan oder Kaoch'ang, wie es die Chinesen nannten, war im 7. Jahrhundert einer der nicht nur politisch, sondern auch kulturell bedeutendsten Staaten Zentralasiens.

In der Zentralgobi gelegen und im Norden durch die zwei Bergketten des Bogdo-ola und Edemen Daba, im Süden des Tschöl-tagh geschützt, ist das Talbecken von Turfan bogenförmig um das Nordufer des alten, teilweise ausgetrockneten Sees Aidin-köl angeordnet, der noch immer im Westen vom Flusse Daban-tsching-su gespeist wird. Rund um diese kühle Depression scharte sich in dieser Zeit ein ganzer Komplex blühender Orte, die den gegenwärtigen Stätten von Toksun, Yar, Bäzäklik, Murtuk, Sängim, Subashi, Idiqut-Shäri, Chotscho oder Kara-khoja und Tuyok (Toyuk) entsprachen; die Hauptstadt selbst war in Kara-khoja, 42 Kilometer östlich des heutigen Turfan gelegen – seit den Entdeckungen der von den Herren von Le Coq und Grünwedel geleiteten deutschen Expeditionen allesamt berühmte Namen in der Geschichte der Archäologie. Dieses Land, das heute nahezu ausgestorben ist, führte damals freilich ein intensives wirtschaftliches, politisches und kulturelles Leben, wie die herrlichen Stukkaturen und wunderbaren Fresken bezeugen, welche von Le Coq dem Museum für Völkerkunde in Berlin mitgebracht hat.[1] Es ist eigenartig, daß die Bevölkerung, die noch im 7. Jahrhundert diese Region bewohnte, welche dem Reich der Mitte und vor allem den türkischen Horden des Altai so nahe lag, weder chinesisch noch turko-mongolisch war. Es war eine indoeuropäische Bevölkerung, die einen Dialekt jener tocharischen Sprache sprach, welche unter den

1 Die Fresken befinden sich seit 1963 im Museum für Indische Kunst in Berlin-Dahlem und sind dort, abgesehen von geringen Kriegsverlusten, im Turfan-Saal ausgestellt (Anm. d. Übers.).

Sprachen derselben Familie überraschende Affinitäten nicht allein mit dem Armenischen und dem Slawischen, sondern selbst mit dem Italo-Keltischen erkennen ließ. Die Fresken von Turfan stellen zudem zahlreiche Personen mit blaugrauen Augen und roten Haaren dar, bestimmten europäischen Typen ungemein verwandt.

Gleichzeitig bekannte sich das Volk von Turfan wie alle Völker Zentralasiens in dieser Periode zum Buddhismus, und aus diesem Grund waren seine gebildeten Schichten völlig von der Sanskritkultur durchdrungen. Wie uns neuere Funde enthüllt haben, übersetzten Hunderte von Mönchen die heiligen Schriften Indiens aus dem Sanskrit ins Tocharische. Andererseits war die materielle Kultur dort zum großen Teil aus China und auch aus Persien entlehnt. Der sassanidische Iran hatte die Menschen von Turfan durch die Vermittlung sogdischer Karawanenführer bereits einen Teil seiner Kunst gelehrt; eine Unterweisung, die im folgenden Jahrhundert mit den großen buddhistischen Fresken und den manichäischen Miniaturen der uigurischen Epoche noch intensiver werden sollte.

Obwohl die meisten archäologischen Funde in der Region von Turfan aus der Zeit der uigurischen Herrschaft zu stammen scheinen (ungefähr zwischen 750 und 850), muß Hsüan-tsang in den Heiligtümern und Palästen der ausgehenden »tocharischen« Periode auf einige dieser berühmten Werke gestoßen sein: Stuckfigurinen oder Fresken von Bäzäklik, welche die Buddhas oder einzelne Bodhisattvas darstellen und das östlichste Erzeugnis der gräko-buddhistischen Kunst von Gandhāra sind; Fresken von Idiqut-Shäri, in denen uns bisweilen eine westliche Gottheit mit griechischer Haartracht begegnet, eingehüllt in eine griechische Palla und einen griechischen Peplon; Mondgottheiten von Sängim, die in ihren indischen Schalgewändern die gelungenste Mischung aus hinduistischer Geschmeidigkeit, hellenistischer Eleganz und chinesischer Anmut darbieten. In einer spontanen Regung rühren uns hier die hellenisierten Figuren der gandhārischen Buddhas, die überall sonst so flach sind. Wir finden Gefallen an der noch apollinischen Reinheit und Sanftheit ihrer ovalen Form. Denn der glücklichen Formulierung von Le Coqs zufolge handelt es sich hierbei um die letzten ›Spätantiken‹ – zeitlich verspätet genau bis ins Mittelalter, räumlich vergessen bis hin ins Innerste der Gobi. Erzeugnisse einer ganz anderen Eingebung, sonderbar persisch dieses Mal, sind die schönen Ritter der durch von Le Coq gefundenen Fresken von Bäzäklik, mit hoher Wahrscheinlichkeit die Zeitgenossen oder Enkel der Edlen von Turfan, denen Hsüan-tsang begegnete: Der *Parzival von Bäzäklik* im Museum von Berlin, dieser junge und holde Ritter, den ein Mönch durch das Scheren des Haupthaares in den geistlichen Stand aufnimmt, ist gewiß ein Landsmann des Königs Ch'ü Wên-t'ai, der so viel Glaubenseifer zeigen wird, daß er seine Nächte damit verbringt, Hsüan-tsang zu lauschen. Ein wenig weiter, in Murtuk, sehen wir das getreue Abbild der tocharischen und sogdischen Karawanenführer mit ihren Kamelen und Maultieren, die mehr als einmal die Reisebegleiter unseres Philosophen gewesen sein müssen, da die Straße der Pilgerfahrten auch die große Straße der Seide war.

China seinerseits hatte den Leuten von Turfan ihre Dynastie gegeben, die der Ch'ü, seit dem Jahre 507 auf dem Thron. Der damals herrschende König, Ch'ü Wên-t'ai (ca. 620–640), der bestimmt der bekannteste Vertreter seines Geschlechts ist, scheint eine ziemlich starke Persönlichkeit gewesen zu sein. Sich auf seine chinesische Aszendenz besinnend oder mit dem Gespür für die Richtung, aus der der Wind wehte, hatte er Kaiser T'ai-tsung gleich nach dessen Thronbesteigung einen schwarzen Fuchspelz geschenkt, woraufhin T'ai-tsung der Königin, seiner Frau, ein Geschmeide aus goldenen Blumen verehrte. Ch'ü Wên-t'ai schenkte T'ai-tsung daraufhin einen kleinen Tisch mit einer Jadeplatte. Im Dezember 630, kurz nach der Durchreise Hsüan-tsangs, mußte sich Ch'ü Wên-t'ai persönlich an den Hof in China begeben, wo ihm die besondere Ehre der Aufnahme in den kaiserlichen Klan zuteil wurde. Erst gegen Ende seines Lebens, wird er, durch diese Ehrungen und die Blüte seines Königreiches von Hochmut ergriffen und mit der Unterstützung der türkischen Horden rechnend, die Riesendummheit begehen, sich mit letzteren zu verbünden, um die dem Reich geschuldete Huldigung zu verweigern und die Karawanenstraße zwischen China und Kaschgarien abzuschneiden. 640 sollte er vor Schreck über die Nachricht vom Heranrücken der kaiserlichen Armeen sterben.

Wie Hsüan-tsang ihn uns beschreibt, war Ch'ü Wên-t'ai durchaus der herrische und hoffärtige Fürst, wie es uns die Annalen der T'ang ahnen lassen. Aufgrund der Nachricht, daß Hsüan-tsang sich in Hami aufhielte, hatte er ihn zu sich rufen lassen und den Pilger, der eine andere Reiseroute vorgezogen hätte, trotz seiner Proteste bei-

nahe gewaltsam abholen lassen. Hsüan-tsang kam nach Sonnenuntergang in Turfan an. So sehr war der König darauf erpicht, ihn zu sehen, daß er nicht erst den nächsten Tag abwarten konnte. Im Schein der Fackeln verließ er auf der Stelle den Palast, ging ihm entgegen und brachte ihn in einem prachtvoll eingerichteten Pavillon inmitten eines Zeltes aus kostbaren Stoffen unter.
Dieser König Ch'ü Wên-t'ai war trotz seines Ungestüms ein äußerst frommer Mann. Seine Rede, mit der er Hsüan-tsang willkommen hieß, belehrt uns über die Inbrunst seines buddhistischen Glaubens: »Meister«, läßt ihn sein Biograph sprechen, »seit Euer Schüler von Eurer Ankunft erfahren hat, war er darüber so beglückt, daß er Speise und Schlaf vergaß. Nachdem ich die Strecke errechnet hatte, die Ihr zurücklegen müßtet, war ich gewiß, daß Ihr heute nacht ankommen würdet. Ich selbst, meine Frau und meine Kinder haben deshalb auf den Schlaf verzichtet und uns in respektvoller Erwartung Eurer Ankunft damit beschäftigt, die heiligen Schriften zu lesen.« Einige Augenblicke später erschien tatsächlich auch die Königin in Begleitung einiger Dutzend Dienerinnen, um dem Meister des Gesetzes einen Besuch abzustatten. Wir erliegen der Versuchung, uns diese königlichen Gefolge vorzustellen, all die fürstlichen Spender, all die schönen Damen von Bäzäklik, Sängim usw. heraufzubeschwören, wie sie aus der Tiefe der Vergangenheit in den Alben von Le Coqs plötzlich gegenwärtig werden.
Derart groß war der Glaubenseifer des Königs von Turfan, daß Hsüan-tsang ihm unverzüglich eine Unterredung gewähren mußte, welche den Rest der Nacht in Anspruch nahm. So graute der Morgen, und der Pilger war wie zerschlagen. Behutsam mußte er den Monarchen an mehr Rücksichtnahme erinnern, bevor er endlich ein wenig Ruhe genießen durfte.
Der erste Kontakt war bezeichnend. Wahrhaftig, die Frömmigkeit des Königs von Turfan sollte sich als ungemein anspruchsvoll erweisen und sein Schutz als ein wenig tyrannisch. Gewiß, er überhäufte den Meister des Gesetzes mit Geschenken und Ehrungen und unterstellte ihm die berühmtesten Religiosen seines Königreiches. Aber glücklich darüber, den Besuch eines solchen Gelehrten empfangen zu haben, gedachte er, ihn als geistlichen Ratgeber seiner Familie und als Oberhaupt der buddhistischen Gemeinde von Turfan bei sich zu behalten. Vergeblich setzte ihm der Meister des Gesetzes die Gründe

für seine Reise auseinander: »Ich habe die Reise nicht unternommen, um Ehrungen zu empfangen! Ich war bekümmert festzustellen, daß man in meinem Land nur ein unzulängliches Verständnis des Buddhagesetzes besitzt und die heiligen Texte selten und mangelhaft geworden sind. Von schmerzhaften Zweifeln bewegt, zog ich aus, um selbst die reinen und authentischen Denkmäler des Gesetzes zu suchen. Deshalb habe ich mich unter Lebensgefahr nach den Ländern des Westens aufgemacht, um unbekannte Lehren zu hören. Ich will, daß durch meine Anstrengungen die göttliche Ambrosia nicht allein den Boden Indiens benetzt, sondern sich in ganz China ausbreitet. Wie könntet Ihr mich auf halbem Wege aufhalten? Ich flehe Euch, oh König, inständig an, gebt Euer Vorhaben auf, und ehrt mich nicht länger mit einer solch überreichen Freundschaft!«
Die Antwort des Königs beweist, daß er keineswegs nachgeben würde: »Euer Schüler liebt Euch mit einer grenzenlosen Zärtlichkeit. Ich will Euch unbedingt hierbehalten, um Euch meine Huldigungen zu erweisen, und es wäre leichter, die Berge des Pamir zu versetzen, als meinen Entschluß ins Wanken zu bringen.«
Hsüan-tsang war zwar aufs höchste bestürzt, sein Entschluß jedoch nicht weniger unwiderruflich. Er hielt unbeirrt an seiner Weigerung fest. »Vor Zorn errötend und mit drohender Gebärde rief der König laut: ›Nun wird Euer Schüler mit Euch auf eine andere Weise verfahren, und es wird sich zeigen, ob Ihr nach Belieben abreisen könnt! Ich bin entschlossen, Euch mit Gewalt hierzubehalten oder Euch in Euer Land zurückbringen zu lassen. Ich rate Euch gut, darüber nachzudenken; am besten wäre es immer noch, Ihr würdet nachgeben.‹« Die Diskussion nahm eine dramatische Wendung: »Um des erhabenen Gesetzes willen bin ich hierher gekommen«, antwortete Hsüan-tsang heroisch. »Nichts anderes als meine Knochen wird der König dabehalten können; er hat keine Macht über meinen Geist oder meinen Willen.«
König Ch'ü Wên-t'ai blieb unnachgiebig. Gleichzeitig überhäufte er den Pilger mit außerordentlichen Ehrungen; ja, er ging so weit, ihn selbst bei Tisch zu bedienen. Hsüan-tsang, der sah, daß es ihm nicht gelingen würde, das Herz des Königs zu erweichen, drohte, sich dem Hungertod anheimzugeben. »Er setzte sich aufrecht und bewegungslos hin, und drei Tage lang floß nicht ein einziger Tropfen Wasser über seine Lippen. Am vierten Tag erkannte der König, daß die

Atmung des Meisters des Gesetzes zunehmend schwächer wurde. Beschämt und erschreckt über die Folgen seiner Unerbittlichkeit, warf er sich vor ihm auf den Boden nieder und bot ihm respektvoll seine Entschuldigung dar.« Er schwor vor der Statue Buddhas, seinen Gast ziehen zu lassen. Danach erst willigte Hsüan-tsang ein, etwas Nahrung zu sich zu nehmen.

Auf Bitten Ch'ü Wên-t'ais erklärte sich Hsüan-tsang indessen bereit, noch einen Monat in Turfan zu bleiben, um dem Hof und dem Volk seine Lehre zu erläutern. »Der König ließ ein Zelt errichten, in dem dreihundert Personen Platz nehmen konnten. Die Königinmutter, der König, der oberste Vorsteher der Klöster des Landes und die Großwürdenträger wurden, wie es die Ordnung verlangte, in gesonderten Gruppen plaziert und hörten ihm ehrfurchtsvoll zu. Zum Zeitpunkt der Vorlesung ging der König jeden Tag mit einem Räucherfäßchen voran und geleitete Hsüan-tsang bis zum Fuße der Kanzel. Dort bestand er darauf, ihm, demütig niederkniend, als Trittbrett zu dienen, und nötigte ihn, auf diese Weise seinen Sessel zu besteigen.«

Obwohl es ihm nicht gelungen war, Hsüan-tsang an sich zu binden, setzte König Ch'ü Wên-t'ai mit demselben rührenden Eifer und mit derselben Begeisterung alles ins Werk, um ihm die Reise zu erleichtern. Er ließ für ihn alle Kleidungsstücke anfertigen, deren er zum Schutz gegen die Kälte bei der Überquerung des T'ienshan und Pamirs bedurfte: Schutzmasken, Handschuhe, Stiefel und dergleichen mehr. Er überschüttete ihn mit Geschenken von Gold- und Silberstücken, Satin und Seide, mit denen er seinen gesamten Bedarf während der geplanten Reise decken konnte. Er gab ihm dreißig Pferde und fünfundzwanzig Bedienstete. Vor allem beauftragte er einen seiner Offiziere damit, ihn bis zur Residenz des Großkhans der Westtürken zu begleiten, mit dem er in engen Freundschaftsbeziehungen und fast in einem Lehnsverhältnis stand; ein unschätzbarer Dienst, wie wir sehen werden. Denn das Reich der Westtürken, die damals auf dem Gipfel ihrer Macht angelangt waren, erstreckte sich vom Altai bis nach Baktrien, und der Erfolg der Pilgerreise Hsüan-tsangs hing von ihrem guten Willen ab. Zu demselben Zweck übergab Ch'ü Wên-t'ai dem Meister des Gesetzes 24 Empfehlungsschreiben und ebensoviele Geschenke für die Fürsten Zentralasiens, angefangen mit seinem Nachbarn, dem König von Kutscha. Aber es liegt klar auf der Hand, daß in dieser Zeit der wichtigste Schutz der der Türken war und für alles übrige einstand. Um dem Pilger die Gunst des Großkhans zu gewinnen, schickte Ch'ü Wên-t'ai aus demselben Anlaß einen regelrechten Tribut: »Er ließ zwei Wagen mit 500 Ballen Atlasseide beladen, die für den Khan bestimmt waren. Diese Geschenke waren von einem Schreiben begleitet, das besagte: ›Der Meister des Gesetzes ist der jüngere Bruder Eures Sklaven; er hat die Absicht, sich aufzumachen, das Buddhagesetz im Lande der Brahmanen zu suchen. Es ist mein innigster Wunsch, daß der Khan dem Meister des Gesetzes dasselbe Wohlwollen entgegenbringt wie dem Sklaven, der diese ehrerbietigen Zeilen schreibt.‹«

Von nun an sollte Hsüan-tsangs Reise unter ganz anderen Bedingungen ihren Fortgang nehmen. Ohne die Erlaubnis des Hofes aus China abgereist, ohne politische Unterstützung oder irgendeine Hilfe war er dem geringsten Hindernis auf Gedeih und Verderb ausgeliefert. Der persönliche Schutz und die diplomatische Intervention des Königs von Turfan verliehen dagegen seiner Reise einen offiziellen Charakter. Damit standen ihm all die kleinen Höfe der Gobi offen und war insbesondere die Macht der Westtürken in seinen Dienst gestellt. Denn der Brief des Königs von Turfan an den Khan läßt uns kaum einen Zweifel über die Beziehung zwischen diesen beiden Fürsten: Ersterer war der Vasall des zweiten und hatte kraft dieses Lehnsverhältnisses das Recht, Hilfe und Schutz für seinen Freund zu verlangen. Dieser Schutz wird den Pilger direkt bis an die Pforten Indiens führen, da der Monarch, der über Baktrien herrschte, der Sohn des Khans und zugleich der Schwiegersohn Ch'ü Wên-t'ais war.

Für Hsüan-tsang, dessen Reise in Turfan um ein Haar ihr Ende gefunden hätte, hatten sich dort im Gegenteil unerwartete Möglichkeiten aufgetan, um sie zu einem glücklichen Ende zu führen. Am Tage seiner Abreise begleitete ihn Ch'ü Wên-t'ai mit seinem ganzen Hof, allen Religiosen des Landes und der Menge des Volkes aus der Stadt hinaus. Unter Tränen nahm er Abschied vom Meister des Gesetzes. Dieser versprach ihm, auf seiner Rückreise nach Turfan zu kommen, um dort drei Jahre zu bleiben, und wir wissen, daß dies auch Hsüan-tsangs erster Gedanke gewesen sein mußte, als er 14 Jahre später von Indien nach Baktrien zurückkehrte. Aber der tragische Tod seines Wohltäters, der sich in der Zwischenzeit ereignet hatte, sollte die Geste des Pilgers überflüssig machen.

Von Turfan aus schlug Hsüan-tsang den Weg nach Yen-ch'i, dem heutigen Karaschahr, ein, wobei er einen Gebirgsausläufer überquerte, der für seine Silberminen berühmt war. Obwohl Turfan und Karaschahr zu dieser Zeit zwei seit langem zivilisierte Staaten waren und wichtige Stationen für den Karawanenhandel darstellten, wurden ihre Verbindungswege – vielleicht auch gerade wegen ihrer Bedeutung – häufig durch Räuberscharen unpassierbar gemacht. Hsüantsang entdeckte die Leichen mehrerer reicher ausländischer Kaufleute, die sich, um ihren Konkurrenten zuvorzukommen, von ihrer Karawane getrennt hatten. Er selbst traf auf eine Räuberbande, die Lösegeld von ihm erpreßte.

Nach überstandenen Gefahren gelangte man in ein bemerkenswert blühendes Land. Der Pilger beschreibt uns Karaschahr als eine fruchtbare Oase, deren Berggürtel und Schluchten, die den Zugang zu ihr eröffneten, ihre Verteidigung leicht machten. »Mehrere Flüsse, die hier zusammentreffen, versehen sie mit einer Art Gürtel«: Tatsächlich wird die Oase durch einen pittoresken Fluß, den Kaidu-gol oder Yulduz, bewässert, der von der Gebirgskette des Boro Khoro durch ein tief eingeschnittenes Tal in nordwestlicher Richtung hinabfließt und hier noch der Kleine Yulduz heißt, dann jäh seinen Lauf ändert und parallel als der Große Yulduz in entgegengesetzter Richtung fließt, bis er sich unterhalb von Karaschahr in den See Bagraschkul ergießt, an dessen Westufer die Stadt errichtet ist. Ein heute aufgegebenes Bewässerungssystem sicherte der Oase damals eine große Fruchtbarkeit und erlaubte den Anbau von Reis, Hirse, Korn, Wein, Äpfeln, Pflaumen, Brustbeeren und Mangos.

Wie Turfan war Karaschahr zu dieser Zeit eine indoeuropäische Stadt, in der man einen ›tocharischen‹ Dialekt sprach. Ebenfalls wie in Turfan haben uns die Ausgrabungen, welche von Le Coq auf dem ehemaligen Stadtgebiet selbst und etwas weiter südlich durchführte, eine reiche, vom Buddhismus inspirierte Kultur mit einer gemischten, teils aus Indien, teils aus dem sassanidischen Iran entlehnte Kunst enthüllt. Aus Hsüan-tsangs Bericht erfahren wir, daß man dort zehn oder mehr Klöster mit 2000 Mönchen zählte, die der Hīnayāna-Sekte der Sarvāstivādin angehörten. Gleich dem König von Turfan erwies sich der König von Karaschahr als äußerst frommer Buddhist; auch er kam Hsüan-tsang mit seinen Ministern entgegen und führte ihn in den Palast, wo er ihm alles anbot, was für den Reisenden vonnöten sein mochte. Dieser Empfang galt dem berühmten Mönch, der Hsüan-tsang war. Denn die diplomatischen Empfehlungen, mit denen ihn die Leute von Turfan versehen hatten, konnten ihm hier nur schaden, hatten doch die Bewohner von Karaschahr stets unter den Übergriffen ihrer unmittelbaren Nachbarn aus Turfan zu leiden gehabt. Während sie Hsüan-tsang einen großartigen Empfang bereiteten, weigerten sie sich, seine turfanische Eskorte zu beherbergen, der man sogar Relaispferde vorenthielt. Hsüan-tsang verbrachte daher nur eine Nacht in Karaschahr. Schon am nächsten Morgen brach er in Richtung Kutscha auf.

Karaschahr und Kutscha, die auf Landkarten in kleinem Maßstab wie Zwillingsschwestern nebeneinanderliegen, sind in Wirklichkeit in nördlicher Richtung durch hohe, mit der Hauptkette des T'ienshan verbundene Berge voneinander getrennt. Hsüan-tsang mußte, nachdem er »einen großen Fluß überquert« hatte (den Yulduz oder Kaidu-gol), den Weg einschlagen, der sich am Fuße der Berge durch Kurla und Yangihissar hinzieht, und betrat das Königreich Kutscha wahrscheinlich über die Oasen von Bugur und Kirisch oder Yaka-aryk.

Kutscha, das im Chinesischen Chü-chih und besser Ch'ü-tz'u oder Ch'iu-tzu und in Sanskrit Kuc(h)i genannt wurde, war möglicherweise die bedeutendste Stadt Zentralasiens. Hsüan-tsang war von ihrem materiellen Wohlstand und der Pracht ihrer Kultur überrascht. »Das Königreich mißt ungefähr 1000 *li* von Ost nach West und etwa 600 *li* von Süd nach Nord (ein *li* entspricht 576 Metern). Der Umfang der Hauptstadt beträgt 17 bis 18 *li*. Der Boden eignet sich vorzüglich für den Anbau von roter Hirse und Weizen. Er bringt außerdem die Reissorte, die kêng-t'ao (Stärkereis) genannt wird, sowie Weintrauben, Granatäpfel und große Mengen von Birnen, Pflaumen, Pfirsichen und Aprikosen hervor. Dort finden sich Gold-, Kupfer-, Eisenerz-, Blei- und Zinnminen. Das Klima ist mild, die Sitten sind rein und rechtschaffen. Die Schrift wurde mit einigen Abänderungen aus Indien entlehnt. Das begnadete Flöten- und Lautenspiel der Musiker dieses Landes stellt alle anderen Königreiche in den Schatten.«

Die weltlichen chinesischen Geschichtsschreiber vervollständigen diese Beschreibung. Bereits im 4. Jahrhundert bestätigte uns das *Chin-shu* in seiner Verwunderung, daß »dem Palast des Königs von Kutscha die Pracht einer Wohnstatt der Genien zu eigen ist«. Für die folgende Periode und die Zeit Hsüan-tsangs geben uns die *Geschichte* der Wei und die *Geschichte der T'ang*, die mehr als der fromme Pilger an den weltlichen Angelegenheiten interessiert waren, einen flüchtigen Einblick in das Vergnügungsleben, das die Karawanen nach Verlassen der Wüste in dieser fruchtbaren Oase vorfanden: Der Charme der Frauen von Kutscha war ebenso berühmt wie ihre Schönheitsmittel und Parfüms aus Persien, für die Kutscha ein Umschlagplatz war. Man rühmte auch die Teppiche von Kutscha und führte die Schönheit seiner Pfauen an, die in einem Gebirgstal nördlich der Stadt beheimatet waren.

Was aber, wie es auch Hsüan-tsang bestätigt, nach dem *T'ang-shu* vor allem anderen den Ruhm der Stadt ausmachte, war die Vortrefflichkeit ihrer Musiker: »Diese Musiker waren damals so versiert, daß sie nach ein wenig Übung eine Melodie wiedergeben konnten, die sie nur ein einziges Mal gehört hatten. Vier Tänzer waren diesem Orchester angeschlossen. Der sogenannte Tanz der Fünf Löwen, der lange in China erfolgreich war, wurde von den Musikern Kutschas eingeführt.« In der Tat war ein Orchester aus Kutscha am chinesischen Hof aufgenommen worden und während der gesamten Periode der T'ang Bestandteil der kaiserlichen Feste. Die Musiker trugen, so erzählt uns die *Geschichte der T'ang*, einen Turban aus schwarzer Seide, ein Gewand aus leuchtend roter Seide mit bestickten Ärmeln und eine karmesinrote Hose. Selbst die Namen ihrer Lieder sind uns überliefert worden: ›Die Begegnung des siebten Abends‹, ›Die Jadefrau läßt den Becher kreisen‹, ›Der Blumenwettstreit‹, ›Das Spiel vom Verstecken der Agraffe‹ und so weiter; alte Titel, poetisch und blumig, die uns ein wenig von der Seele der Musik von einst in dieser, in der Wüste Gobi verlorenen Oase nahebringen, wo man noch im vollen Mittelalter, am Vorabend der Türkisierung, die alten Kulturen Indiens und des Irans bewahrte.[1]

Die Bevölkerung von Kutscha war ebenso wie die von Turfan und Karaschahr zu dieser Zeit noch indoeuropäisch. Die dort gesprochene Kutscha-Sprache ist eine der beiden bekannten Dialekte jener

1 Eine bezaubernde Legende, 790 von dem Pilger Wu-k'ung mitgebracht, gab die Weisen der tocharischen Musik für Gesänge aus, die von einem Wasserfall interpretiert wurden: »In diesen Bergen gibt es ein Gewässer, das Tropfen für Tropfen rinnt und dabei musikalische Laute erzeugt. Einmal im Jahr, zu einem bestimmten Zeitpunkt, sammelt man die Töne, um daraus eine Melodie zu bilden ...« (Vgl. Eduard Chavannes, Journal Asiatique, Bd. II [1895], S. 364).

›tocharischen‹ Sprachen, die sich nicht nur mit dem Iranischen und Sanskrit, sondern vielleicht noch mehr mit unseren alten Sprachen des Abendlandes wie dem Latein und dem Keltischen vergleichen lassen, so daß einige Wissenschaftler sogar so weit gegangen sind, Kutscha als ›eine inmitten der Wüste Gobi vergessene italienisch-keltische Sprachinsel‹ zu betrachten.

Wie dem auch sei, in kultureller Hinsicht war Kutscha völlig von indischen und iranischen Einflüssen durchdrungen.

Indisch war Kutscha in Religion und Kunst. Ein Name genügt, um an die Bedeutung zu erinnern, welche das Studium des Sanskrit dort dank des Buddhismus erlangt hatte: Kumārajīva. Dieser Mönch, nach Sylvain Lévi »der vielleicht größte aller Übersetzer, die den Genius und die Werke des indischen Buddhismus an China weitergaben«, hatte sein Leben (344–413) demselben Werk wie zweieinhalb Jahrhunderte später der Meister des Gesetzes, Hsüan-tsang, geweiht. Als Sohn eines Inders, der sich in Kutscha niedergelassen hatte, und der Tochter des Königs dieses Landes war er als ganz junger Knabe nach Kaschmir gegangen, wo er in den geistlichen Stand eintrat und seine Kenntnisse der Sanskritliteratur von den *Veda*-Schriften bis zu den Texten des *Hīnayāna*-Buddhismus vervollkommnete. Noch keine zwanzig Jahre alt kehrte er nach Kutscha zurück und wurde dort von einem Sohn des Königs von Jarkand zur Lehre des *Mahāyāna* bekehrt. Bis zum Jahre 383 blieb er in seiner Heimatstadt, als eine chinesische Invasionsarmee ihn mit sich nach Nordchina zurücknahm. In China ebenso wie in Kutscha übersetzte er eine Unzahl buddhisticher Abhandlungen, namentlich *Der Lotus des Guten Gesetzes*, verschiedene metaphysische Werke der Mādhyamika-Schule und den wunderbaren *Sūtrālaṃkāra* (Schmuck der Sūtras). Ohne Übertreibung kann man daher sagen, daß ein guter Teil der Sanskritliteratur auf dem Weg über Kutscha in den Fernen Osten weitergegeben worden ist.

Mit der Religion Śākyamunis fand die indische Kunst in ihrer zweifachen Ausprägung, der gräko-buddhistischen und der Gupta-Form, in Kutscha ein auserwähltes Land. Unter den Stukkaturen von Kizil, Kumtura oder Duldur-Agur fallen uns Köpfe von Brahmanen, *mleccha* oder *yakṣa* auf, deren fremdländische Gesichtszüge Hsüan-tsang gewiß überrascht haben; denn es handelt sich hier wie in Gandhāra um Gesichter des Zeus, Herakles oder Silen, der buddhisti-

schen Ikonographie angepaßt. Weiter finden wir klassische Draperien, Akte von Epheben, griechischer Vasen würdig; erotische Szenen, welche eine griechisch-römische Bankettszene heraufbeschwören; Figurinen, die an Alexandria erinnern; anmutige weibliche Statuetten, von denen man nicht weiß, ob ihre Eleganz aus Ch'ang'an oder Myrina stammt. Und diese herrlichen ›Spätantiken‹, die Pelliot auf dem Wege von Kutscha nach Kaschgar in Tumschuk mit der Serie von Stuckköpfen später wiederfand, welche heute eine der Vitrinen seines Saales im Musée Guimet zu Paris schmücken: der Kopf eines bärtigen Fremden, dessen heitere Feinheit die eines athenischen Philosophen des goldenen Zeitalters sein könnte; ein römischer Mönchskopf, hager, gescheit und listig; ein fetter römischer Kopf wie der eines Vittelius, *mleccha*, die Satyre oder Sokratesse sind, und dergleichen mehr. Durch solche Werke konnten die chinesischen Pilger wie Hsüan-tsang, ohne es zu ahnen, in Kutscha Fühlung mit der Kunst der griechisch-römischen Welt, dieses fernen *Ta-ch'in* oder *Fu-lin* (Rom und Asia Romana [die römische Provinz Asiens]), aufnehmen, von denen die Chinesen bereits eine hinlängliche Vorstellung hatten. Diese Stukkaturen sind übrigens in der Zeit Hsüan-tsangs entstanden, denn zu einem guten Teil stammen sie aus dem 6. Jahrhundert. Was unser Abendland betrifft, so dürfen wir nicht vergessen, daß zu dieser Zeit die griechische Kunst in Byzanz nur noch der Erinnerung angehörte, wohingegen ihr verspäteter und gleichsam posthumer Glanz sich in Kaschgarien noch immer bemerkbar machte. Auf diese Weise gelangt das Licht eines seit Jahrhunderten erloschenen Sterns noch immer durch Raum und Zeit zu uns.
Gleichzeitig mit der indisch-griechischen Kunst machte sich die unverfälschte indische Kunst der Gupta-Werkstätten unmittelbar in der Region von Kutscha bemerkbar. Es genügt, wenn wir in dieser Hinsicht auf eine aus der Zeit vor dem 8. Jahrhundert stammende Freske der Māyā-Höhle in Kizil hinweisen, auf die Darstellung der *Vier Großen Wunder*, bei der eine Königin Māyā in der Haltung einer Tänzerin vor dem Baume der Geburt Buddhas eine direkte Verwandtschaft mit den geschmeidigsten weiblichen Figuren von Ajaṇṭā zeigt.
Die iranischen Einflüsse waren nicht weniger sichtbar. Wenn Kutscha in literarischer und religiöser Hinsicht ein integrierender Bestandteil ›Groß-Indiens‹ war, so bildete es im Hinblick auf die materielle

Kultur zur gleichen Zeit eine Provinz ›Groß-Irans‹. Nichts ist in dieser Hinsicht vielsagender als die Malereien, die von Le Coq dem Museum von Berlin mitgebracht hat.[1] In ihnen werden der ethnische Typus der ›tocharischen‹ Bevölkerung, die sich im 7. Jahrhundert noch als die Herrin der Stadt behauptete, und der Zauber, den die Kultur Persiens auf diese Bevölkerung ausübte, gleichermaßen sichtbar.

Die Fresken von Kizil und Kumtura, von denen die meisten zweifellos genau aus dem 7. Jahrhundert stammen, zeigen uns in der Tat mit einer einzigartigen Genauigkeit die illustre Gesellschaft von Kutscha, welcher Hsüan-tsang begegnete. Zu unserer Überraschung finden wir in dieser ausgestorbenen Oase der Gobi vor unseren Augen in all ihrer Frische eine ganze glanzvolle Ritterschaft zu neuem Leben erweckt, deren Helden aus einem beliebigen Blatt einer persischen Miniatur entsprungen zu sein scheinen. In diesen Darstellungen liegt in der Tat nichts Chinesisches, nichts Indisches mehr. Dies ist lediglich eine künstlerische iranische Provinz, vergessen an der Schwelle des Fernen Ostens, welche, der muselmanischen Katastrophe entronnen, das Bindeglied zwischen der sassanidischen Malerei von Bāmiyān und Dokhtar-i Noschirwan und der timuridischen und safawidischen Malerei bildet. Nun ist durch ein merkwürdiges Zusammentreffen dieses Persien in der Wüste Gobi im Bereich der künstlerischen Gestaltung und der materiellen Kultur unserem mittelalterlichen Abendland ganz nahegerückt: Ihre äußere Erscheinung, der allgemeine Stil, sogar die Atmosphäre machen die Ritterschaft von Kizil und Kumtura zu einer Schwester unserer eigenen.

Hier steht er vor uns in seiner jugendlichen Grazie – ein Page von Benozzo Gozzoli oder Bihzad! –, der geniale Künstler, der sich selbst in der Höhle von Kizil gemalt hat, welche nach ihm die ›Malerhöhle‹ genannt wird. Behutsam seinen Farbtopf in der linken Hand haltend, malt er mit der ausgelassenen Freude und dem Eifer eines Fra Angelico das Bild irgendeines Bodhisattva, irgendeine Szene aus den ›früheren Leben‹ (Buddhas) oder irgendein reines Paradies auf die Wand. Er ist jedoch nur ein Kutschare mittleren Standes, wie die Waffe an seinem Gürtel bezeugt, die anstelle des von den Adeligen

1 Ausgezeichnete Farbreproduktionen finden sich in den Alben von Le Coqs: *Die buddhistische Spätantike in Mittelasien.* 7 Bde. [Berlin] 1922–25.

getragenen Schwertes lediglich der breite und kurze Dolch mit rechteckigem oder mit Lilien verziertem Griff ist. Aber welch eine Eleganz liegt bereits in diesem Wams, in der Taille gegürtet und auf der rechten Seite des Kragens mit dem großen recht- oder dreieckigen, für die kutscharische Kleidung so charakteristischen Aufschlag geschmückt! Darüber hinaus erinnern uns die Schaftstiefel daran, daß in diesem kleinen indoeuropäischen Eiland Kutscha, einer regelrechten ethnischen Oase, in der das ganze Volk gleichsam eine Aristrokatie bildete, die Künstler selbst Ritter waren.

Und hier nun die eigentliche Aristokratie, wie sie unser Maler und seine Nacheiferer an den Wänden von Kizil und Kumtura vor unseren Augen vorbeiziehen lassen. Da findet sich in der ›Höhle der Sechzehn Schwertträger‹ eine ganze Gruppe von Rittern, die zur Eskorte Hsüan-tsangs gehört haben könnten, entstammen sie doch genau dem 7. Jahrhundert. Welch eine Überraschung, hier Menschen unserer Rasse wiederzufinden: Gesichter von reinem Oval, mit langer, gerader Nase und stark geschwungenen Augenbrauen; von unserer Rasse, fürwahr, da, sofern es sich nicht um eine Färbung mit Henna handelt, die meisten von ihnen von einer Rothaarigkeit sind, die nichts Iranisches an sich hat. Welche Eleganz in diesen feinen Gesichtszügen, sorgfältig rasiert bis auf einen kaum wahrnehmbaren Schnurrbart, in dieser einheimischen Mode, welche das Haupthaar auf der Stirnmitte in zwei Strähnen scheitelt, während die übrigen Haare in den Nacken fallen und mit einem Band zusammengehalten werden. Genauso wie Hsüan-tsang sie an einem Tag des Jahres 629 bewundern konnte, erscheinen sie uns noch heute an den Wänden des Museums in Berlin, wohin von Le Coq sie gebracht hat: schlanke, wohlgebaute Edelknappen, die sich in ihrer Prunkkleidung auf ihren Fußspitzen wiegen.

Wir wissen sogar über die neueste Mode ihrer Kleidung, ihre bevorzugten Farbtöne Bescheid. Wir haben sie in ihren langen, geradegeschnittenen Dreivierteljacken vorbeiziehen sehen, in der Taille durch einen Metallgürtel zusammengehalten und erst zum Knie hin glockig fallend. Wir haben auf diesen Jacken, sei es nur auf der rechten, wie bei unserem Maler, sei es auf beiden Seiten des Kragens, wie bei den Herren von höherer vornehmer Abstammung, jene großen Kragenklappen entdeckt, die, stets reich verziert und von wirklich vornehmem Aussehen, das spezifische Kennzeichen der kutscharischen Eleganz bleiben. Informiert wie wir sind, könnten wir uns ein Vergnügen daraus machen, die Besätze, Blümchen, Borten, Stickereien und die Tressen als eine wahre Augenweide aufzuzählen, die nicht allein die Revers, sondern auch die breiten Bordieren der Tuniken bedekken. Um die Wiedererweckung zu vervollständigen, nun zu den Farben, die mit der Zeit kaum verblaßt sind und es außerdem auch gar nicht nötig gehabt hätten; denn die gesamte Aristrokratie von Kutscha scheint eine Vorliebe für neutrale Töne und gedämpfte Farben gehabt zu haben: Zum Beispiel die weißen Tuniken, besetzt mit Borten von milchigem Blau, oder die blaßblauen Tuniken mit weißer Borte wie auch die braunen Wämser, verziert mit weißen Blümchen und mit Borten von sehr zartem Olivgrün besetzt, das durch das Weiß perlengestickter Medaillons noch hervorgehoben wird. Zeigt sich hier nicht bereits die persische Vorliebe für die Symphonien zarter Farbtöne, die uns die Fresken von Cehel Sutun oder die Fayencen der großen Moschee von Ispahan enthüllen werden?

Die indoeuropäische Oase, die die Seidenstraße kontrollierte, hatte bereits am Vorabend ihres Verschwindens derartige Reichtümer angehäuft, daß der Luxus der kutscharischen Kostüme manchmal eine beispiellose Pracht entfaltete. Man betrachte nur in Kirisch die Gruppe der Stifter, die ›buddhistischen Weisen aus dem Morgenland‹, vor dem Buddha niederkniend: blaue Mützen, zur Geltung gebracht durch Pelzverbrämungen und Perlen; olivgrüner, mit Hermelin gefütterter Mantel und braunem Pelzkragen; lange, graue Jacke mit großen weißen, blau eingefaßten Revers, die in der Taille durch einen granatfarbenen Gürtel, an dem die Geldbörse der reichen Karawanenführer hängt, zusammengerafft wird. Unter den glockenförmigen Ärmeln kommen die Ärmel des blauen Unterkleides mit grüner Bordüre zum Vorschein; das Ganze übersät mit Besatzartikeln, Blümchen und Sternen: In einer Handschrift unseres 15. Jahrhunderts könnte man es für irgendeine Festrobe des Ordens vom Goldenen Vlies halten.

Aber trotz seiner verfeinerten Kultur war Kutscha nur eine Oase in der Wüste Gobi, eingeschlossen und heftig begehrt von allen turkomongolischen Horden. Auch mußten diese eleganten Herren von Kutscha Krieger bleiben, um sich nicht der Gefahr auszusetzen, hinweggefegt zu werden. Selbst am Fuße der buddhistischen Altäre, selbst in ihren Porträts, welche sie als Oranten oder Stifter zeigen, werden sie uns stets in der Gestalt einer geharnischten Ritterschaft begegnen. Denn auch hier noch haben uns die frommen buddhistischen Maler von Kizil über kein Detail im Unklaren gelassen. Mal reichen die Kettenhemden nach sassanidischer Art bis zu den Knien, häufiger bedecken sie nur die Schultern und den Brustkorb, während der Bauch durch ein Schuppenkorselett geschützt wird. Das lange, gerade kutscharische Schwert mit seinem schmalen Kreuzgriff, mit dem kugel-, pilz- oder lilienförmigen Knauf, kennen wir bereits: Es ist unser großes Ritterschwert, unsere Hieb- und Stoßwaffe, dazu bestimmt, mit beiden Händen geführt zu werden. Scheiden und Griffe sind außerdem wunderbar gearbeitet mit einem Dekor aus Rosetten, Sternen, Kassetten und Blumen, der den Geschmack dieser vornehmen Herren bezeugt.

Wie in unseren mittelalterlichen Heeren sieht man über den Reihen der Ritter von Kutscha herrlich gezackte Oriflammen (für gewöhnlich drei Flammen auf jedem Banner) wehen, befestigt an der Lanzenspitze und bisweilen in Schaftnähe mit einem Wappentier, Tiger oder Drache, geschmückt. Auf dem Zimier ihrer konischen Helme, die an unsere Tapisserie von Bayeux erinnern, richten sich andere Wappentiere auf, und Federbüsche flattern im Wind bis auf die Stirn der Pferde. Wer diesen prächtig herausgeputzten Reiteraufzug der Māyā-Höhle in Kizil sieht, hat das Bild der Eskorte von Kutscha so vor Augen, wie sie sich zum Treffen mit Hsüan-tsang begeben haben muß...

Schließlich präsentieren sich die Damen von Kutscha, durchaus jene schönen Kreaturen, von denen uns das *T'ang-shu* eine Ahnung vermittelt. Alle haben sich hier in Kizil und Kumtura versammelt: Stifterinnen und Glaubenseiferinnen, in ihrer mondänen Eleganz um die Altäre geschart. In ihren prächtigen Korsagen, die ihre Büste nachzeichnen und sich eng an ihre Taille schmiegen, die sich zu beiden Seiten des Halses durch das Dreieck der großen kutscharischen Kragenklappen öffnen, ziehen sie an uns vorüber; ebenso in ihren langen Röcken mit Schleppe, die, dem Diktat der Mode gehorchend, bauschig und nach unten ausgestellt waren. Revers, Gürtel und Bordüren der Korsage wie des Rockes waren außerdem mit dem Dekor von Medaillonapplikationen, mit Perlen und Blümchen geschmückt, der dem tocharischen Geschmack so teuer war.

Nanda, der Hirte, Kizil um 500 (Museum für Indische Kunst, Staatliche Museen Preußischer Kulturbesitz, Berlin).

Selbstverständlich erlaubten die Launen der Mode tausenderlei Variationen dieses allgemeinen Themas. Mal tragen die Damen von Kutscha lange Röhrenärmel, mal Glockenärmel, die den Arm eines Unterkleides freigeben. Es kommt vor, daß die Korsage in Schößen ausläuft, an deren Zipfelfalten Troddeln oder Glöckchen befestigt sind. Die Farben der Frauenkostüme weisen im allgemeinen dieselben Farben wie die Kostüme der Männer auf: taillierte Jacken von milchigem Weiß mit zartblauem Revers und bräunlich-violetter Borte sowie weiße Kleider, deren Streifen ins Violette spielen; olivgrüne Korsagen mit weißer Bordüre, schwarze Korsagen mit weißer und grüner Verzierung, weiße Korsagen mit schwarzem Dekor, blaue Korsagen mit Goldborten; grüne oder hellblaue Kleider mit gelben Streifen... Farben der Vergangenheit und Kostüme von einst, getragen von schönen Damen einer inmitten der Wüste Gobi vor dreizehnhundert Jahren verschwundenen Rasse...

Die meisten dieser Stifterinnen führen wertvolle Gegenstände mit sich, um sie Buddha darzubieten: vielfarbige Schals oder Edelsteinkolliers, Schalen und Kandelaber. Oft halten sie auch den Stiel einer Blume mit gezierter Geste, die sich in den uigurisch-buddhistischen und uigurisch-manichäischen Gemälden von Turfan wie in der klassischen persischen Malerei wiederfinden wird.

Wer sich jedoch für die Zeit Hsüan-tsangs interessiert, für den halten die Fresken von Kizil eine noch kostbarere Überraschung bereit: Die Māyā-Höhle, die aus dem 7. und 8. Jahrhundert zu stammen scheint, hat uns die authentischen Porträts eines Königs und einer Königin von Kutscha enthüllt. Wie die meisten seiner Untertanen hat auch der König rotbraunes Haar, durch einen Mittelscheitel in zwei Strähnen geteilt. Er trägt ein grünes, auf der Brust offenes Gewand mit einer breiten braunen Bordüre, die mit einem Goldbesatz verziert ist. Die glockenförmigen Ärmel, die an den Ellenbogen in einer Stickerei auslaufen, lassen einen grünen, langen, enganliegenden Unterärmel hervorblicken, der seinerseits mit einem Saumbesatz in Weiß, Gold und Braun abschließt. Die Hosen sind braun, seine Schuhe weiß. Die Königin trägt eine grüne Jacke mit Glockenärmeln; zur Korsage, die sich, der Mode von Kutscha angepaßt, an die Taille schmiegt und über den Hüften auslädt, gehören die bekannten großen Kragenklappen, hier in Marineblau, sowie eine braune Bordüre mit weißer und goldener Punktierung. Aus dem Glockenärmel schauen lange, blau-

braungestreifte Unterärmel hervor. Das Weiß des weit ausgestellten Rocks ist mit blauen und braunen Streublümchen übersät. Eine abgerundete, goldene Haartracht vollendet diese königliche Garderobe.
Dergestalt war mit Gewißheit das Aussehen der Personen, die in der großen tocharischen Stadt die chinesischen Pilger des 7. Jahrhunderts empfingen. Wenn wir bedenken, daß wir die letzten Repräsentanten dieser indoeuropäischen Bevölkerung der Gobi vor unseren Augen haben, die uns in Rasse und Aussehen so seltsam ähnlich war und die einige Jahrzehnte später angesichts der türkischen Eroberung für immer verschwinden sollte, so kann es kaum ein bewegenderes historisches Traumbild geben.

Zum Zeitpunkt von Hsüan-tsangs Besuch hatte auch weiterhin eine tocharische Dynastie den Thron von Kutscha inne. Die Namen mehrerer Fürsten dieses Geschlechtes beinhalten einen Wortstamm, der, ins Chinesische durch die Wörter *su-fa* übertragen, dem Sanskrit *suvarṇa* entspricht, was die Vorstellung einer ›Goldenen Dynastie‹ impliziert. So nannte sich der König in den Tagen Hsüan-tsangs in Chinesisch Su-fa T'ien, in Sanskrit Suvarṇadeva und in der einheimischen tocharischen Sprache Swarnatep, das heißt ›der Goldene Gott‹. Er war der Sohn und Nachfolger des Königs Su-fa Pu-sê, in Sanskrit Survaṇapuṣpa, ›Goldene Blume‹. Wie alle kleineren tocharischen Fürsten der Gobi war er ein frommer Buddhist: In seinem Königreich lebten nicht weniger als 5000 Mönche, die er tatkräftig protegierte, angefangen mit ihrem Ältesten, dem ehrwürdigen Greis Mokṣagupta, der sein geistlicher Ratgeber war. Andererseits stand Swarnatep zu dieser Zeit in sehr freundschaftlichen Beziehungen zu China. Gleich nach dem Herrschaftsantritt der T'ang hatte sein Vater Survaṇapuṣpa 618 eine Gesandtschaft geschickt, um dem Hof in Ch'ang'an seine Huldigungen darzubieten. Swarnatep selbst sollte kurz nach der Durchreise Hsüan-tsangs im Jahre 630 Kaiser T'ai-tsung einen Tribut in Form von Pferden entsenden und als Gegenleistung eine kaiserliche Belehnungsurkunde erhalten.
Als inbrünstiger Buddhist und danach bestrebt, sich des Wohlwollens der Chinesen zu versichern, bereitete Swarnatep Hsüan-tsang selbstverständlich einen freundlichen Empfang. Er begab sich sogar auf die Nachricht von der Ankunft des Pilgers hin in Begleitung der Groß-

würdenträger seines Hofes und der Mönche seines Landes aus der Stadt, um ihm entgegenzugehen. Als der Zug wieder die Stadt betrat, brachte ein Mönch Hsüan-tsang einen Korb mit frisch erblühten Blumen, die dieser vor der Statue Buddhas ausstreute. Nacheinander suchte der Meister des Gesetzes alle Klöster Kutschas auf (man zählte davon ein Dutzend), und in jedem bot man ihm Wein und Blumen, um sie den buddhistischen Bildnissen zu opfern.

Unglücklicherweise wurde in Kutscha der Buddhismus des Kleinen Weges, des *Hīnayāna*, praktiziert. Die Bekehrung Kumārajīvas zum Großen Fahrzeug hatte keine Folgen gezeitigt. Obwohl König Swarnatep den Meister des Gesetzes eingeladen hatte, mit ihm an seiner Tafel zu speisen, lehnte dieser ab, da das Mahl gewisse besondere Speisen einschloß, die für das Verbotswesen des *Hīnayāna* charakteristisch waren, wohingegen die Mahāyānisten diesem Nahrungsverbot keinerlei Bedeutung beimaßen. Die Meinungsverschiedenheit mit den einheimischen Religiosen verschärfte sich durch Diskrepanzen philosophischer Natur. Ihre Lehre war von den alten Schulen der Vaibhāṣika und Sautrāntika übernommen, von denen die erste eindeutig realistisch und sogar atomistisch war, die zweite eher phänomenalistisch, wenngleich von einem noch rein positivistischen Phänomenalismus. Als idealistischer Metaphysiker hatte Hsüan-tsang nur Verachtung für diese intellektuellen Positionen. Vergeblich berief sich der in ganz Kutscha am meisten verehrte Schriftgelehrte, Mokṣagupta, auf die grundlegenden Texte des *Vibhāṣaśāstra* und des *Abhidharmakośaśāstra*. »In China«, antwortete Hsüan-tsang, »haben wir auch diese beiden Werke; aber da ich mit Bedauern feststellen mußte, daß ihr Inhalt banal und oberflächlich war, habe ich mein Vaterland verlassen, um vor allem anderen mahāyānistische Texte wie das *Yogaśāstra* (die Lehre des mystischen Idealismus) zu studieren.« Mokṣagupta wiederholte die Beschuldigung, die von den Anhängern des Kleinen Fahrzeuges gegen die Lehre des Mahāyāna erhoben wurde, daß sie nämlich eine neue Lehre wäre, willkürlich und nachträglich den Unterweisungen Śākyamunis beigefügt und sich im Gegensatz zu ihnen befindend: »Was nützt es schon, daß Ihr Euch aus diesen Büchern informiert, die nur irrige Ansichten enthalten? Das da sind Werke, welche die wahren Jünger Buddhas keinesfalls studieren!« Diesmal konnte Hsüan-tsang seine Empörung nicht zurückhalten: »Das Yogaśāstra«, rief er aus, »ist von einem Weisen,

der eine Inkarnation des Bodhisattva Maitreya war, dargelegt worden. Wenn Ihr es heute ein irriges Buch nennt, müßt Ihr da nicht fürchten, in einen bodenlosen Abgrund gestürzt zu werden?«
Eine Diskussion zwischen Philosophen, die den schrillen Ton eines Mönchsgezänkes annahm. Indessen erkannte Hsüan-tsang, auch wenn er sich ganz vehement gegen die Lehre der Mönche von Kutscha wandte, redlicherweise ihre Gelehrsamkeit in den Schriften des Kleinen Fahrzeuges und die Heiligkeit ihres Lebens an. Der alte Mann, Mokṣagupta, pflegte seinerseits trotz der brüsken Anrede durch Hsüan-tsang weiterhin Umgang mit ihm. Er konnte übrigens gar nicht anders, da der Schnee, der das T'ienshan-Gebirge in Richtung des Flusses Muzart bedeckte, den Pilger zwang, noch sechzig Tage in Kutscha zu verweilen. Außerdem – und das ist sehr wohl der Beweis dafür, daß die Diskussion über die Lehre nicht allzuviel Groll hinterlassen hatte – machte König Swarnatep Hsüan-tsang an dem Tage, an dem es ihm die Temperaturen gestatteten, Kutscha zu verlassen, eine regelrechte Karawane, bestehend aus Bediensteten, Kamelen und Pferden, zum Geschenk und begleitete ihn, gefolgt von den Mönchen und den gläubigen Laien der Stadt, zu deren Grenze.

In Erwartung der Horden

Kutscha auf der Straße nach Kizil verlassend, überquerte Hsüan-tsang wahrscheinlich südwestlich von Bai den Fluß Muzart und wandte sich dann über Yaka-aryk, das er Pa-lu-chia und die *Geschichte der T'ang* Kumo nennt, dem heutigen Aksu zu.
Diese Region stand unter der Kontrolle der Westtürken, deren Khan den Sommer über auf dem nahe gelegenen Berge Aktagh, dem ›Weißen Berg‹, nördlich von Kutscha residierte. Aber dieses türkische Königreich, das sich beiderseits des T'ienshan erstreckte und zum einen weite Teile der heutigen chinesischen autonomen Region Hsinchiang, zum anderen die russischen Provinzen Semiretschensk und Syr-darja einschloß – dieses Steppenreich, das reguläre diplomatische Beziehungen mit China, den tocharischen Oasen, dem Sassanidenreich und Byzanz unterhielt – konnte die Unsicherheit auf den Wegen keineswegs verhindern. Zweifellos war es ziemlich schwach organisiert. Tatsächlich begegnete Hsüan-tsang zwei Tage nach seiner Abreise aus Kutscha einer Truppe von 2000 türkischen Reitern, die gerade die Vorräte und Reichtümer einer Karawane geplündert hatten und sich noch um die Beute stritten. »Über diesen Punkt hatten sich unter ihnen heftige Streitigkeiten erhoben, die sie mit der Waffe in der Hand lösten; anschließend zerstreuten sie sich.« Erst die Plünderung der Karawane, dann die Balgerei unter den Marodeuren: ein ständig wiederkehrendes Bild der Steppe und Wüste...
Nach dieser Begegnung verließ der Pilger die tocharischen Täler, ging den Aksu stromaufwärts und überquerte unter Umgehung des Chan Tengri-Massivs mit seinen 7300 Metern vom Süden her die Kette des T'ienshan am Bedal-Paß, der vom Tarim-Becken in das höher gelegene Tal des Flusses Naryn und somit in das Becken des Syr-darja führt. Diese Seite des T'ienshan ist mit Gletschern bedeckt, die Hsüan-tsang, Vorgänger der großen Forschungsreisenden, höchst

anschaulich beschreibt: »Dieser Berg aus Eis bildet den nördlichen Winkel des Pamir. Er ist äußerst gefährlich, und sein Gipfel erhebt sich bis in den Himmel. Seit Anbeginn der Welt hat sich dort Schnee abgelagert und in Eisblöcke verwandelt, die weder im Frühling noch im Sommer schmelzen. Verharschte und gleißende Schichten ziehen sich ins Unendliche und werden eins mit den Wolken. Will man sie genauer ausmachen, so werden die Augen von ihrem Glanz geblendet. Man stößt bisweilen auf Eisspitzen, die sich quer über beide Seiten des Weges senken, manche hundert Fuß hoch, andere mehrere zehn Fuß breit. Letztere kann man nicht ohne Schwierigkeiten überqueren, noch erstere gefahrlos erklimmen. Außerdem können Windböen und Schneegestöber jederzeit hereinbrechen, so daß man selbst mit gefütterten Schuhen und pelzverbrämter Kleidung nur vor Kälte zittern kann. Wenn man essen oder schlafen will, findet sich keine trockene Stelle, um sich niederzulassen. Man hat daher keine andere Möglichkeit, als den Kochtopf aufzustellen und die Matten auf dem Eis auszubreiten.« Bei der Überquerung des T'ienshan verhungerten und erfroren 13 oder 14 Männer der Karawane Hsüan-tsangs; eine erheblich größere Zahl an Ochsen und Pferden überlebte die Strapazen ebenfalls nicht.

Nachdem er am Nordhang des T'ienshan hinabgestiegen war, wandte sich Hsüan-tsang dem Issik-köl zu und folgte dessen Südufer. Der Issik-köl, ›heißer See‹, chinesisch Jêhai, trägt diesen Namen, weil er niemals zufriert. »Dieser See«, vermerkt Hsüan-tsang, »hat einen Umfang von ungefähr eintausend *li.* Von Ost nach West erstreckt er sich in die Länge, während seine Schmalseiten von Süd nach Nord weisen. An allen Ufern von Bergen umgeben, wird er von zahlreichen Flüssen gespeist. Die Farbe des Wassers ist grünlich-schwarz, sein Geschmack salzig und bitter. Mal liegen seine weiten Fluten als unermeßliche, glatte Fläche da, mal schwellen sie an und wogen ungestüm dahin.« Die relativ milde Temperatur des Wassers und die Tatsache, daß der Schnee nur selten an seine Ufer drang, hatten diesen Landstrich zum Winterquartier der türkischen Oberhäupter werden lassen. Nordwestlich des Sees, nahe der Stadt Su(i)yeh, dem heutigen Tokmak, traf Hsüan-tsang den Großkhan der Westtürken, den *yabgu* T'ung (chin. T'ung Yeh-hu), der sich auf der Jagd befand. Man schrieb den Anfang des Jahres 630.

Das Reich der Westtürken befand sich auf dem Gipfel seiner Macht.

Seitdem ihr Khan Istämi in der Mitte des 6. Jahrhunderts die letzten hephthalitischen Hunnen vernichtet hatte, herrschten sie vom Altai bis zum Oxus und in Badachschan. Eine Zeitlang hatten sogar größere Träume die Phantasie der türkischen Könige beherrscht. Man hatte gesehen, daß Istämi zu seinem Vorteil und auf Kosten des sassanidischen Persien an dem gewaltigen Projekt einer politischen Allianz und eines Handelsaustausches zwischen dem Fernen Osten und Byzanz arbeitete. Ein türkischer Abgesandter sogdischer Herkunft, Maniakh mit Namen, war nach Byzanz gekommen, um ein Bündnis vorzuschlagen (567–568), und im folgenden Jahr hatte sich ein byzantinischer Gesandter namens Zemarchos an die Sommerresidenz des Khans in der Nähe von Kutscha begeben (568–569). Das türkisch-byzantinische Militärabkommen gegen die Perser hatte sich nicht realisieren lassen; aber man sollte sich vor Augen führen, wenn man über die mittelmeerischen Einflüsse erstaunt ist, die auf den Fresken von Kutscha bezeugt sind, mit welcher Leichtigkeit ein Abgesandter des Kaisers auf dem Höhepunkt der türkischen Hegemonie von Konstantinopel in tocharisches Land reiste.
Andererseits ist darauf hinzuweisen, daß diese ursprüngliche Türkei selbst auch nicht bar jeglicher Kultur war. Um 580 hatte sich Khan T'a-po unter dem Einfluß des gandhārischen Mönches Jinagupta zum Buddhismus bekehrt, und sein Nachfolger *yabgu* T'ung sollte zur Zeit der Durchreise Hsüan-tsangs dieselben religiösen Sympathien an den Tag legen.
Er war ein mächtiger Fürst, dieser Nomadenherrscher, dessen Herrschaftsgebiet zugleich an Persien und das chinesische Reich stieß. »Er war beherzt und besonnen«, schreiben die *T'ang-Annalen* über ihn, »vortrefflich im Angriff und in der Schlacht.« Während er zweifellos von dem schrecklichen Krieg profitierte, der gerade zwischen dem König von Persien, Chosrau II., und dem Kaiser von Byzanz, Herakleios, ausgebrochen war, hatte er in Richtung auf Baktrien den Übergriffen seiner Vorgänger weitere hinzugefügt und seine Hegemonie sogar über Gandhāra errichtet. Um Iran besser überwachen zu können, hatte er seine Hauptstadt nach Tschatsch, dem heutigen Taschkent, dem Chê der Chinesen, verlegt. Sein Schutzbefohlener und nahezu sein Vasall im Nordosten war der König von Turfan. Im Süden herrschte einer seiner Söhne über Baktrien. »Er besaß«, berichtet die *Geschichte der T'ang,* »die Hegemonie über die Land-

striche des Westens. Den Königen dieser Länder schickte er seine *tudun* (türkische Würdenträger), um sie zu überwachen und Steuern wie Tribut zu erheben. Niemals waren die Barbaren des Westens derart mächtig gewesen.« Bei alledem behutsam, fuhr er fort, den Hof der T'ang mit Aufmerksamkeiten zu bedenken und rücksichtsvoll zu behandeln, um freie Hand gegenüber dem Iran zu haben. Man hatte ihn 620 um die Hand einer chinesischen Prinzessin anhalten und später (627) dem Hof in Ch'ang'an einen Gürtel aus reinem Gold, der mit 10000 Edelsteinen besetzt war, sowie 5000 Pferde darbieten sehen. Kaiser T'ai-tsung seinerseits, der noch mit den Türken aus der Mongolei im Kampf lag und der Meinung war, »daß man sich mit denen, die weit entfernt sind, gegen diejenigen verbünden muß, die nahe sind«, hatte sich davor gehütet, solche Avancen zurückzuweisen, und behandelte den Khan des Westens daher wie einen treuen Freund, auch wenn er der Entsendung einer kaiserlichen Prinzessin geschickt ausgewichen war.
Die Beschreibung, die uns Hsüan-tsang von dem türkischen König hinterlassen hat, beschwört einen Attila oder Dschingis-Khan herauf: »Außerordentlich viele Pferde befanden sich im Besitz dieser Barbaren. Der Khan trug einen Mantel aus grünem Satin und sein Haar gänzlich offen; nur seine Stirn war mit einem Seidenband von zehn Fuß Länge mehrfach umwunden, das auf seinen Rücken herunterfiel. Er war von ungefähr 200 Offizieren in Brokatmänteln und mit geflochtener Haartracht umgeben. Der Rest der Truppen bestand aus Reitern, die auf Kamelen oder Pferden saßen, in Felle und in Stoffe aus feiner Wolle gekleidet waren und lange Lanzen, Banner und gerade Bogen trugen. Derart weit erstreckte sich ihre Menge, daß es dem Auge unmöglich war festzustellen, wo sie endete ...«[1]
Der Anblick dieser Nomadenkavallerie hat Hsüan-tsang offensichtlich beeindruckt. Seine Vision, die er hier heraufbeschwört, ist tat-

1 Man sollte dieses Bild mit dem vergleichen, das Sung-yün im Jahre 518 von einem anderen Barbarenvolk, den hephthalitischen Hunnen, zeichnete, die über die westlichen Steppen geherrscht hatten, bevor sie von den Türken zwischen 563 und 567 vernichtet wurden: »Die Hephthaliten wohnen nicht in Städten, die mit Mauern umgeben sind; sie haben ihren Regierungssitz in einem beweglichen Lager. Ihre Behausungen bestehen aus Filz. Auf der Suche nach Wasser und Weiden ziehen sie umher, wobei sie sich im Sommer an kühle Orte begeben, im Winter in Gebiete mit gemäßigtem Klima ... Der König läßt sich ein großes Filzzelt von vierzig Fuß im Geviert errichten; die Wände ringsum sind aus Wollteppichen gefertigt. Er trägt

sächlich die eines in Bewegung geratenen Stückes Geschichte: In den Hochtälern von Semiretschien hatte der chinesische Pilger soeben das Ausmaß der Reserven dieser Barbarei entdeckt.
Können wir uns diese Horden vorstellen, versammelt, um auf die nächsten Anstürme zu warten? Die Stätte: die wilde Gegend des Issik-köl, dort oben auf der Rückseite des T'ienshan, dessen einer Hang auf die chinesische Seite, dessen anderer auf die iranische Welt blickt. Der historische Augenblick: die Schicksalsstunde Asiens, das 7. Jahrhundert, welches Zeuge wird, wie das tocharische Land, vom China der T'ang zertreten, sich hinfort wehrlos der Besetzung durch uigurische Stämme öffnet, wie das noch geeinte Indien des Königs Harṣavardhana einem Feudalsystem weichen muß, das beim ersten ghasnawidischen Ansturm hinweggefegt wird, wie das Sassanidenreich, jene Barriere gegen die türkische Expansion, vom Islam zerschmettert, einem muselmanischen Persien weichen muß, in dem der türkische Kondottiere sein Glück durch die Ernennung eines türkischen Sultans finden wird; hinter Persien schließlich wird es Byzanz sehen, das sagenhafte »Rum«, dem der Islam eine Wunde beigebracht hat, die sich erst im Jahre 1453 schließen wird...
Die Versammlung der Nomaden des Jahres 630 um ihren Khan erinnert an eine Art Abschiedsparade des einstigen türkischen Reiches für seine nur noch kurze Zeit vereinten Stämme. Denn das türkische Reich, das alte Reich *t'u-chüeh*, wie es die Chinesen nannten, wird sich auflösen. Einige Jahre noch und derselbe T'ai-tsung, der soeben ihre Brüder aus der Mongolei unterworfen hat, wird auch die Türken Turkestans bezwingen; allerdings nur dem Anschein nach, da die Stämme, wieder sich selbst überlassen durch den Sturz des letzten geeinten Khanats, ihre entsetzliche Handlungsfreiheit gegen die benachbarten Reiche wiedererlangen. Und ihr Ansturm, den man mit Eisen oder Gold stoppen konnte, solange er von einem

Gewänder aus verzierter Seide; er sitzt auf einem goldenen Lager, dessen Füße vier goldene Phönixe bilden. Seine Hauptgemahlin trägt ebenfalls ein Gewand aus verzierter Seide, das mit einer Länge von drei Fuß über den Boden schleift. Ihre Haartracht ist in Form eines acht Fuß langen Hornes gelegt, verziert mit kostbaren Steinen in fünf Farben... Unter den Barbaren sind die Hephthaliten die mächtigsten. Sie glauben überhaupt nicht an das Buddhagesetz und dienen einer Vielzahl von Gottheiten. Sie töten Lebewesen und essen blutiges Fleisch. Die verschiedenen benachbarten Königreiche bieten ihnen Juwelen und Raritäten in großer Zahl dar.«

einzigen Oberhaupt abhing, wird unwiderstehlich, sobald ihn anonyme Horden, zerschlagene Klans, anarchische Kondottiere durchführen, die an allen Horizonten der Steppe auftauchen. Der *khuriltai* des Winters 630, die Versammlung der *t'u-chüeh*-Schwadronen, den Hsüan-tsang miterlebte, ist in der Tat die letzte Parade aller noch in ihrem Heimatland vereinten Türken, bevor sich ihre Banner trennen und ein jeder seinem eigenen Schicksal entgegentritt, ein jeder sein eigenes Epos schreibt. Denken wir daran, daß Hsüan-tsang ein letztes Mal die Vorfahren Seldschüks und Mahmuds von Ghasna, die des Mohammed von Chwarism (Choresmien) und der Türken der großen Armee der Dschingis-Khan, die des Timur und Mohammed II. hat versammelt sehen können. Es ist dieses furchtbare Warten, dieses gewaltige Unbekannte an den in einem Winkel des Ala-tau-Gebirges versteckten Schwadronen, das den Bericht des Pilgers für uns so eindrucksvoll macht.
Für den Augenblick indessen schienen diese wilden Draufgänger, im Osten durch das Reich der T'ang, im Südwesten durch die großen sassanidischen Könige im Zaum gehalten, ziemlich wohlwollend zu sein. Sie bezeugten außerdem einen großen Respekt vor religiösen Dingen. Nicht, daß sie sich selbst zu einer ganz bestimmten Religion bekannt hätten. Hsüan-tsang schreibt ihnen lediglich eine Art Feuerkult zu, zweifelsohne vom persischen Mazdaismus inspiriert. Aber sie verehrten auch den Buddhismus. *yabgu* T'ung hatte sogar eine Zeitlang einen indischen Missionar namens Prabhākaramitra zu Gast, der sich die Bekehrung der Türken zur Aufgabe gemacht hatte. Prabhākaramitra hatte sich mit zehn Gefährten an den Hof des Khans begeben und seinem Gastgeber so gefallen, daß dieser sich nur widerstrebend von ihm trennte, als die Missionare 626 beschlossen, ihr Apostolat in China fortzuführen. So sollte sich der nämliche Khan vier Jahre später bei der Ankunft Hsüan-tsangs auch mit Rührung an seinen ehemaligen geistlichen Meister erinnern.
Nach Beendigung der Jagd lud der Khan den Pilger in seine Residenz nach Tokmak ein. »Der Khan bewohnte ein großes Zelt, das mit goldenen Blumen verziert war, deren Glanz die Augen blendete. Seine Offiziere hatten an der Vorderfront lange Matten ausbreiten lassen, auf denen sie in zwei Reihen saßen; alle trugen glanzvolle Kostüme von durchwirkter Seide. Die Leibwache des Khans stand hinter ihnen. Obwohl er ein Barbarenfürst war, der in einem Filzzelt

wohnte, konnte man ihn nur mit dem Gefühl der Bewunderung und des Respektes betrachten.« Wenn man diese Zeilen liest, wird man auf sonderbare Weise an die Schriften gemahnt, in denen die westlichen Reisenden des 13. und 14. Jahrhunderts mit beinahe identischem Wortlaut den Eindruck der Majestät wiedergaben, die der Anblick der Fürsten des Dschingis-Khan in ihnen hervorrief.

Eine andere Szene, die sich bei Wilhelm von Rubruk wiederfinden wird, ist die Schilderung der Trinkgelage, zu denen der Empfang ausländischer Gesandtschaften Anlaß gab. Während Hsüan-tsangs Aufenthalt mußte der Khan chinesische Gesandte und Abgesandte des Königs von Turfan empfangen. Er lud die Gesandten ein, Platz zu nehmen, und befahl, ihnen zum Klang der Musikinstrumente Wein anzubieten. »Der Khan trank mit den ausländischen Gesandten; er verlangte eigens nach Traubensaft, um ihn dem Meister des Gesetzes anzubieten. Dann sah man die immer mehr angeheiterten Gäste sich gegenseitig um die Wette zum Trinken auffordern, gegenseitig mit ihren Schalen anstoßen, die sie abwechselnd vollschenkten und leerten, während die ganze Zeit über die Musik der Barbaren des Südens und des Nordens, des Ostens und Westens ihre lärmenden Akkorde hören ließ. Obgleich dies halbwilde Weisen waren, bezauberten sie das Ohr und erfreuten Geist und Herz. Wenig später wurden neue Speisen aufgetragen: gesottene Schafs- und Kalbsviertel, die man in Mengen vor den Gästen aufgetürmt hatte...«

Die Hsüan-tsang im Verlaufe dieses Festmahles bekundeten Aufmerksamkeiten beweisen den Respekt des Khans vor der Religion. Man hatte den Meister des Gesetzes auf einem Armsessel aus massivem Eisen Platz nehmen lassen, hatte eigens für ihn ›reine Nahrung‹ zubereitet: Reiskuchen, Sahne, Milch, Kristallzucker, Honigwaben und Weintrauben. Am Ende des Festmahles bat der Khan ihn, das Buddhagesetz zu erklären. Vor dieser Versammlung von Hordenhäuptlingen legte der Meister also die wesentlichen Prinzipien seines Glaubens dar: die Liebe zu allen Lebewesen und die Mittel, ans Andere Ufer zu gelangen und die endgültige Befreiung aus dem Kreislauf der Wiedergeburten zu erlangen. Als der Prediger geendigt hatte, »hob der Khan die Hände und warf sich auf den Boden nieder; mit freudestrahlendem Gesicht erklärte er, daß er diese Unterweisungen gläubig empfange«. Zuneigung zu ihm fassend, suchte er wie vor ihm der König von Turfan den Pilger davon abzubringen, seine Reise fortzusetzen. »Meister«, sprach er zu ihm, »Ihr dürft nicht nach Indien gehen. Dieses Land ist außergewöhnlich heiß, so heiß, daß im Winter dieselben Temperaturen wie im Sommer herrschen. Ich fürchte, daß Eure Gesichtszüge bei Eurer Ankunft dahinschwinden werden. Die Einwohner sind von schwarzer Hautfarbe. Die meisten von ihnen gehen nackt, ohne jede Achtung vor den guten Sitten, und verdienen es keinesfalls, von Euch besucht zu werden.« – »So wie Ihr mich vor Euch seht«, entgegnete Hsüan-tsang, »brenne ich vor Verlangen, das Gesetz Buddhas zu suchen und die antiken Denkmäler zu befragen, um mit Liebe seinen Fußspuren zu folgen.«

Der Khan fügte sich. Er ließ durch einen Dolmetscher Empfehlungsschreiben an die kleineren Fürsten der Region Gandhāra, seine Vasallen, abfassen. Dann befahl er diesem Dolmetscher, den Pilger mit den Schreiben bis in das Gebiet von Kapiśa im Kabultal zu begleiten. Zu einem großen Teil war es der offiziellen Protektion durch den mächtigen türkischen Herrscher zuzuschreiben, daß Hsüan-tsang so leicht die Pässe des Pamir und Baktriens überqueren konnte. Dies sollte übrigens einer der letzten politischen Akte *yabgu* T'ungs sein. Kurz nach Hsüan-tsangs Abreise kam er in demselben Jahr, 630, durch die Hand eines Mörders um, und die zehn Stämme der Westtürken teilten sich zwischen zwei Khanaten, die durch den Issik-köl getrennt waren, bis zu ihrer endgültigen Zersplitterung auf.

Nachdem Hsüan-tsang Abschied vom Khan genommen hatte, schlug er wieder den Weg nach dem Westen ein. Er überquerte nördlich des Alexander-Gebirges die Ebene, in der die neun Flüsse entspringen, welche den Chu-Fluß speisen, und die zehn Flüsse, welche seinen Zufluß, Kuragati, speisen. Das ist die Gegend, die auch heute noch das ›Land der Tausend Quellen‹ (mongolisch Ming bulak, türkisch Bing göl) heißt. »Dieses Land mißt ungefähr 200 *li* im Quadrat. Im Süden wird es von schneebedeckten Bergen und auf den anderen drei Seiten von ebenem Flachland begrenzt. Der Boden ist ausgiebig bewässert, und die Bäume der Wälder fallen ebenso durch ihre Höhe wie durch den Reichtum ihres Laubwerks auf. Wie eine kostbare Stickerei erleuchten im letzten Monat des Frühlings die mannigfaltigsten Blumen. Der Name ›Tausend Quellen‹ rührt von der großen Anzahl der Seen und Teiche her. Die dort herrschende Feuchtigkeit verbreitet eine angenehme Frische. Dorthin zieht sich der Khan jedes Jahr zurück, um der Hitze des Sommers zu entfliehen. Man trifft auf

Hsüan-tsang mit der Bücherkiepe, chinesische Steinabreibung.

Hirsche in großer Menge, geschmückt mit kleinen Glöckchen und Halsbändern. Vertraut mit den Menschen, fliehen sie keineswegs, wenn sie ihrer ansichtig werden. Der Khan liebt sie und hat Freude daran, sie zu beobachten. An seine Untertanen hat er ein Dekret gerichtet, das besagt, daß jeder, der es wagen sollte, einen von ihnen zu töten, mit dem Tode bestraft würde. Deshalb können alle diese Hirsche ihre Tage ungestört beschließen.«

Der Pilger setzte anschließend über den Fluß Talas (Taras), durchquerte die Stadt gleichen Namens (chinesisch Ta-lo-su, heute Aulieata bzw. Dschambul) und stieg dann südwestlich in Richtung Tschatsch, dem heutigen Taschkent, das die Chinesen die Stadt Chê nannten, hinab. Wahrscheinlich auf der Höhe des heutigen Marktfleckens Tschinaz überquerte er den Syr-darja, ehemals Jaxartes, den er selbst den Yeh-yeh nennt. Um von dort aus nach Samarkand zu gelangen, mußte er den östlichen Ausläufer der Wüste des Roten Sandes, die Kysyl-kum, durchqueren, die den Unterlauf des Syrdarja von dem des Amu-darja trennt. »Das ist eine große Sandwüste, in der man weder Wasser noch Gras findet. Soweit das Auge reicht, zieht sich der Weg hin, und es ist unmöglich, sein Ende auszumachen. Man muß nach irgendeinem hohen Berg in der Ferne Ausschau halten und nach Knochenresten suchen, um sich zu orientieren und den Weg zu erkennen, dem man folgen muß.« Nach ungefähr 250 Kilometern in diesen Wüsteneien erreichte er den Kara-darja oder Serawschan, den Fluß, an dem Samarkand liegt.

Samarkand, das die Chinesen Sa-mo-chien (oder einfach K'ang, abgeleitet von ihrer Bezeichnung für ganz Sogdien [Sogdiana]) nannten, war schon im 7. Jahrhundert eine Stadt mit einer langen Geschichte; denn bereits neun Jahrhunderte zuvor wird sie unter dem Namen Marakanda anläßlich des Feldzugs Alexanders des Großen erwähnt. Als Vorposten der iranischen Kultur in den Grenzmarken des Nordostens hatte sie sich ihren iranischen Charakter bis in den ethnischen Bereich hinein bewahrt. Die dort gesprochene Sprache war ein ostiranischer Dialekt, das ›Sogdische‹, das im frühen 20. Jahrhundert von den Expeditionen Pelliots und Gauthiots wiederentdeckt wurde und das im Gefolge der Karawanenführer von Samarkand quer durch die Straßen der Gobi bis nach Tunhuang gedrungen war. »Die Leute dieses Landes«, weiß die *Geschichte der T'ang* zu berichten, »verstehen sich ganz ausgezeichnet auf den Handel und vergöttern den Gewinn. Sobald ein Mann zwanzig Jahre alt ist, geht er fort in die benachbarten Königreiche... Wo immer es etwas zu verdienen gibt, dorthin ist dieses Volk gegangen.« Es geschah genau zu dieser Zeit, die uns beschäftigt, nämlich zwischen 627 und 649, daß eine sogdische Kolonie sich am westlichen Ausgang der Gobi in der Gegend des Lop-nor ansiedelte, wo Pelliot ihre Spuren ausmachte.

Hsüan-tsang hat die wirtschaftliche Bedeutung Sogdiens genau erkannt. Als Ausgangspunkt der Karawanenstraße zwischen Iran und China besaß Samarkand nach seiner Überlieferung »ungeheure Mengen seltener und kostbarer Waren«. Es war andererseits eine der am weitesten kultivierten Oasen des iranischen Ostens. »Der Boden dort ist reich und fruchtbar; alle Arten Korn gedeihen im Überfluß. Die Wälder bieten eine prachtvolle Vegetation, und man sieht in diesem Land eine erstaunliche Vielfalt an Blumen und Früchten.« Fügen wir hinzu, daß die Weideplätze des Kara-darja eine Rasse berühmter Zuchtpferde ernährten: Lange bevor sie die seldschukische Kavallerie bis zum Marmarameer und die timuridischen Schwadronen zum Ägäischen Meer und zum Flusse Jumnā (Yamunā) führten, hatten die tranoxanischen Streitrosse bereits auf allen Märkten des Fernen und Nahen Ostens Berühmtheit erlangt.

Die Kultur in Transoxanien – Hsüan-tsang selbst vermittelt uns unmißverständlich diesen Eindruck – blieb voll und ganz auf das sassanidische Persien ausgerichtet. Das Alphabet des Landes, das ›sogdische‹ Alphabet, war aus der aramäischen Schrift entlehnt, der auch das sassanidische Persien sein Alphabet verdankte. Die herrschende Religion war noch immer die des Zarathustra, der Mazdaismus, die Nationalreligion der Iraner und insbesondere der Dynastie der Sassaniden. Indessen befanden sich in religiöser Hinsicht die Sogdier, diese Karawanenführer Zentralasiens, im täglichen Kontakt mit dem Buddhismus, und in politischer Hinsicht war Transoxanien seit langem (seit dem Sturz der Achämeniden) der iranischen Einheit entzogen. Nachdem es den Makedoniern und den Gräkobaktrern gehört hatte (4. ~ 2. Jh. v. u. Z.), war es in den Besitz indoeuropäischer Skythen, unserer ›Indoskythen‹ übergegangen (2. Jh. v. u. Z. ~ 5. Jh. u. Z.), dann in die Gewalt einer mongolischen Horde, der wilden hephthalitischen Hunnen, geraten (5. Jh.), aus der es Mitte des 6. Jahrhunderts von den spürbar zivilisierteren Türken aus dem Altai befreit worden war. Zur Zeit der Durchreise Hsüan-tsangs im Jahre

630 bildete es im Umfeld seiner Hauptstadt Samarkand ein turko-iranisches Königreich. In der Tat war ungeachtet des unbestreitbar iranischen Charakters der gesamten lokalen Kultur der König des Landes, der sich des türkischen Adelstitels eines *tarkhan* rühmte, mehr oder weniger ein Vasall des Großkhans der Westtürken, mit dem er außerdem durch familiäre Bande verknüpft war.

Aber für die Landwirtschaft und Handel treibende Bevölkerung war die Lehnsherrschaft halbnomadischer Horden stets mit Gefahren verbunden. Der sogdische Iranismus mußte sich durch die bemerkenswerte Expansion dieser *t'u-chüeh*-Völker bedroht fühlen, die noch vor Ablauf von vier Jahrhunderten aus diesem Außenposten des Iran Turkestan machen werden. Zudem sollte man kurz nach der Durchreise Hsüan-tsangs eine transoxanische Gesandtschaft im Jahre 631 am Hofe Chinas ankommen sehen, um die T'ang zu ersuchen, ein Protektorat über Sogdien zu errichten. (Halten wir fest, daß es in Sogdien zu dieser Zeit nicht darum gehen konnte, sich gegen die Eroberung durch die Araber zu verteidigen, die sich damals noch kein Stück aus Persien herausgeschnitten hatten; folglich wollte man sich des türkischen Protektorats entledigen.) Kaiser T'ai-tsung war jedoch trotz seiner Passion für Eroberungen mit einem festen gesunden Menschenverstand ausgestattet. Samarkand schien ihm zu weit von der Großen Mauer entfernt zu sein. Durch die Unterwerfung der Gobi zufriedengestellt, weigerte er sich, sich ernsthaft mit dem Gedanken an eine militärische Expansion bis nach Iran zu befassen. »Ich schätze es nicht, dem Volke zu schaden, um mich mit unnützen Titeln zu schmücken. Wenn uns Sogdien untertan würde, müßten wir Truppen zu seiner Verteidigung entsenden, und diese Truppen müßten zehntausend *li* zurücklegen, um an ihr Ziel zu gelangen.« Er lehnte das Angebot der Sogdier ab, stellte aber statt einer territorialen Eingliederung freundschaftliche diplomatische Beziehungen und einen Handelsaustausch mit ihnen her, von beiden Seiten durch die Entsendung regelmäßiger Gesandtschaften bestätigt.

Bei seiner Ankunft in Samarkand schien Hsüan-tsang das Gefühl gehabt zu haben, mit einer anderen Welt in Berührung zu kommen. Dies war tatsächlich schon der Iran, die Welt des Parsismus, in instinktiver Abwehr der chinesisch-indischen Glaubenslehren. Zweifellos gab es in der Stadt alte buddhistische Klöster, die wahrscheinlich aus der Zeit der indoskythischen Herrschaft stammten, die aber infolge der mazdaistischen Reaktion, welche sich vom sassanidischen Persien her ausgebreitet hatte, seit langem aufgegeben waren. »Der König und das Volk glauben keineswegs an das Gesetz Buddhas; ihre Religion besteht vielmehr im Feuerkult.« Bei seiner Ankunft sah sich Hsüan-tsang vom König »mit einer Art Geringschätzung« empfangen. Doch tags darauf, da der Pilger den Versuch unternommen hatte, ihm die Heilslehre darzulegen, erklärte sich der sogdische Fürst von der Gnade ergriffen. Geschah dies aus Bewunderung für den Glaubenseifer des Missionars und infolge der Ausstrahlung seiner starken Persönlichkeit? Oder handelte dieser scharfblickende Transoxaner aus dem Wunsch, sich der Macht des wiedererstehenden China zu versichern, dem unerläßlichen Gegengewicht gegen die zweifache Anziehungskraft der Türken und der Sassaniden? Wie wir gesehen haben, schickte der König von Samarkand im folgenden Jahr tatsächlich eine Gesandtschaft, um gegenüber Kaiser T'ai-tsung sein Vasallentum zu bekunden. Was immer der Grund für diese neue Haltung war, der König nahm Hsüan-tsang unter seinen Schutz, und da der mazdaistische Pöbel es gewagt hatte, den Pilger mit brennenden Holzscheiten zu verfolgen, ließ er die Täter verhaften und hätte ihnen Hände und Füße abhacken lassen, wenn nicht Hsüan-tsang – getreu der buddhistischen Nächstenliebe – die Herabsetzung der Strafe erwirkt hätte.

Im Grunde genommen konnte das Grenzland Transoxanien lediglich seine materielle Kultur als unbeugsam iranisches Moment anführen. In religiösen Dingen schwankte es wie seine Nachbarn, die Türken, je nach den Erfordernissen seiner Handelsbeziehungen und seiner politischen Interessen zwischen Buddhismus und Mazdaismus. Mehr oder weniger mazdaistisch unter den Achämeniden, mehr oder weniger buddhistisch unter den Indoskythen war es alsdann zur Zeit der Sassaniden einer mazdaistischen Reaktion unterworfen worden. Wenn man Hsüan-tsangs Bericht Glauben schenken darf, wäre sein dortiger Besuch durch eine partielle Wiederherstellung des buddhistischen Glaubens gekennzeichnet gewesen. Wie sein Biograph reichlich sonderbar zu berichten weiß, wurden, als der König von Samarkand Hsüan-tsangs Verfolger mit Ruten hatte schlagen lassen, »die Männer jeglichen Standes von Furcht und Respekt ergriffen und baten in Scharen, im Gesetz unterwiesen zu werden«. Hsüan-tsang berief eine Versammlung ein, in deren Verlauf er ein Reihe von Personen zu

Mönchen weihte und die alten, leerstehenden Klöster dem Kult übergab.
Nachdem Hsüan-tsang Samarkand verlassen hatte, wandte er sich geradewegs nach Süden, ließ Schachrisjabs oder Kisch, das er Chieh-shuang-na (Kaśanna?) nennt, hinter sich und betrat die Berge des Kotin Koh, eine vom Massiv des Pamir abgetrennte Kette. »Die Pfade in diesen Bergen«, lesen wir in seiner *Biographie*, »sind tief und gefährlich; kaum hat man seinen Fuß darauf gesetzt, trifft man weder auf Wasser noch irgendwelche Gräser oder Kräuter. Hat man 300 *li* inmitten dieser Berge zurückgelegt, betritt man die Eisernen Tore.« Noch heute führt die Karawanenstraße zwischen Sarmakand und dem Oxus durch diesen berühmten Hohlweg. »Dies sind«, berichtet Hsüan-tsang, »die Schluchten zwischen zwei Bergen, welche links und rechts zu gewaltiger Höhe aufragen. Sie sind nur durch einen Pfad getrennt, der sehr schmal und zudem noch abgründig ist. Die Berge bilden zu beiden Seiten hohe Felswände, deren Farbe der des Eisens gleicht. Tatsächlich enthalten sie Eisenerze. Am Eingang hat man zwei Torflügel angebracht, über denen eine Menge Glöckchen aus Schmiede- und Gußeisen hängen. Und da dieser Durchgang schwierig und gut verteidigt ist, hat man ihm den Namen gegeben, den er noch heute trägt.« Die Eisernen Tore bildeten damals die südliche Grenze des Westtürkenreiches. Dort kontrollierten die Türken den gesamten Verkehr zwischen Zentralasien und Indien.

In der gräko-buddhistischen Welt

Südlich der Eisernen Tore betrat Hsüan-tsang, nachdem er den Oxus, heute als Amu-darja bekannt, mit der Fähre von Pata Kesar, gegenüber Termes (Tirmidh), überquert hatte, das antike Baktrien.[1]

Einst alter iranischer Boden seit Anbeginn der Geschichte, war Baktrien hernach griechischer Boden geworden. Nach hartem Kampf gewaltsam durch Alexander den Großen erobert, wurde es zwei Jahrhunderte lang – von 329 bis etwa 135 – der Korridor des Hellenismus in diesen Landstrichen. Unter den verschiedenen Herrschern namens Diodotos, Euthydemos, Demetrios und Eukratides hatte das graekobaktrische Königreich heldenhaft seinen Teil am makedonischen Erbe gegen die Aufstände der Einheimischen und den Druck der Nomaden verteidigt. Als die iranische Reaktion der Parther bereits fast ganz Persien erfaßt hatte, bewahrte dort oben an der Grenzscheide zweier Welten dieser epische Hellenismus beharrlich seine Lebenskraft. Nicht ohne einen Anflug von Ergriffenheit können wir heute die medaillenartigen Münzen betrachten, die reine Profile zeigen, welche für uns in Ermangelung schriftlicher Zeugnisse die Physiognomie dieser heroischen Abenteurer rekonstruieren. Dann, etwa um 135 vor unserer Zeit, brach die Invasion der Nomaden herein; doch handelte es sich damals glücklicherweise nur um die Yüeh-chih oder Indoskythen, das heißt sehr wahrscheinlich um Stämme indoeuropäischer Skythen, die unmittelbar fähig waren, das

---

1 Die Reiseroute Hsüan-tsangs durch die gräko-buddhistische Region hat Alfred Foucher in zwei Aufsätzen ermittelt: 1. Für die verschiedenen Provinzen des modernen Afghanistan: *Notes sur l'itinéraire de Hiuan-tsang en Afghanistan;* in: *Etudes asiatiques pour le vingt-cinquième anniversaire de l'Ecole Française d'Extrême-Orient (1925)*, Bd. I, S. 257–284; 2. für den Distrikt Peschawar: *Notes sur la géographie ancienne du Gandhāra, commentaire à un chapitre de Hiuan-tsang*; in: *Bulletin de l'Ecole Française d'Extrême-Orient*, Bd. I (1901), S. 322–369. Beide Artikel enthalten wertvolles Kartenmaterial.

Erbe der alten Kulturen anzutreten. Tatsächlich setzten die Eroberer unter der großen Dynastie der Kuṣāṇa (Kuschan) als Herren über Ostiran und Nordwestindien in hohem Maße die Tradition ihrer griechischen Vorgänger fort und schufen durch die Vereinigung der Religion Śākyamunis mit der alexandrinischen Kunst die gräkobuddhistische Kultur. Aber um 425 unserer Zeit waren wirkliche Barbaren, die hephthalitischen Hunnen mongolischer Abstammung, über das Land hergefallen. In ihrer wilden Raserei hatten sie allzu häufig die buddhistische ›Kirche‹ und die indogriechische Kunst, die sie repräsentierte, angegriffen. Über ein Jahrhundert lang hatte das alte Baktrien ihr Joch ertragen, da sie erst um 566 dem Bündnis zwischen dem sassanidischen Persien und den Westtürken erlagen. Bei der Aufteilung der Beute war es an die Sassaniden gefallen, die damals durch den bedeutendsten ihrer Herrscher, Chosrau I. Anuschirvan, repräsentiert wurden. Übrigens nur für sehr kurze Zeit, denn die Westtürken, die die Kriege zwischen den Byzantinern und den Sassaniden ausnutzten, rangen letzteren Baktrien gewaltsam ab. Zur Zeit Hsüan-tangs, im Jahre 630, bildete es unter dem Namen Tocharistan (chinesisch Tu-huo-lo) ein Allodium eines der Söhne des Großkhans, Prinz Tardu Schad, dessen Residenz in Kundus stand.

Nachdem Hsüan-tsang den Oxus überquert hatte, verließ er die große Karawanenstraße von Samarkand nach Balch, um Tardu Schad in Kundus einen Besuch abzustatten. Dieser Fürst war nicht nur der Sohn des Großkhans der Türken, sondern auch der Schwiegersohn des Königs von Turfan. Der Pilger überbrachte ihm Neuigkeiten von seinem Vater, dem Großkhan, den er erst kurz zuvor verlassen hatte, sowie Briefe seines Schwiegervaters, des Königs von Turfan. Dieser türkische König von Baktrien war eine äußerst fromme Persönlichkeit. Er bekundete Hsüan-tsang große Hochachtung und hätte ihn bis nach Indien begleitet, wenn sich nicht eines dieser Haremsdramen zugetragen hätte, von denen Zentralasien so viele erlebt hat. Kurz vor der Ankunft des Pilgers war die turfanische Prinzessin oder, wie die Türken sagen, die *khatun* gestorben. Fast unmittelbar danach heiratete Tardu Schad wieder. Nun hatte die neue Königin mit einem königlichen Prinzen, Sohn aus erster Ehe, eine Intrige gesponnen. Diese türkische Phädra vergiftete den König und verhalf ihrem Liebhaber zum Thron. Dieser sicherte Hsüan-tsang denselben Schutz wie Tardu Schad zu. Da der Pilger gedachte, das Kabultal auf direktem Wege zu erreichen, lud ihn der neue König äußerst verständig ein, einen Umweg über Balch zu machen: »Euer Schüler«, sprach er zu Hsüan-tsang, »zählt die Stadt Fu-ho-lo (Balch) zu seinen Besitztümern; man nennt sie die kleine königliche Stadt. Sie ist reich an religiösen Denkmälern. Es ist mein Wunsch, daß der Meister des Gesetzes einiges von seiner Zeit opfert, um sie zu besuchen und ihnen seine Huldigungen darzubringen. Hernach wird er einen Wagen nehmen und nach dem Süden abreisen.«

Balch, das alte Baktra, bot selbst noch zu dieser Zeit die Besonderheit, eine von Grund auf iranische Stadt zu sein, die zugleich leidenschaftlich dem Buddhismus anhing. Ihre Bekehrung zum Buddhismus reicht wahrscheinlich bis in die Mitte des 3. Jahrhunderts vor unserer Zeit zurück, als sie die Missionare des großen indischen Kaisers Aśoka empfangen haben muß. Dem Buddhismus war dort in der Folge von den griechischen Dynastien wie von den indoskythischen Königen Schutz zuteil geworden, und auch die Herrschaft der Hephthaliten hatte ihn nicht vernichten können. Wie die Untersuchungen von Foucher und Hackin ergeben haben, hat diese Region in unseren Tagen überaus viel von ihrer Bedeutung verloren. Infolge fortwährender Verwüstungen und der Aufgabe des alten Bewässerungssystems ist sie heute ein sterbendes Land. Reisende unserer Tage gestehen, daß sie ein Gefühl der Melancholie überkommt, wenn sie die folgende Beschreibung Hsüan-tsangs lesen: »Die Ebenen und die benachbarten Täler sind von seltener Fruchtbarkeit. Es ist wahrlich ein vom Glück begünstigtes Land.« Das »herrliche Plateau«, welches Hsüan-tsang bewunderte und auf dem die Stadt mit ihren Vororten lag, trägt heute als Zeugen der Jahrhunderte buddhistischer Herrschaft nur noch einige verfallene Stūpas, in denen die Verwüstungen durch Mongolen und Muselmanen nicht die kleinste Spur auch nur einer einzigen Skulptur hinterlassen haben.

Trotz des Durchzugs der hephthalitischen Hunnen besaß dieses Land zur Zeit Hsüan-tsangs noch einhundert Klöster, die mit Buddha-Reliquien reich gesegnet waren und 3000 Religiosen Wohnstatt boten. Alle diese Mönche folgten übrigens dem Hīnayāna, dem Kleinen Weg, was Hsüan-tsang nicht daran hinderte, sich ausgezeichnet mit ihnen zu verstehen. In der Tat rühmten sich die Klöster von Balch nicht nur ihrer antiken Stūpas und heiligen Reliquien; nicht minder berühmt waren sie wegen ihrer Gelehrsamkeit. Hsüan-tsang

gesteht, großen Nutzen aus seinen Gesprächen mit einem ihrer Doctores, Prajñākara, gezogen zu haben, der ihm auf seine Bitte hin mehrere schwierige Passagen aus den grundlegenden Werken des Hīnayāna wie dem *Abhidharma*, dem *Kośa* des Kātyāyana und dem *Vibhāṣāśāstra* erklärte.
Von Balch aus nahm unser Pilger die Überquerung des Hindukusch, der ›Schneeberge‹, wie er ihn nennt, in Angriff. Es wurde einer der beschwerlichsten Augenblicke seiner Reise. »Der Weg ist zweimal schwieriger und gefährlicher als in der Region der Wüsten und Gletscher. Die zu Eis erstarrten Wolken und der umherwirbelnde Schnee verhindern, daß es auch nur für einen Moment hell wird. Wenn man bisweilen auf ein günstiges Stückchen Erde trifft, dann ist es ebenes Gelände von allerhöchstens einigen Dutzend Fuß. Dies ist der Landstrich, über den Sung-yün einst geschrieben hat: Das Eis ist zu hohen Bergen aufgetürmt, der Schnee wirbelt über tausend *li*.«
Über die Pässe Kara-kotal und Dandan Schikan langte Hsüan-tsang schließlich in der Stadt Bāmiyān (Bamian) an, die im Zentrum des Massivs oder vielmehr in dem Längstal liegt, das die Gebirgskette des Hindukusch von der Kette des Koh-i-Baba trennt.
Vielleicht noch mehr als Balch war Bāmiyān, das Fan-yen-na der chinesischen Schriftsteller, eine Station von allergrößter Bedeutung auf dem Wege von Zentralasien nach Indien. Händlerkarawanen und Pilgergruppen, alle Karawanen, die vom Hindukusch herabstiegen, kamen unterhalb ihrer hohen Steilwand vorbei, ehe sie das obere Ghorband-Tal erreichten, um von dort aus in die Hauptstadt von Kapiśa zu gelangen. Hsüan-tsangs Beschreibung dieser Stätte hat die französischen Archäologen Alfred Foucher, Herrn und Frau André Godard und Joseph Hackin, die in dieser Gegend gearbeitet haben, durch ihre Genauigkeit in Erstaunen versetzt. »Bāmiyān«, schreibt er, »lehnt sich an die Steilwand des Berges und erstreckt sich entlang des Tales; die Einfriedung ist sechs bis sieben *li* lang. Im Norden schmiegt sich die Stadt an den schroff aufragenden Felsen. Dieses Land hat Winterweizen, aber wenig Blumen und Früchte. Es eignet sich für die Viehzucht und besitzt Schafe und Pferde im Überfluß. Das Klima ist sehr kalt, und es herrschen urwüchsige Sitten. Man trägt dort viel Pelzwerk und derbe Wollkleidung, die ebenfalls einheimische Erzeugnisse sind.« Diese stolzen afghanischen Gebirgsbewohner, damals Treuhänder des Buddhagesetzes, gefielen Hsüan-

tsang. Sie sind, merkt er an, von hartem, unbeugsamem Naturell, übertreffen aber ihre Nachbarvölker in der »Schlichtheit ihres Glaubens«.

Bāmiyān zählte zur Zeit der Durchreise Hsüan-tsangs etwa zehn buddhistische Klöster mit mehreren tausend Religiosen, allesamt Hīnayānisten. Hsüan-tsang besuchte die Höhlen, die in die nördliche Steilwand des Tales gehauen und als Mönchszellen hergerichtet worden waren. Er erzählt uns auch von den beiden monumentalen, 53 und 35 Meter hohen Buddhastatuen (denen er nur eine Höhe von 150 respektive 100 Fuß zuschreibt), die noch immer in den beiden Nischen der Steilwand stehen. Der Goldüberzug auf einer der Statuen ließ ihn sogar glauben, es mit einer Bronzeplastik zu tun zu haben.

Die Begegnung des Pilgers aus dem fernen China mit den letzten Werken dieser gandhārischen Kunst, den unübertroffenen Überresten des Hellenismus in diesen Regionen, hat etwas Faszinierendes. Denn der 53 Meter hohe große Buddha mit seinem tadellosen Faltenwurf und dem angedeuteten Hervortreten seines linken Beines ist nach der Bemerkung von André Godard nichts anderes als irgendeine ins Gigantische vergrößerte hellenistische Statue.

Hsüan-tsang erzählt uns nichts von den Fresken von Bāmiyān, obgleich sie für uns das Interessanteste an dieser Stätte darstellen. Ausgeführt auf den Felswänden der Galerie, die hinter dem Kopf der beiden monumentalen Buddhas angelegt worden war, scheinen sie zwei verschiedenen Epochen anzugehören. Den beiden Godards und Hackin zufolge, die sie systematisch untersucht haben, dürften die Fresken aus der Nische des 53 Meter hohen Buddhas aus dem 3. Jahrhundert unserer Zeit stammen, die des 35 Meter hohen Buddhas aus dem 5. und 6. Jahrhundert. Auf einigen dieser Gemälde, namentlich auf denen in der Nische des kleineren Buddhas, erweist sich der griechisch-römische Einfluß als ebenso vorherrschend wie in den buddhistischen Fresken der Gegend von Miran, südlich des Lop-nor in der Gobi. Die Bearbeitung bestimmter Aktfiguren und die Technik, mit der die Draperien ausgeführt sind, rufen hier eine Erinnerung an Pompeji wach. Ahnten die chinesischen Pilger, die diese heiligen Stätten in luftiger Höhe unbedingt besuchen mußten, daß das, was sie dort nur flüchtig sahen, die Kunst jenes entfernten *Ta-ch'in* war, jenes Römischen Reiches, von dem ihre Geographen eine ziemlich genaue Vorstellung besaßen? Andere Details freilich

Paitava Buddha, gräko-buddhistisch (Musée Guimet).

mußten Menschen, die soeben Zentralasien durchquert hatten, vertrauter gewesen sein. Auf den Fresken in der Nische von 35 Metern konnten sie einen bestimmten Einfluß wiedererkennen, den sie bereits auf den Fresken von Kizil in der Nähe von Kutscha angetroffen hatten und von dem wir wissen, daß er iranischer Herkunft war. Mehrere Personen auf den Gemälden in der Nische von 35 Metern erinnern in der Tat an die iranischen Ritter, die wir bereits in der ›Malerhöhle‹ zu Kizil gesehen haben. Dies trifft auch für den eleganten Mondgenius zu, der das Gewölbe der Nische ziert. Auf blauem Untergrund, gegen den sich seine immense, einen zunehmenden Mond umgebende Aureole abhebt, erscheint er über seiner antiken Quadriga mit geflügelten Weißen Rossen – Pegasussen gleich – völlig unerwartet in dieser Ecke Afghanistans. Seine Kleidung gleicht in jeder Hinsicht der unserer vornehmen Herren von Kutscha: Die lange Tunika in cremefarbenem Weiß oder in Blaßgelb ist in der Taille durch den üblichen Gürtel zusammengehalten und fällt glockig zu den Knien hin; dazu auf der rechten Seite die große kutscharische Kragenklappe, hier himmelblau, sowie die breite, gleichfalls kutscharische Bordüre, in diesem Fall ockerfarben. Seine Waffen sind ebenfalls wie in Kizil das lange, gerade Schwert mit Kreuzgriff und die Lanze mit dreieckigem Fähnlein.
Ein wenig weiter in der Bildfolge bietet sich derselbe Anblick bei der Reihe der Stifter, die wie auf einem Balkon hinter einer mit Teppichen geschmückten Balustrade plaziert sind. Mit ihrer figurbetonten Tunika, nur auf einer Seite zu einem großen, dreieckigen Revers geöffnet, sind dies wieder die ›Ritter von Kizil‹. Das Interessanteste für uns an dieser Szenerie ist, daß diese Helden aus irgendeiner persischen Miniatur auf demselben ›Balkon‹ die Nachbarschaft mit traditionellen und bärtigen sassanidischen Königen mit sonnen- und mondgeschmückter Tiara, gandhārischen Buddhas und indischen Mönchen pflegen. Zweifellos besteht Veranlassung, sich an dieser Stelle zu erinnern, daß diese Kantone südlich des Oxus für einen Moment in der Mitte des 6. Jahrhunderts durch Chosrau I. dem Sassanidenreich angegliedert worden waren. Auf jeden Fall ist die Reihe der Stifter auf dem ›Balkon‹ insoweit einzigartig, als sie uns auf ein und derselben Freske den Übergang von der sassanidischen Kunst zur persischen Malerei erkennen läßt; eine Tatsache von schwerlich zu überschätzender historischer Bedeutung.

Als Hsüan-tsang Bāmiyān verließ, überquerte er, wie Foucher ermittelt hat, den Schibar-Paß, der mit seinen 3000 Metern Höhe den Zugang zum oberen Tal des Ghorband eröffnet, einem Nebenzufluß des Kabul. Während er das Massiv des Schibar erklomm, wurde er von einem Schneesturm überrascht und verlor seinen Weg; aber er hatte das Glück, auf einheimische Jäger zu treffen, die ihn wieder auf den rechten Weg führten. Er folgte dem gewundenen, tief eingeschnittenen Ghorband-Tal bis zum Zusammenfluß dieses reißenden Stroms mit dem Pañjshir. »In diesem Augenblick öffneten sich endlich die beiden Hügelwände, und vor ihm entfaltete sich die schöne Ebene von Kapiśa, herrlich von Bergen gerahmt.«
Das Kapiśa des Altertums, chinesisch Chia-pi-shih oder Chi-pin, ist der nördlich der Stadt Kabul gelegene Teil des heutigen Afghanistan. Gleichwohl reiste Hsüan-tsang keineswegs durch die Stätte von Kabul selbst, da die alte Hauptstadt des Landes, Kāpiśī, weiter im Norden am mittleren Pañjshir gelegen war, an der Stelle der jetzigen Ortschaft Begram. Foucher, der diese Identifizierung vorgenommen hat, bestätigt in allen Punkten die Beschreibung des chinesischen Pilgers: »Die Ebene von Kapiśa erstreckt sich an die sechzig Kilometer von Nord nach Süd und etwa zwanzig Kilometer von Ost nach West. Es fehlen ihr nur die Seen, um einem kleinen Kaschmir zu gleichen. Wie Hsüan-tsang sehr richtig bemerkt hat, lehnt sie sich im Norden an die mit ewigem Schnee bedeckte Kette des Hindukusch, während die anderen drei Seiten des Trapezes von den Schwarzen Bergen umsäumt werden – Bergketten, auf denen der Sommer den Schnee völlig zum Schmelzen bringt... Dank seiner geographischen Lage beherrscht Kapiśa die Hauptpässe des Hindukusch und damit die Handelsstraße zwischen Indien und Baktrien: Auch der Pilger vermerkt, daß es Waren jeglicher Art im Überfluß besaß. Sein landwirtschaftlicher Reichtum war um nichts geringer. Durch den Ghorband und Pañjshir bewässert – ihre Zuflüsse und zahlreichen Bäche nicht mitgerechnet, welche von seinem Berggürtel fließen –, ist dieser unüberschaubare Talkessel, der etwas niedriger als Kabul liegt und über ein etwas milderes Klima verfügt, in hervorragender Weise für den Anbau von Getreide und Obstbäumen geeignet; aus seinen Weinbergen und Obstgärten werden Mandeln, Aprikosen, Trauben und Rosinen in großen Mengen nach Indien exportiert. Der größte Nachteil der Landschaft, auf den Hsüan-tsang gleichfalls aufmerksam

gemacht hat, bleiben heftige Nordwinde, die häufig über sie hinwegfegen. Aber abgesehen von dieser Plage nimmt angesichts derart vieler Wohltaten des Himmels die Anzahl der religiösen Gründungen nicht Wunder, welche der chinesische Reisende der Erwähnung für würdig befunden hat...«

Nicht minder war die politische Bedeutung von Kapiśa. Kāpiśī, das *Kapissa* der griechisch-römischen Geographen, war im Altertum eine der Hauptstädte des griechischen Staates Kabul. »Es ist die Gottheit [Zeus] der Stadt Kāpiśī«, schreibt Foucher, »die auf gewissen, wahrscheinlich an Ort und Stelle geprägten Münzen des Eukratides abgebildet ist. Dort und nicht, wie man gemeinhin glaubt, in Kabul müssen die letzten Indogriechen geherrscht haben.« Kāpiśī diente in der Folge dem großen indoskythischen Kaiser Kaniṣka als Sommerresidenz, der von dort aus ganz Ostiran und ganz Nordwestindien regierte. Auch wenn er im 7. Jahrhundert nicht länger der Herrscher über ein Kaiserreich war, beherrschte der König von Kapiśa nichtsdestoweniger die gesamte gandhārische Region. Neben seinem eigenen Patrimonium besaß er Lampāka, Nagarahāra und Gandhāra; Königreiche, deren Dynastien erloschen waren und die Kapiśa einverleibt worden waren. Seine Macht erstreckte sich demnach bis zum Indus. Der Souverän, der zur Zeit der Durchreise unseres Pilgers regierte, scheint außerdem eine starke Persönlichkeit gewesen zu sein. »Er hat«, schreibt Hsüan-tsang, »ein tapferes und ungestümes Naturell und läßt die Nachbarländer durch seine furchtbare Macht erzittern. Er kontrolliert etwa zehn Königreiche.« Wie der Emir von Kabul im 19. Jahrhundert sah der Radscha *(rāja)* von Kāpiśī, Herr der asiatischen Handelswege, die mächtigsten Monarchen sich um seine Freundschaft bemühen. Genau zu der Zeit, mit der wir uns beschäftigen, sandte der herrschende Radscha, wie wir aus der *Geschichte der T'ang* wissen, Kaiser T'ai-tsung als Tribut einige herrliche afghanische Pferde, die bereits damals den Ruhm des Landes ausmachten; ein Geschenk, über das der Sohn des Himmels derart glücklich war, daß er alsbald eine Gesandtschaft mit beachtlichen Geschenken auf den Weg zum kabulischen Fürsten schickte.

Welcher Rasse gehörten die Könige von Kapiśa an? Bis zum Vorabend der muselmanischen Invasion werden sich diese Fürsten der indoiranischen Grenzscheide rühmen, von Kaniṣka, dem indoskythischen Kaiser und Zeitgenossen der Cäsaren oder Antoninen, abzu-

stammen. In Wirklichkeit jedoch müssen, seitdem die gandhārische Region von der mongolischen Horde der hephthalitischen Hunnen in der zweiten Hälfte des 5. Jahrhunderts unserer Zeit erobert worden war, die Dynastien am Kabul von turko-mongolischem Blute gewesen sein. Als der Pilger Sung-yün, Hsüan-tsangs Vorgänger, um 520 in Gandhāra angekommen war, hatte er auf dem Thron einen dieser türkischen Fürsten, einen *tegin*, vorgefunden, der in zweiter Generation von dem Oberhaupt abstammte, das die Hunnen eingesetzt hatten. Dieser Fürst war noch ein Barbar, dem man kaum Schliff beigebracht hatte; »von bösartigem und grausamem Naturell, ließ er viele Menschen töten«. In diesem durch und durch buddhistischen Land blieb er ein Heide und lebte daher in tiefem Zerwürfnis mit seinen Untertanen. – Als Hsüan-tsang einhundertzehn Jahre später dieses Land besuchte, hatte dieses türkische Element dagegen Zeit gehabt, indisch zu werden. Der König von Kapiśa, der unseren Pilger empfing, war ein äußerst frommer Buddhist, eine Figur, die vollkommen mit der des *tegin* von 520 kontrastierte.
Im 7. Jahrhundert war das Kabultal also bereits Indien. In Kāpiśī begegnete Hsüan-tsang auch den ersten Jainas und hinduistischen Asketen auf seiner Reise; die einen vollständig nackt oder vielmehr ›luftgekleidet‹ [Sanskrit *dig-ambara*] aus Angst, durch den Besitz eines Kleidungsstückes gegen das Gelübde der Armut zu verstoßen; die anderen, wahrscheinlich śivaitische Asketen, den Körper mit Asche eingerieben und eine Gebetsschnur aus Hirnschalen tragend. Gleichwohl blieb die Mehrheit der Bevölkerung noch buddhistisch. Zahlreiche Klöster, von denen die einen dem Hīnayāna anhingen, die anderen sich auf das Mahāyāna beriefen, stritten sich um die Ehre, den Pilger aus China aufzunehmen. Um seinem Reisegefährten Prajñākara, der ein hīnayānistischer Mönch war, keinen Kummer zu bereiten, entschied er sich für ein Kloster des Kleinen Fahrzeuges. Dieses Kloster, dessen Standort von Alfred Foucher an den Ufern des Pañjshir ausgemacht wurde, stammte aus der Zeit der Kuṣāṇa und soll der Überlieferung zufolge erbaut worden sein, um den Geiseln Kaniṣkas als Aufenthaltsort zu dienen. »Einstmals«, berichtet Hsüantsang, »ließ König Kaniṣka die benachbarten Königreiche seine furchtbare Macht spüren. Durch die Macht seiner Waffen dehnte er seine Besitztümer bis östlich des Pamir aus. Die abhängigen Fürsten, die westlich des Gelben Flusses (in Kaschgarien) lebten, sandten ihm

Geiseln. Er behandelte sie auf die ehrenvollste Weise. Der Palast, von dem wir sprechen, war als ihre Sommerresidenz errichtet worden.« Hsüan-tsang bot sich sogar die Gelegenheit, die Grabungen auf der Suche nach dem Schatz zu leiten, der von einer der Geiseln an diesem Ort versteckt worden war, und er hatte das Glück, ihn zu finden.

Obgleich in einem hīnayānistischen Kloster untergebracht, war es in Kapiśa, daß Hsüan-tsang sich zum erstenmal in vollkommener ideeller Gemeinschaft mit den einheimischen Buddhisten gefühlt zu haben scheint. Der Leser wird sich sicherlich daran erinnern, daß die Mönche in Zentralasien und Baktrien zum überwiegenden Teil dem Kleinen Weg folgten. Der König von Kapiśa war dagegen wie Hsüan-tsang ein leidenschaftlicher Mahāyānist. Auf seine Bitte hin nahm der Pilger an einem fünftägigen Kapitel der verschiedenen Sekten in Kāpiśī teil. Es ist interessant, die Haltung aufzuzeigen, die Hsüan-tsang hierbei einnimmt und die er im allgemeinen während seiner ganzen Reise durch Indien beibehalten wird: Dank seiner Kenntnis der verschiedenen Theorien, seiner metaphysischen Gewandtheit und vielleicht auch, weil ihm die Spitzfindigkeiten der indischen Dialektiker fremd waren, neigte er dazu, sich über ihre verbalen Streitigkeiten zu erheben, um in seinem mystischen Idealismus eine höhere Synthese der verschiedenen Doktrinen zu finden. Sein philosophischer Traktat, die *Siddhi*, wird dieser intellektuellen Position entsprechen.

Nachdem Hsüan-tsang den Sommer des Jahres 630 im ›Kloster der Geiseln‹ (Sha-lo-chia-szu) verbracht hatte, nahm er den Weg nach Osten wieder auf. Dieser führte ihn den Unterlauf des Pañjshir bis zu dessen Zusammenfluß mit dem Kabul entlang; dann folgte er letzterem am linken Ufer stromabwärts durch die Provinz Lampāka, das heutige Lamghān (Laghmān) bis auf die Höhe von Jalālābād (Dschalalabad), der alten Stadt Nagarahāra. Das war eine entscheidende Etappe auf seinem Weg. »Stufe für Stufe«, notiert Foucher, »ist man von den Höhen des iranischen Plateaus hinabgestiegen. Sofort künden die ungewohnte Milde des Winters, die glühende Hitze des Sommers, die Gehölze von Palmen und Orangenbäumen, die Reis- und Zuckerrohrfelder – alles bis hin zum Schreien der *maina* und den Luftsprüngen der Affen – vom Betreten indischen Bodens.«

Hsüan-tsang hat diesen Kontrast sehr gut festgehalten: »Der Boden von Lanpo (Lampāka) eignet sich für den Anbau von Reis und bringt eine große Menge Zuckerrohr hervor... Das Klima ist recht mild.

Zwar gibt es manchmal (noch) Frost, niemals jedoch Schnee.« Ethnischer Gegensatz auch zu den stolzen afghanischen Kriegern, die er uns vorhin in Balch, Bāmiyān und Kapiśa vorstellte: »Die Einwohner leben in Wohlstand und Freuden und singen sehr gern. Sie sind verweichlicht, kleinmütig und neigen zu Betrug. Sie begegnen einander mit Arroganz und Mißachtung, und niemals sieht man unter ihnen einen einzigen, der einem anderen den Vortritt ließe. Sie sind klein von Statur, flink und ungestüm in ihren Bewegungen. Die meisten tragen weiße Baumwollgewänder und bringen ihr Kostüm gern durch Verzierungen in leuchtenden Farben zur Geltung.« Gibt es ein pittoreskeres Gemälde als das dieser agilen und ruhelosen Hindus, das zusammen mit dem Bild, welches Hsüan-tsang uns weiter oben von der urtümlichen Tapferkeit, der Ungeschliffenheit und der ritterlichen Redlichkeit der Bergbewohner des Hindukusch entworfen hat, solcherart ein Diptychon bildet? Überdies waren die Halbhindus von Lampāka zur Zeit Hsüan-tsangs in die Abhängigkeit des eher rein afghanischen Königsreiches Kapiśa geraten.
Im Südosten von Lampāka erhob sich die alte Stadt Nagarahāra, deren Lage Foucher und seine Mitarbeiter auf dem Gelände des heutigen Jalālābād lokalisiert haben, südwestlich des Zusammenflusses von Kunar und Kābul-rūd (Kabul) gelegen. Die Bedeutung der Stadt Nagarahāra in buddhistischer Zeit ist durch die Menge der Ruinen bezeugt. »Sei es nach Norden hin«, schreibt Foucher, »am Fuße der hohen Berge von Kafiristan (heute Nuristan), die bis auf das gegenüberliegende Ufer des Flusses hinabreichen, sei es im Westen, entlang der Schwarzen Berge (Siyah-koh), hinter denen sich das Hochland von Kabul verbirgt, sei es im Süden, am äußeren Rand der Steilwände, die den langen Abhang der Weißen Berge (Safed-koh) abrupt beenden – eine große Zahl Stūpas, Klöster und mehr oder weniger verfallener Höhlen legt Zeugnis ab, mit welch herrlichem goldenen Ring die buddhistische Frömmigkeit einstmals die alte Stadt festlich geschmückt hatte.«
Hsüan-tsang erwähnt einige dieser alten Denkmäler. So führt er einen großen Stūpa von 300 Fuß Höhe an, zwei *li* südöstlich von Nagarahāra entfernt, der einst unter dem indischen Kaiser Aśoka errichtet worden war. An diese Stätte knüpft sich eine der ehrwürdigsten Legenden des Buddhismus: Dort trug es sich zu, daß während eines früheren kosmischen Zyklus ein junger Mann – derjenige, der in

seiner letzten Inkarnation der Buddha Śākyamuni werden sollte – den Buddha jenes Zeitalters, Dīpaṃkara, getroffen hatte. Von einer ernsten Vorahnung getrieben, hatte der Jüngling sich Dīpaṃkara zu Füßen geworfen, sein langes Haar vor ihm im Morast wie den wunderbarsten Teppich ausgebreitet: und der Buddha dieser weit zurückliegenden Epoche hatte seinem Adoranten die künftige Erlangung der Buddhaschaft geweissagt. Eine Episode, deren bildnerische Darstellung Foucher auf den gräko-buddhistischen Reliefs von Gandhāra wiedergefunden hat. Andere Stūpas und Klöster von Lampāka enthielten den Scheitelknochen Buddhas (die uṣṇīṣa-Reliquie genannt), seinen Mönchsmantel (die saṃghātī-Reliquie) und den Wanderstab des Glückseligen, »geziert mit Ringen aus poliertem Eisen und einem Schaft aus Sandelholz«. Diese ganze Region war infolge der Frömmigkeit Aśokas, des religiösen Opportunismus der Indogriechen und der gläubigen Inbrunst Kaniṣkas zu einer Art neuem Heiligen Land des Buddhismus geworden. Wenn die Länder des Ganges sich damit brüsteten, der Szenen des irdischen Lebens Śākyamunis teilhaftig geworden zu sein, so hatte das Kabultal eine fast gleichwertige Erhabenheit dadurch erworben, daß es viele Episoden aus seinem legendären Leben oder seinen früheren Existenzen in seinen Klöstern und Stūpas ausmachte. Infolgedessen zog niemand in Lampāka in Zweifel, daß der Landstrich einst den Besuch des Glückseligen erhalten hatte, angekommen und wieder abgereist durch die Lüfte.

Trotz der Details, die uns Hsüan-tsang zu diesem Thema mitteilt, sind wir heute über das alte Nagarahāra besser informiert, als er es gewesen zu sein scheint; oder um genauer zu sein, die Schule buddhistischer Kunst, die in dieser Stadt blühte, erweckt in uns Gefühle, die den Pilger nicht streifen konnten. Der Verputz der Stūpas, die in Stuck gearbeiteten Reliefs und Vollrunden, welche die archäologische Expedition unter Leitung von Barthoux acht Kilometer südlich von Nagarahāra auf der Stätte von Haḍḍa (Hsüan-tsangs Hsi-lo) zutage förderte und welche heute im Musée Guimet ausgestellt sind, haben für uns nicht nur die Bedeutung frommer Bildkunst. Sie sind die unerwartete, zutiefst bewegende, fast unwahrscheinliche Enthüllung einer neuen Kunst, von der uns die bislang entdeckte gräko-buddhistische Kunst keine Vorstellung vermittelte. Verglichen mit den apollinischen Buddhas und ihrem bisweilen ein wenig faden Charme, mit denen uns die Region von Gandhāra zu Hunderten überschüttet hat, präsentieren uns die Figurinen von Haḍḍa[1], wie wir sie heute im Musée Guimet bewundern können, Typen mit persönlicherem Ausdruck. In der Darstellung der Soldaten Māras, der dämonischen Heerschar, die über Buddha herfällt, bietet sich uns eine Reihe köstlicher Ethnien dar. Es besteht kein Zweifel, daß wir es hier mit authentischen Porträts verschiedener edler Herren oder barbarischer Nachbarn der gandhārischen Region zu tun haben, wie Hsüan-tsangs Vorgänger und er selbst sie vielleicht kannten: mit Kapuzen verhüllte Köpfe von Persern aus alter Zeit, ziemlich ähnlich denen auf dem Mosaikbild über die Alexanderschlacht bei Arbela [im Nationalmuseum zu Neapel]; anschauliche Porträts indoeuropäischer Skythen gallischen Typs mit ihren langen, herabhängenden Schnurrbärten, zweifellos alte Gefährten der beiden Kadphises und Kaniṣkas (vergessen wir nicht, daß Hackin zufolge die Mehrzahl der Stukkaturen aus dem 2. und 3. Jahrhundert stammen, daß heißt genau aus der Kuṣāṇa-Ära); manchmal, wenngleich seltener, bemerken wir bei bestimmten späten Stücken, die bis ins 5. Jahrhundert zurückreichen mögen – beispielsweise bei einem bewundernswerten, 27 cm hohen Māra in der langen Houppelande eines Nomandenhirten und bei dem Reitknappen Chandaka aus der Episode des ›Großen Aufbruchs‹ [Śākyamunis aus seinem Heimatort Kapilavastu] –, mongolische Typen mit kurzer, platter Nase und hervorstehenden Backenknochen, möglicherweise irgendeinem hephthalitischen Hunnen nachgebildet.

Hier drängt sich unbefangenen Besuchern der Eindruck auf, vor gotischen Werken zu stehen. Dieser bärtige und würdevolle Kopf eines Asketen könnte beinahe unseren *Beau Dieu* von Amiens heraufbeschwören; recht ähnliche ›Barbaren‹köpfe würden uns an die Heiligen des Südwestportals von Reims erinnern. Jene Köpfe aus der Heerschar des Māra, in grotesker Weise ins Werk gesetzt, weisen

1 Es sei uns gestattet, das archäologische Ahnungsvermögen Fouchers zu würdigen, der hier wie in Gandhāra – dies bezeugt sein Briefwechsel von 1924 – die Stätten ausfindig gemacht und angegeben hat, die in der Zukunft reiche Ausbeute versprechen. Eine vorläufige Bibliographie der Ausgrabungen von Haḍḍa bieten der kurze Bericht von Godard: *Exposition des récentes découvertes et des récents travaux archéologiques en Afghanistan et en Chine*, Musée Guimet, 14. März 1924, S. 1–36, und Joseph Hackin: *Les fouilles de la délégation archéologique française à Hadda (Afghanistan), Missions Foucher-Godard-Barthoux 1923–1928*, Revue des Arts asiatiques, Bd. V,2. Siehe insbesondere die Bände von Barthoux.

keine Verwandtschaft mehr mit der griechischen Kunst auf, sondern mit den zur Karikatur geratenen Dämonen, Folterknechten unserer Hölle, dekorativen Köpfen und Wasserspeiern des 13. Jahrhunderts. Andere Köpfe bärtiger Dämonen können uns an einen ›Könid David‹ erinnern. Im Ausdruck anderer winziger Mönchsköpfe aus Stuck begegnen wir dem anderen ›Lächeln von Reims‹, hier geistig, durchdringend und nüchtern. Und jene große Figur, welche Blumen in einer Falte ihres Gewandes trägt, um sie auf die Fußabdrücke des Buddha zu streuen, ist fast noch ein Engel von Reims. Weitere ›Engel‹, bereits von jeglicher heidnischen Sinnlichkeit befreit, falten ihre Hände mit so viel Schlichtheit und in so zarter Frömmigkeit, daß man, wäre da nicht die Stätte des glücklichen Fundes, meinen könnte, sie seien Erzeugnisse unserer Kunst. Etwas weiter werden wir von äußerst eigenwilligen, bärtigen Köpfen gefesselt, deren gediegene Gestaltung, intensiver Ausdruck, Hervorhebung der Gesichtszüge und selbst deren Kopfdeckung – eine Art Kapuze in Form eines Gugel – nichts Antikes mehr an sich haben, sondern sich als spezifisch mittelalterlich erweisen: Pagen oder Kleriker unserer Burgundischen Schule; es könnten aber auch, von derselben Neigung angeleitet, Anlitze eines Genres sein, das an die Nürnberger Schule erinnert. Dies kommt wirklich einer Offenbarung gleich. In einer Zeit, da man die gräko-buddhistische Kunst (wie die römische Kunst derselben Periode) nahezu ausgeschöpft hatte und auf Klischees reduziert glaubte, war sie dabei, etwas vollkommen Neues hervorzubringen. Oder vielmehr waren in diesen geschützten Bezirken Afghanistans, die der menschliche Geist auserwählt hatte, um dort das Wunder zu vollbringen, die hellenistischen Schulen Gandhāras soeben von einer Kunst in den Hintergrund gedrängt worden, die, obgleich aus ihren Werkstätten hervorgegangen, bereits vollkommen anders war; eine Kunst, die sich ebensosehr von ihren ersten Vorlagen unterschied, wie das eines Tages bei unserer romanischen und gotischen Kunst im Hinblick auf die griechisch-römische Kunst des Abendlandes der Fall sein sollte. Es handelt sich hier um ein durchaus gleichartiges Phänomen. Auf die griechisch-römische Kunst der Landstriche des Kabul und Pandschabs, Schwester der römisch-syrischen und palmyrenischen Kunst derselben Periode, folgte jetzt eine Art ›gotisch‹-buddhistischer Kunst, um auf neuen Grundlagen einen neuen Zyklus zu eröffnen.

Es waren lebensfähige Werte, die diese Kunst ausmachten. Wie die Ethnien bezeugen, denen wir weiter oben begegnet sind, war sie in diesem Land bereits heimisch geworden. Sie beweist Originalität, denn im syrischen, palmyrischen, parthischen oder sassanidischen Orient findet sich nicht Gleichartiges. Hätten sich die religiösen und politischen Bedingungen, die zu ihrer Entstehung geführt hatten – der Buddhismus sowie eine relative Unabhängigkeit, zumindest aber die Präsenz liberaler und toleranter Herrscher –, aufrechterhalten lassen, wären diese antiken gräko-buddhistischen Provinzen Kapiśa, Lampāka und Gandhāra nicht islamischer Boden geworden, so wäre zumindest denkbar, daß die Kurve der künstlerischen Entwicklung ihren Fortgang genommen hätte. Vielleicht hätte es sich an diesem Ort zugetragen, daß der menschliche Geist, nachdem er den Übergang vom Griechisch-Römischen zum Gotischen gleichsam umrissen hatte, neun Jahrhunderte früher als bei uns die letzte Formel zur Reife gebracht und ausgeführt hätte.
Stellen wir uns jedoch die Hunnen und die Araber vor, wie sie über Gallien in der Geburtsstunde von Reims und Chartres herfallen, einer Stunde, da das Genie unserer Bildhauer erblühte!... Genau dies widerfuhr der ›gotischen‹ Kunst von Kapiśa und Lampāka: Von 475 an wird das Kabultal von den hephthalitischen Hunnen heimgesucht, den größten Ikonoklasten unter den Barbaren; nach der Atempause, die sich von der Mitte des 6. bis in die Mitte des 7. Jahrhunderts erstreckt, werden die Araber eintreffen. Bereits 652 und 664 werden sie in Scharen das Land plündern, und ihr frommer Vandalismus wird dem wilden Vandalismus der Hunnen in nichts nachstehen. Ein Schimmer menschlichen Genies wird verlöschen, kaum daß er zutage getreten ist...
Zur Zeit der Durchreise Hsüan-tsangs war das Unglück bereits geschehen, Lampāka und Nagarahāra blieben zutiefst buddhistischer, ja sogar mahāyānistischer Boden. Aber die Verwüstungen der hephthalitischen Hunnen hatten Klöster und Kunstwerke vernichtet: »Die Einwohner bezeugen dem Gesetz Buddhas Respekt, und nur wenige unter ihnen glauben an die brahmanischen Lehren. Gleichwohl trifft man trotz der großen Zahl der Klöster nur auf wenige Religiose. Die Stūpas sind verfallen und von wildwachsenden Pflanzen überwuchert.« Zwanzig Jahre später wird die arabische Invasion nur noch zu einem Gnadenstoß ansetzen.

Als Hsüan-tsang den Bezirk Nagarahāra, das heißt den Distrikt Jalālābād, verließ, wollte er, die südlichen Steilwände entlang dem Kābul-rūd bis zum Einschnitt von Siyah-sang folgend, eine berühmte Stätte besuchen: die Höhle, in welcher Buddha nach der Bezwingung des *nāga* oder Drachenkönigs Gopāla die Spur seines Schattens hinterlassen hatte.

Die Höhle, die Foucher in der Nähe des heutigen Dorfes Tschaharbagh identifizieren konnte, war nur unter Gefahren erreichbar. Die einsamen Wege wurden von Räubern unsicher gemacht. Seit zwei oder drei Jahren war kaum ein Pilger von diesem Ort zurückgekehrt. Hsüan-tsangs Begleiter gaben sich alle Mühe, ihn zum Verzicht auf diesen Ausflug zu bewegen. Vergeblich: »Selbst im Verlaufe von einhunderttausend *kalpa*«, so antwortete er ihnen, »wäre es schwierig, dem wahren Schatten Buddhas auch nur ein einziges Mal zu begegnen. Wie könnte ich, der ich an diesem Punkt angelangt bin, nicht hingehen, ihn zu verehren? Was Euch angeht, so brecht nur in aller Ruhe auf. Sowie ich dort einige Zeit verweilt habe, werde ich mich beeilen, Euch einzuholen.« Und, diese ängstlichen Inder verabschiedend, wandte er sich allein in Richtung auf die Höhle zu.

In dem nächstgelegenen Kloster wollte ihm niemand als Führer dienen. Einzig ein alter Mann, den er unterwegs getroffen hatte, war bereit, ihm den Weg zu zeigen. »Kaum hatten sie einige *li* zurückgelegt, kamen Räuber mit dem Schwert in der Hand auf sie zu. Der Meister des Gesetzes nahm seine Kappe ab und ließ sein Mönchsgewand sehen. ›Meister‹, sprach einer der Räuber zu ihm, ›wohin wollt Ihr gehen?‹ – ›Es ist mein Wunsch‹, antwortete er, ›den Schatten des Buddha verehren zu gehen.‹ – ›Meister‹, fuhr der Räuber fort, ›habt Ihr nicht davon reden hören, daß es in dieser Gegend Räuber gibt?‹ ›Räuber‹, entgegnete unser Heiliger, ›sind Menschen. Jetzt gehe ich den Buddha verehren, und selbst wenn die Wege voller wilder Tiere wären, würde ich ohne Furcht ausschreiten! Um wieviel weniger muß ich vor Euch Angst haben, die Ihr Menschen seid, deren Herz mit Mitleid gesegnet ist.‹ Diese Worte«, fügt *Hsüan-tsangs Biographie* hinzu, »rührten die Herzen der Räuber, und sie öffneten sich dem Glauben.«

Nach dieser dramatischen Begegnung konnte sich Hsüan-tsang zur Höhle begeben und seine Verehrung darbieten. »Sie liegt östlich eines Baches, der zwischen zwei Bergen fließt. In die Steinwand, in die sie

gehauen ist, ist eine Art Tür eingelassen, die sich zur untergehenden Sonne hin öffnet. Als er seinen Blick in die Höhle getaucht hatte, erschien sie ihm finster und dunkel, und er konnte nichts ausmachen. ›Meister‹, sprach der alte Mann, sein Begleiter, zu ihm, ›tretet geradewegs ein. Wenn Ihr die östliche Wand berührt habt, macht 50 Schritte rückwärts und schaut genau nach Osten. Dort ist die Stelle, an der sich der Schatten aufhält.‹
Der Meister des Gesetzes betrat die Höhle und bewegte sich ohne Führer vorwärts. Nach fünfzig Schritten stieß er gegen die östliche Wand, trat dann getreu dem Hinweis des Alten zurück und blieb stehen. Alsdann führte er, von einem tiefen Glauben beseelt, die einhundert Begrüßungen aus, ohne etwas sehen zu können. Er warf sich bitter seine Verfehlungen vor, weinte, wobei er laute Schreie ausstieß, und überließ sich ganz dem Schmerz. Sodann rezitierte er mit einem Herzen voller Aufrichtigkeit andächtig die *sūtra* und die *gāthā*, wobei er sich nach jeder Strophe niederwarf.«
Da geschah das Wunder: »Als er auf diese Weise an die einhundert Begrüßungen ausgeführt hatte, erblickte er auf der östlichen Wand einen Lichtschein – groß wie die Bettelschale eines Mönches –, der im Nu wieder erlosch. Von Freude und Schmerz durchdrungen, nahm er seine Begrüßungen wieder auf, und aufs neue sah er ein Licht von der Breite einer Schüssel, das wie ein Blitz aufleuchtete und verschwand. In einem Ausbruch von Begeisterung und Liebe schwor er sodann, diesen Ort nicht eher zu verlassen, bis er den heiligen Schatten gesehen hätte... Er setzte seine Huldigungen fort und plötzlich wurde die ganze Höhle von Licht durchflutet; der Schatten des Glückseligen zeichnete sich in strahlendem Weiß an der Wand ab, wie wenn die Wolken sich ein wenig öffnen und mit einem Schlage das wunderbare Bild des *Goldenen Berges* zu erkennen geben. Blendender Glanz erhellte die Konturen seines göttlichen Anlitzes. Hsüan-tsang betrachtete in einem Taumel der Verzückung das erhabene und unvergleichliche Objekt seiner Bewunderung. Der Leib Buddhas und sein Mönchsgewand waren von einem roten Gelb; von den Knien bis zu seinem Haupte erstrahlte die Schönheit seiner Person in vollem Licht; hingegen war der untere Teil seines *Lotusthrones* in ein Dämmerlicht getaucht. Zur Linken und Rechten Buddhas sowie hinter ihm waren die vollzähligen Schatten der Bodhisattvas und der *śramaṇa* sichtbar, die sein Gefolge bildeten.

Nachdem er Zeuge dieses Wunders geworden war, befahl er von weitem sechs Männern, die sich draußen vor der Tür befanden, Feuer herbeizubringen und einzutreten, um Weihrauch zu verbrennen. Als das Feuer hereingebracht wurde, wandte sich plötzlich der Schatten Buddhas um und verschwand. Sogleich befahl Hsüan-tsang, das Feuer auszulöschen, und auf der Stelle tauchte der Schatten wieder auf. Von den sechs Männern wurden fünf seiner ansichtig; aber einer von ihnen konnte absolut nichts sehen. Es dauerte nur einen Augenblick... Hsüan-tsang, der dieses göttliche Phänomen klar und deutlich erblickt hatte, warf sich respektvoll zu Boden, stimmte feierliche Lobgesänge auf Buddha an und verstreute Blumen und Weihrauch, woraufhin das himmlische Licht verlosch. Danach nahm er Abschied und trat hinaus.«

Als Hsüan-tsang Lampāka verließ, wandte er sich am südlichen Ufer des Kābul-rūd entlang stromabwärts und gelangte über Dakka und den Khaiber-Paß in die Provinz Gandhāra.

Gandhāra ist eine der berühmtesten Regionen in der Geschichte des Orients. Bereits den Makedoniern unter dem Namen Gandaritis bekannt, wurde es eine der Bastionen der gräko-baktrischen Macht. Dort fanden die griechischen Könige nach ihrer Vertreibung aus Baktrien Zuflucht und hielten sich noch fast ein Jahrhundert lang an der Macht. Eine ihrer Hauptstädte in dieser Region scheint Puṣkarāvatī [heute Chārsaḍḍa] gewesen zu sein, das den Geographen des Altertums unter dem Namen Peukelaōtis vertraut war. Als die aus Zentralasien herabgekommenen Indoskythen den Platz der Griechen eingenommen hatten, scheinen sie dieselbe Vorliebe für das gandhārische Land gehabt zu haben. In der Tat hatte ihr großer Kaiser Kaniṣka in Puruṣapura oder Peschawar seine Winterresidenz gewählt, während ihm Kāpiśī in den afghanischen Bergen als Sommerresidenz diente. Was damals die Kultur von Gandhāra ausmachte, lehren uns die Statuen, Flachreliefs und auch die Münzen, die überall in Chārsaḍḍa, Shar-ī-Ba(h)lol, Hoti-Mardān und Shāhbāzgaṛhī [Varṣapura] zu Hunderten von diesem klassischen Boden freigegeben werden.

Über eine solche Fruchtbarkeit werden nur diejenigen erstaunt sein, die vergessen, daß diese alte Provinz Peschawar fast sechs Jahrhunderte lang ununterbrochen eine Art neues Hellas gewesen war, das durch seinen Ring von Bergen und Flüssen gegen den Wirbel der Invasionen geschützt war. Zuerst hatte es zwei Jahrhunderte direkter griechischer Herrschaft unter den reinen Hellenen wie Heliokles und Antialkidas gegeben, Fürsten, die uns die Münzkunde als ebenso vollständig abendländisch ausweist wie die verschiedenen Antiochos von Syrien und Ptolemaios von Ägypten. Dann folgten fast vier Jahrhunderte griechisch-römischer Imitation unter den indoskythischen Königen des Geschlechts der Kuṣāṇa, den beiden Kadphises, dem Kaniṣka, Huviṣka, Vāsudeva und ihren Nachfolgern, die die konstantesten Philhellenen wurden, die der Orient jemals gekannt hat: Unter ihrer Regierung und an ihrem Hofe, viel mehr als unter ihren gräko-baktrischen Vorgängern, erfuhr die gräko-buddhistische Schule ihren Aufschwung. Trägt nicht das Reliquiar Kaniṣkas, das 1908 in Shāh-jī-kī-Ḍherī nahe Peschawar zusammen mit dem Bildnis des ›indischen Chlodwig‹ gefunden wurde, den Namen des Goldschmiedes, der es anfertigte, des Griechen Agesilaos? Die unzähligen gandhārischen Buddhas, die in unsere Museen gelangt sind und sie bevölkern, sind gleichfalls getreue Zeugen dieses ergreifenden Philhellenismus. Konnten die chinesischen Pilger, die diese Profile von einer vollkommenen apollinischen Reinheit unter den gewellten Haaren und diese tadellosen, aufgrund ihrer weichen Verarbeitung häufig so angenehmen Draperien noch an Ort und Stelle gesehen haben müssen, ahnen, daß sie damit die ersten von Menschenhand gefertigten Bildnisse des Künders ihrer Religion vor Augen hatten? Wußten sie, daß vorzeiten – wahrscheinlich bereits vor sechs Jahrhunderten –, zu einer Zeit, da noch niemand es wagte, den Buddha bildlich darzustellen, es sei denn durch schwer verständliche Symbole, einer dieser Künstler, welche die Inder *yavana* nannten, ein Mann aus dem fernen *Ta-ch'in*, wie man in China sagte, es zum erstenmal gewagt hatte, den Glückseligen in menschlicher Gestalt darzustellen? Alle buddhistischen Bildnisse, angefangen mit denjenigen, die man in den Heiligtümern von Ceylon verehrte, bis hin zu den Statuen Chinas und Japans in Lungmên und Nara, waren aus diesem einen Abbild hervorgegangen ...

Die buddhistischen Pilger besaßen nicht so viel Sachverstand. Aber Gandhāra oder Chien-t'o-lo, wie sie es aussprachen, besaß für sie andere Reize. Kaum zwei Jahrhunderte vor der Reise Hsüan-tsangs hatte nämlich Gandhāra zwei der größten Philosophen des Mahāyāna-Buddhismus, Asaṅga und Vasubandhu, hervorgebracht, beide gebürtig aus Peschawar; ein Andenken, das Hsüan-tsangs

Herzen besonders teuer war, da diese beiden Meister die bedeutendsten Schöpfer des mystischen Idealismus waren, zu dem er sich offen bekannte.
Unglücklicherweise hatte, als Hsüan-tsang Peschawar im Jahre 630 besuchte, die Invasion der hephthalitischen Hunnen ein Jahrhundert zuvor die glanzvolle gandhārische Zivilisation fast vollständig zerstört. Indiens Attila, der Hunne Mihirakula, hatte den gräko-buddhistischen Kunstwerkstätten einen Schlag versetzt, von dem sie sich keineswegs erholt hatten. »Das königliche Geschlecht ist erloschen«, schreibt Hsüan-tsang traurig, »und das Land ist dem Königreich Kapiśa angegliedert worden. Städte und Dörfer sind verlassen und beinahe leer, und man trifft (in diesem Land) nur einige wenige Einwohner. Ein Winkel der königlichen Stadt (Peschawar) umschließt ungefähr eintausend Familien... Es gibt tausend zerstörte und verlassene buddhistische Klöster; sie sind von Unkraut überwuchert und bieten nichts als triste Einsamkeit. Die meisten Stūpas sind gleichfalls verfallen.« Derart vernichtend war das Unheil, das über die buddhistischen Gemeinden der Region gekommen war, daß die Reliquie der Reliquien, die bis dahin in einem Kloster von Peschawar aufbewahrte Almosenschale Buddhas, geraubt und nach vielen wechselvollen Ereignissen in das Land der Ungläubigen, das sassanidische Persien, gebracht worden war.
Hsüan-tsang besuchte die noch verbliebenen Ruinen. In Peschawar (das er korrekt mit Pu-lu-sha-pu-lo wiedergibt) zeigte man ihm im Anschluß an den Pippala-Baum [Ficus religiosa; Baum der Erkenntnis *(bodhi)*], unter dem vier der Buddhas der Vergangenheit gesessen hatten, die Ruinen eines riesigen, von Kaiser Kaniṣka erbauten Stūpa. Während einer Jagdpartie war der indoskythische Chlodwig, dem der Buddhismus noch fremd war, auf wunderbare Weise von einem weißen Hasen an diesen Ort geführt worden. Er hatte dort einen jungen Hirten angetroffen, der für ihn eine Weissagung Buddhas wiederholte, die seine Person betraf: »Vierhundert Jahre nach meinem Tode wird es einen König geben, der in der Welt unter dem Namen Kaniṣka berühmt werden wird...« Daraufhin hatte sich der indoskythische Monarch zum Buddhismus bekannt und an Ort und Stelle eine Stūpa voller Reliquien errichtet. Bereits 1901 hatte Foucher vorgeschlagen, nach diesem Monument auf der Höhe von Shāh-jī-kī-Ḍherī in den östlichen Vororten der Stadt zu suchen: eine Hypo-

these, die 1908 durch die Entdeckung von Kaniṣkas Reliquiar genau an dieser Stelle vollauf bestätigt wurde.

Nachdem Hsüan-tsang Peschawar verlassen und den Kabul überquert hatte, dessen Bett, wie er vermerkt, hier besonders breit ist, besuchte er die zweitgrößte Stadt Gandhāras, die er Pu-sê-chieh-lo-fa-ti nennt, das heißt Puṣkarāvatī, das Peukelaōtis der griechischen Geographen und heutige Chārsaḍḍa. Dort legte man ihm die Verehrung eines großen Stūpa nahe, der Kaiser Aśoka zugeschrieben wurde (nach Foucher auf der Anhöhe von Bālā Hissar) und der über der Stelle errichtet worden war, an der Buddha in einer früheren Existenz die ›Gabe seiner Augen‹ dargebracht hatte.

Von Puṣkarāvatī aus unternahm Hsüan-tsang eine zweitägige Exkursion nach Nordwesten auf dem Mittellauf des Swat, um einige Stätten zu besuchen, an denen man mehrere der bedeutendsten *jātaka* [Geschichten aus früheren Geburten Gautama Buddhas] lokalisiert hatte. Die Lücken in seinem Bericht sind von Foucher, dem es gelungen ist, die Stellen zu identifizieren, gefüllt worden. Dem gelehrten Indologen zufolge werden die beiden Stätten, die Hsüan-tsang besuchte, heute zum einen durch die Anhöhe von Sara-Makh-Ḍherī repräsentiert, wo sich ein Stūpa der Hāritī erhoben haben muß, der Menschenfresserin, die von Buddha in eine Madonna der Kinder verwandelt worden war; zum anderen durch Periāno-Ḍherī, wo sich der Stūpa Śyāmas befand, des jungen Walderemiten, Stütze seiner alten, blinden Eltern, der unter den Pfeilen eines grausamen Königs umkam. Eine weiter östlich gelegene gandhārische Stadt, die die chinesischen Pilger Po-lu-sha nannten, war der Schauplatz einer der berühmtesten Legenden des Buddhismus, der Legende Viśvaṃtaras.

Viśvaṃtara oder Vessantara war ein junger Prinz und leidenschaftlicher Wohltäter. Er hatte einen weißen Elefanten, der die magische Fähigkeit besaß, Regen hervorzurufen. Ein benachbarter Monarch, dessen Land von Trockenheit heimgesucht ist, bittet um das Tier. Viśvaṃtara gibt es her; seine Mitbürger fordern erbost seine Bestrafung. Der wohltätige Prinz muß ins Exil gehen, begleitet von seinen beiden Kindern und seiner Gemahlin Mādrī, die sein Schicksal mit ihm teilen will. Unterwegs bitten ihn zwei Brahmanen um die Pferde seines Wagens; er gibt sie hin. Ein dritter bittet ihn um den Wagen; er gibt ihn fort. Um den Preis von tausend Leiden gelangt die Familie schließlich zu dem Wald, der zu ihrem Aufenthaltsort ausersehen ist.

Sie wird dort in einer Hütte leben und sich von Wurzeln und wildwachsenden Früchten ernähren. Die Bäume, von Mitleid gerührt, neigen von selbst ihre Zweige, um den beiden Söhnen Viśvaṃtaras und Mādrīs ihre Früchte darzubieten. Aber ein weiterer Brahmane taucht auf und bittet den Vater, ihm seine Kinder als Diener zu überlassen. Trotz ihres Entsetzens, trotz seiner eigenen Verzweiflung gibt er sie her. Schließlich erscheint der Gott Indra in Gestalt eines Asketen und erbittet von ihm seine Gemahlin als Sklavin; er gibt auch sie. Am Ende wird sich Indra zu erkennen geben und dem Helden der Wohltätigkeit seine Familie und seine Besitztümer zurückgeben.

Die Einsiedelei im Walde, die den Schauplatz für die bewegendste, die menschlichste der Präfigurationen Buddhas abgab, wird von allen chinesischen Reisenden, von Hsüan-tsang ebenso wie von seinem Vorgänger Sung-yün, als eine der bezauberndsten Stätten der Region gepriesen: »Süße Quellen und auserlesene Früchte«, schreibt Sung-yün, »finden sich auf dem Hügel. Seine kleinen Schluchten sind von angenehmer Milde, seine Bäume bleiben die kalte Jahreszeit hindurch grün. Unser Besuch fiel in den ersten Monat des Jahres. Eine milde Brise umfächelte uns. Die Vögel sangen in den frühlingshaften Bäumen, und die Schmetterlinge flatterten von Blume zu Blume...« Foucher ist es gelungen, die Einsiedelei Viśvaṃtaras in Shāhbāzgaṛhī, dem Po-lu-sha der chinesischen Schriftsteller, zu lokalisieren. Jedoch konnte er an einer von den muselmanischen Hirten verwüsteten Stätte »diese Hölzer, in denen der verbannte Prinz unter grünen Laubdächern umherstreifte, diese zauberhafte, mit Blumen übersäte Landschaft, deren Anmut die Seele Sung-yüns erfüllte...«, nicht mehr wiederfinden. Die Mohammedaner brachten hier wie überall durch Entwaldung des Landes das Wasser zum Versiegen, selbst den Boden haben sie vernichtet. Dagegen hat uns die Stätte von Shāhbāzgaṛhī eine herrliche Bodhisattva-Statue preisgegeben – einen jungen Radscha von allerhöchster Eleganz –, die im Louvre den Stolz der Sammlung Alfred Foucher ausmacht.

Hsüan-tsang scheint anschließend die große Straße von Peschawar nach Indien um einer neuen und längeren Exkursion nach Norden willen verlassen zu haben, die ihn jetzt in die Provinz Uḍḍiyāna (Udyāna), dem Wu-chang-na der Chinesen, führen sollte.

Im Gegensatz zum milden Klima von Peschawar ist diese hochgele-

gene Landschaft des Swat und Bunēr bereits ein Land des Himalaya: »Während des Frühlings und Sommers stößt man immer wieder auf Eis. Häufig wirbelt ein Schneeregen, der in den fünf Farben glitzert, umher; man möchte meinen, es wären Wolken vorbeifliegender Blumen.«[1] Hsüan-tsangs Biograph beschreibt im besonderen die Paßstraße, die im Hochland von Bunēr am rechten Ufer des Indus entlangführt: »Die Wege waren äußerst gefährlich, die Täler finster. Mal mußte man über Brücken aus schlaffen Seilen gehen, mal konnte man die Abgründe nur überqueren, wenn man sich an Eisenketten klammerte. Hier waren es Stege, die mitten über dem Abgrund schwebten, dort fliegende Brücken, über Schluchten geworfen, anderswo ausgestemmte Kletterpfade oder -sprossen.« Die Bedeutung der Region beruhte hier einmal mehr auf ihren buddhistischen Andenken. Auch wenn es nicht sicher ist, ob Hsüan-tsang der Gegend zu dieser Zeit einen eingehenden Besuch abgestattet hat, so erwähnt er doch zumindest eine gewisse Anzahl berühmter Stätten.
Auf einer dieser Stätten, von Foucher in der Ortschaft Palai lokalisiert, erhob sich der Stūpa des Mönches Ekaśṛṅga (Einhorn), dessen amüsante Geschichte Hsüan-tsang uns nicht vorenthält: Dieser junge Einsiedler, Sohn eines Anachoreten *(ṛṣi)* und einer Hirschkuh, war infolge seiner hinterwäldlerischen Einfalt den Fallstricken einer als Nonne verkleideten Kurtisane derart wehrlos ausgeliefert gewesen, daß es ihr gelang, sich von ihm rittlings auf seinen Schultern bis zum Palast des Königs zurückbringen zu lassen. Eine in ganz Indien populäre Erzählung, an der sich die Spottlust der buddhistischen Mönche wie auch in ähnlicher Weise die sarkastische Neigung der Hindu-Asketen ergötzte. Weiter im Norden zeigte man dem Pilger an der Quelle des Swat den Ort, an dem Buddha den Drachenkönig

1 Der Pilger Sung-yün, der im Jahre 520 die Region Uḍḍiyāna in einer günstigeren Jahreszeit besucht haben muß, hat uns eine ziemlich abweichende Beschreibung hinterlassen: »Der Boden«, erzählt er uns, »bringt eine Unmenge außergewöhnlicher Blumen hervor, die Sommer wie Winter in Blüte stehen. Die Religiosen und Laien pflücken sie, um sie Buddha als Opfergaben darzubringen.« Bezaubernd auch die Landschaft der Region, in der die ›Gabe des Leibes‹ durch Buddha an eine ausgehungerte Tigerin lokalisiert wurde (nahe dem Berg Mahāban im Süden des Bunēr?): »Dort ragen hohe Berge schroff empor, und schwindelerregende Gipfel verlieren sich in den Wolken. *kalpa*-Bäume [kalpavṛkṣa bzw. kalpataru: Wunschbaum] und wundervolle Pilze wachsen auf diesen Bergen. Die Waldungen und Quellen sind bezaubernd. Die leuchtend bunte Pracht der Blumen blendet die Augen.«

Apalāla gebändigt hatte, der den Landstrich durch seine Überschwemmungen verheerte, und den Berg Hsi-lo (Berg Ham im Bunēr, 2820 m), auf dem Buddha fünf *yakṣa* die ›Gabe seines Leibes‹ hatte zuteil werden lassen.

An einer anderen Stätte schließlich, die Sir Aurel Stein in der Nähe des Dorfes Girārai wiedergefunden hat, fand die ›Gabe des Fleisches‹ statt, die Opfergabe an einen Falken zur Auslösung einer Taube, wie sie im *Śibi-jātaka* erzählt wird: »Es war einmal ein wohltätiger König, der König der Śibi. Um ihn auf die Probe zu stellen, nahm der Gott Indra die Gestalt eines Falken an, der eine Taube oder vielmehr einen anderen Gott verfolgte, der sich als Taube verkleidet hatte; ›eine Taube mit einem Körper so blau wie das Firmament und mit Augen gleich roten Perlen‹. Vom Falken gejagt, flüchtet sich die Taube an die Brust des Königs der Śibi. Der Falke fliegt heran und fordert im Namen seines Rechtes auf Leben seine Beute oder wenigstens eine gleiche Menge frischen Fleisches. Ein erhabenes Opfer bringend, schneidet sich der König das eigene Fleisch von den Schenkeln. Aber – o Wunder! – auf der Waage, auf die man die Taube gelegt hat, wiegt sie immer noch schwerer als das Fleisch für ihre Auslösung. So muß der König all sein Fleisch auf die Waagschale legen, um das Tier zu retten. Da nun gibt sich Indra zu erkennen, und der König wird in dem Leib des Buddha Śākyamuni wieder fleischliche Gestalt annehmen.«

In Uḍḍiyāna hatte die Invasion der Hunnen mehr noch als in Gandhāra furchtbare Verheerungen angerichtet, denn die buddhistischen Heiligtümer waren größtenteils verfallen. Auf beiden Seiten des Śubhavastu, dem heutigen Swat, »gab es einst 1400 buddhistische Klöster, in denen man 18000 Religiose zählte[1]; jetzt sind die meisten wie ausgestorben, oder aber die Zahl ihrer Bewohner hat sich erheblich verringert.« Dennoch war das Land buddhistisch geblieben. Hsüan-tsang selbst erwähnt, daß die Leute von Uḍḍiyāna zwischen Mahāyāna und Hinduismus schwankten. Ganz offentsichtlich aber rief das Mahāyāna, das sie praktizierten, in ihm nur eine schwache Sympathie hervor. Er teilt uns auch den Grund dafür mit: »Sie widmen sich vor allem der Lehre des *dhyāna* (oder der Ekstase). Gern

1 Einhundertzehn Jahre zuvor, um das Jahr 520, notierte Sung-yün noch, daß der Klang der buddhistischen Glocken während der ganzen Nacht zu hören war und die Täler erfüllte.

lesen sie die Texte dieser Lehre, versuchen indessen keineswegs, tiefer in deren Sinn und Geist einzudringen ... Das Studium der magischen Formeln ist ihre Hauptbeschäftigung.«

In der Tat war um diese Zeit in Uḍḍiyāna und den anderen Distrikten des Himalaya eine gewisse Form des Mahāyāna-Buddhismus in Angrenzung an śivaitische Sekten damit befaßt, eine Wendung zu Hexerei, Magie, Dämonologie und allen anormalen Praktiken zu vollziehen, die man unter der allgemeinen Bezeichnung ›Tantrismus‹ zusammengefaßt hat. Bei diesem bedauerlichen Wandel sollte Uḍḍiyāna eine derart große Rolle spielen, daß der Name des Landes, der in tibetischer Transkription *U-rgyan* lautet, in Tibet bald ein Synonym für tantrischen Spiritismus und tantrische Magie sein sollte. Solch eine Entwicklung des Mahāyāna konnte einen rein intellektualistischen Metaphysiker wie Hsüan-tsang nur in Empörung versetzen. Wir wissen, wie sehr ihm das Mahāyāna am Herzen lag. Es ist daher um so interessanter festzustellen, daß er seinen hīnayānistischen Gegnern (denen in Kapiśa beispielsweise) weit mehr Sympathie entgegenbringt als seinen vermeintlichen, tantrisierenden Glaubensbrüdern vom Swat und Bunēr.

Zudem konnte Hsüan-tsang es kaum erwarten, ins Innere Indiens vorzudringen. Er verließ Uḍḍiyāna und Gandhāra, überquerte den Indus bei Udabhāṇḍa (Uṇḍ, nördlich von Attock [Aṭak]) und betrat den Pandschab. Er besuchte zunächst die große Stadt Takṣaśilā, unser Taxila, das er Ta-ch'a-shih-lo nennt.

Taxila, die antike Metropole des Pandschab, bereits den Griechen zur Zeit Alexanders des Großen als Hauptstadt des Königs ›Taxiles‹ bekannt, war in der Folge durch den indischen Kaiser Aśoka verschönt worden, der es zur Hauptstadt seiner Nordwestprovinzen gemacht hatte. Der buddhistischen Tradition nach hatte er seinen inniggeliebten Sohn Kuṇāla zum Gouverneur von Taxila ernannt. In dieser Stadt soll sich Hsüan-tsang zufolge die ergreifende Legende vom Martyrium dieses Prinzen, dem indischen Hippolytos, abgespielt haben.

Kuṇāla hatte die Avancen seiner Stiefmutter, der neuen Favoritin Aśokas, zurückgewiesen, woraufhin diese Rache geschworen hatte. Sie fälschte einen Brief mit Aśokas Namen und nutzte den Schlaf des Königs aus, um ihn nach damaligem Brauch ›mit dem Abdruck seiner Zähne‹ zu siegeln. Dieser Brief enthielt den Befehl, dem jungen Mann

die Augen auszustechen. Als die Diener Kuṇālas die königliche Anordnung erhielten, zögerten sie. Aber der Held bot sich selbst dem Scharfrichter dar: »Da mein Vater mich verurteilt hat, wie sollte ich es da wagen, nicht zu gehorchen?« Erblindet bettelte er auf den großen Straßen Indiens um Almosen. Seine Schritte führten ihn zur Residenz Aśokas, nahe dem königlichen Palast. Während der letzten Nachtwache hub er an, seine Leiden zu besingen, wobei er sich auf der *vīṇā* [indische Laute] begleitete. Beim Klang dieser Stimme fuhr der König hoch oben auf einer der Terrassen zusammen. Er ließ den Blinden vorführen und erkannte seinen Sohn. Ein heiliger buddhistischer Mönch wird diesem das Augenlicht wiedergeben, und die indische Phädra wird zu Folter und Tod verurteilt werden.
Kurz nach dem Tode Aśokas war Taxila als Hauptstadt eines der indogriechischen Königreiche unter der Dynastie des Eukratides, Heliokles und Antialkidas erneut hellenisch geworden. Die Stadt stand daher auf einem Boden, der von Geschichte durchdrungen war. Neuere Grabungen der Abteilung für Indische Archäologie an der Stätte des neuzeitlichen Saraikala haben nicht weniger als drei nebeneinanderliegende Städte freigegeben: die alte indische Stadt des Königs ›Taxiles‹ auf dem Bhiṛ-Hügel, die griechische Stadt des Eukratides und seiner Nachfolger in der heutigen Ortschaft Sirkap und schließlich eine dritte Stadt in Sirsukh, die möglicherweise vom indoskythischen Kaiser Kaniṣka gegründet wurde. Denn hier wie in der Region Kabul hatten die Indoskythen der Kuṣāṇa-Dynastie das Werk der Hellenisierung durch ihre griechischen Vorgänger getreulich fortgeführt. Die gräko-buddhistischen Stuckfigurinen, die Sir John Marshall zu Hunderten in der Erde von Taxila gefunden hat, zeigen uns, daß die Kunsttöpfer der Stadt die große Tradition der gandhārischen Werkstätten bis zum Vorabend der Invasion der Hunnen im 5. Jahrhundert fortsetzten. Doch hatten die Hunnen hier einmal mehr alles verwüstet. »Es gibt viel Klöster, aber sie sind stark verfallen« – so lautet das ständig wiederkehrende Leitmotiv Hsüantsangs, wenn er den Pinsel ergreift, um uns über die buddhistischen Gemeinden des Nordwestens zu berichten, die sich zu der Zeit, da sich die muselmanische Bedrohung bereits ankündigte, von der Invasion der Hunnen noch nicht wieder erholt hatten. Immerhin konnte der chinesische Pilger in Takṣaśilā einen von Kaiser Aśoka errichteten Stūpa an der Stelle bewundern, wo Buddha in einer seiner früheren

Existenzen die ›Gabe seines Hauptes‹ oder vielmehr seiner Häupter während eintausend aufeinanderfolgenden Existenzen dargebracht hatte. Nahe bei diesem Heiligtum zeigte man ihm das Kloster, in dem – wahrscheinlich in der zweiten Hälfte des 2. Jahrhunderts unserer Zeit – der buddhistische Philosoph Kumāralabdha oder korrekter Kumāralāta gelebt hatte, einer der Haupttheoretiker der phänomenalistischen Hīnayāna-Schule der Sautrāntika.

In politischer Hinsicht ist zu erwähnen, daß Taxila, nachdem es lange Zeit von Kapiśa abhängig gewesen war, im 7. Jahrhundert unter die Oberherrschaft der Könige von Kaschmir (Kaśmīra) gekommen war. Zu diesem Zeitpunkt machte der Pilger, anstatt seine Schritte in Richtung Gangesbecken zu lenken, kehrt, um im Nordwesten von Taxila auf dem rechten Ufer des Indus den Schauplatz eines der berühmtesten *jātaka* zu besuchen, die Stelle nämlich, an welcher Prinz Mahāsattva, der künftige Buddha, einer ausgehungerten Tigerin und ihren sieben Jungen seinen Leib zu fressen gab. »Ursprünglich«, schreibt der fromme Historiograph, »war die Erde vom Blute des Prinzen gefärbt. Heute ist sie noch immer rot, und die Pflanzen wie die Bäume haben ebendieselbe Farbe zurückbehalten.«

Kaschmir lockte Hsüan-tsang an. »Er erklomm Bergeshöhen voller Abgründe, überquerte eine eiserne Brücke und erreichte, nachdem er 1000 *li* zurückgelegt hatte, das Königreich Chia-shih-mi-lo.« Er selbst hat uns von diesem ›Paradies in luftiger Höhe‹ eine äußerst malerische Beschreibung hinterlassen: »Das Land mißt 700 Lieues[1] im Rund, und seine vier Grenzen schmiegen sich an Berge von gewaltiger Höhe. Man kann es nur über äußerst schmale Pässe erreichen. Deshalb ist es keinem der Nachbarfürsten jemals gelungen, es mit Erfolg anzugreifen. Die nach Westen gelegene Hauptstadt grenzt an einen großen Fluß (den Oberlauf der Vitastā, den Griechen als Hydaspes bekannt und heute Jhelum genannt). Das Land eignet sich zum Anbau von Korn und bringt Blumen und Früchte in Hülle und Fülle hervor... Kälte und Frost beherrschen das Klima; es fällt viel Schnee, jedoch gibt es nur wenig Wind... Wenngleich von durchtriebenem Naturell, tragen die Bewohner äußerst schöne Gesichtszüge. Sie kleiden sich mit Wollmützen und Gewändern aus weißer Baumwolle.«

1 1 Lieu ca. 4 km

In diesen Tälern des Himalaya wurden seltsame Legenden vererbt, ausgeschmückt in der Abgeschiedenheit hochgelegener Einöden. »(Auf den Anhöhen) erblickt man Stūpas, welche die Reliquien großer Heiliger enthalten. Die wilden Tiere und die Affen der Berge pflücken Blumen und bringen sie ihnen als Zeichen der Verehrung dar. Zu allen Jahreszeiten fahren sie mit ihren frommen Opfergaben fort, als ob sie einer vorgeschriebenen Pflicht nachkämen.« Man konnte Geister beobachten, die über die Gipfel ritten: »Auf diesen Bergen sind viele Dinge zu sehen, die ans Wunderbare grenzen. Manchmal scheint es, als sei eine Felswand der Breite nach gespalten, oder man entdeckt auf einem hohen Gipfel die Spuren eines Pferdes; aber bei all diesen Dingen trügt der Schein. Es sind die *arhat* oder *śramaṇa*, die, in Scharen umherstreifend, um sich zu ergötzen, mit dem Finger Linien über die Felsen gezogen haben oder die, zu Pferde galoppierend, dort die Spuren ihrer Tritte hinterlassen haben. Es wäre schwierig, all diese eigenartigen Dinge im einzelnen mitzuteilen ...«

Kaschmir ist in der Tat seit jeher Zentrum eines intensiven religiösen Lebens gewesen. Im 9. Jahrhundert sollte es eine der maßgeblichen philosophischen Schulen des śivaitischen Hinduismus beherbergen. Zur Zeit Hsüan-tsangs stellten die Buddhisten für einige Zeit noch die Mehrheit. Sie besaßen an die hundert Klöster mit 5000 Religiosen und zeigten den Besuchern selbstgefällig die drei vom indischen Kaiser Aśoka errichteten Stūpas wie auch die Andenken an den indoskythischen Kaiser Kaniṣka – den Konstantin und Chlodwig des Buddhismus. Überall in Kaschmir rief man gleichfalls die Legende vom Mönch Madhyāntika in Erinnerung, der das Land bewohnbar gemacht hatte, indem er die Seen trockenlegte und die Drachen bekehrte.

Als Hsüan-tsang sich der Hauptstadt Pravarapura, dem heutigen Śrīnagar, näherte, ging ihm der König von Kaschmir höchstpersönlich in Begleitung seines gesamten Hofes entgegen. »Der Weg war mit Sonnenschirmen und Standarten angefüllt, und die ganze Straße war mit Blumen übersät und von Weihrauch durchzogen.« Um seinen Gast zu ehren, streute der indische Monarch »zahllose Blumen vor ihm auf den Boden aus. Dann bat er ihn, einen großen Elefanten zu besteigen, und folgte ihm.« Tags darauf bat der Radscha Hsüan-tsang im Anschluß an ein Festessen im Palast, mit Vorträgen über schwierige Punkte der Lehre zu beginnen. »Nachdem der Herrscher erfahren hatte, daß ihn die Liebe zur Lehre aus fernen Landen hergeführt hatte und daß er sich, als er studieren wollte, ohne Texte befand«, unterstellte er ihm zwanzig Schreiber, um ihm zu Abschriften der Lehrreden Buddhas *(sūtra)* wie auch der späteren philosophischen Abhandlungen *(śāstra)* zu verhelfen.

Hsüan-tsang fand in Kaschmir neben diesen bibliographischen Hilfsmitteln in der Person eines siebzigjährigen, ehrwürdigen mahāyānistischen Schriftgelehrten einen Meister nach seinem Herzen. Der Biograph des chinesischen Pilgers vermittelt uns einen Einblick in die Freude, welche diese beiden großen Geister bei ihrer Begegnung empfanden. Der alte Mann entdeckte in seinem chinesischen Schüler mit Entzücken einen Denker, der befähigt war, die Linie der Philosophen wie Asaṅga und Vasubandhu aus dem 5. Jahrhundert fortzusetzen. Hsüan-tsang seinerseits sah sich für all seine Mühen entschädigt, da dieser Meister ihn in die Lage versetzte, die Tradition der Idealistischen Schule in ihrer völligen Reinheit zusammenzutragen. Und welch schönes Porträt hat er uns von ihm gezeichnet! »Dieser Meister von herausragender Tugend beachtete die Vorschriften der Disziplin mit strikter Lauterkeit. Er war mit hoher Intelligenz begnadet, und seine vielseitige Bildung umfaßte alle Bereiche des Wissens. Seine Talente wie auch seine erworbenen Kenntnisse hatten etwas Göttliches an sich, und seine wohlwollende Seele war von Zuneigung zu den Weisen und von Achtung vor den Gebildeten erfüllt. Hsüan-tsang befragte ihn freimütig, und beide gaben sich Tag und Nacht dem Studium mit unermüdlichem Eifer hin.« Gleichzeitig mit der idealistischen Lehre, die seinen persönlichen Neigungen entsprach, fand Hsüan-tsang in Kaschmir die Tradition einer anderen, ebenso berühmten und sehr viel älteren buddhistischen Schule, jene der Panrealisten oder Sarvāstivāda, wieder. In Jālandhara, nicht weit vom kaschmirischen Gebiet entfernt, hatte der indoskythische Kaiser Kaniṣka unter Mitwirkung zweier berühmter Patriarchen, Pārśva und Vasumitra, ein Konzil von 500 Doctores einberufen, die den buddhistischen Kanon im Sinne der Sarvāstivāda kodifizierten. Mit seiner Allwissenheit und seinen Neigungen zu relativem Eklektizismus teilte Hsüan-tsang in Kaschmir seine durchwachten Nächte zwischen diesen beiden entgegengesetzten Systemen.

Der chinesische Pilger blieb zwei volle Jahre, von Mai 631 bis April

633, in Kaschmir. Jahre des Studiums, fruchtbare Jahre, in denen er seine philosophische Ausbildung vollendete. Auch Jahre innerer Sammlung, bevor er seine eigentliche Pilgerfahrt anging. Als er schließlich die Summa der religiösen und metaphysischen Texte besaß, stieg er von den Hochtälern Kaschmirs herab dem Heiligen Land des Ganges entgegen, um dort die Spuren Buddhas wiederzufinden.

Dem heiligen Ganges entgegen

Einer der ersten Orte, an denen Hsüan-tsang Rast machte, als er von Kaschmir hinabstieg, war die Stadt Śākala, welche die Chinesen Shê-chieh-lo nannten und die heute Sialkot heißt, der wichtigste Ort des östlichen Pandschab. Alte Stadt der Antike, die bereits durch die alexandrinischen Geographen unter dem Namen Sangala Erwähnung fand und die Hauptstadt des indogriechischen Königreiches von Demetrios, Apollodotos und Menandros (Menander) wurde. Erinnerte man sich zur Zeit Hsüan-tsangs in Śākala noch dieses ›Milinda‹, wie die Inder den König Menander nannten, der für einen kurzen Zeitraum seine Waffen in die Provinzen Oudh und Bihār getragen hatte und um ein Haar ganz Nordindien unterworfen hätte? Wie für Alexander den Großen, so galt auch für diesen Mann, daß die Erinnerung an seine Rolle als Eroberer ausgelöscht gewesen sein muß; ein Schicksal, das so vielen anderen weltlichen Fürsten auf diesem Boden widerfahren sollte, der irdisches Angedenken verachtete und der nur das Gedächtnis an die Visionen der Ewigkeit zuließ. Aber gerade der Name des Königs Milinda blieb mit einem berühmten Text verknüpft, dem *Milindapañha* (Fragen des Milinda), der wahrscheinlich das früheste Werk buddhistischer Philosophie ist. Für die Buddhisten ist er in der Tat eine grundlegende Schrift, da hier der Mönch Nāgasena dem griechischen König einen der wesentlichen Punkte der Lehre auseinandersetzt, den rein phänomenalen und illusorischen Charakter des Ichs; auch für uns ein Buch von nicht geringem Interesse, da es gleich einem Echo durch Jahrhunderte und durch immer neue Übersetzungen seltsame philosophische Dialoge übermittelt, die am Abend des makedonischen Epos zwischen den letzten hellenischen Abenteurern und den ersten Metaphysikern des Buddhismus geführt worden sein müssen.

Wenn Śākala sich nicht mehr an seine bereits weit zurückliegende Zeit

als eine der Hauptstädte des Hellenismus erinnerte, so bewahrte es gleichwohl den Stolz, in jüngerer Zeit – ungefähr zwei Jahrhunderte vor Hsüan-tsangs Besuch – den Meditationen des illustren buddhistischen Philosophen Vasubandhu eine Heimstatt geboten zu haben, dessen Übergang von der hīnayānistischen Scholastik zum absoluten Idealismus mit Fug und Recht als einer der größten Erfolge des Mahāyāna betrachtet wurde.
Seit dem Tode Vasubandhus freilich hatte die gesamte Region des Pandschab wie das gandhārische Land die Verwüstungen der hephthalitischen Hunnen hinnehmen müssen. Im ersten Viertel des 6. Jahrhunderts hatten die Hunnen das letzte große geeinte indische Reich, das der Gupta von Magadha, zerstört. Ihr König, der wilde, grausame Mihirakula, der Attila Indiens, hatte Śākala zu seiner Residenz gemacht und hielt alle Provinzen des Nordens unter der Schreckensherrschaft seiner Waffen. »Mo-hsi-lo-chü-lo«, erzählt uns Hsüan-tsang, »tat sich durch sein ungestümes Naturell und seinen unbezähmbaren Mut hervor. Unter den Nachbarkönigen fand sich kein einziger, der ihm nicht zitternd gehorcht hätte.« Er setzte den Buddhismus einer schrecklichen Verfolgung aus, indem er überall die Klöster und Stūpas zerstören und die Mönche hinmorden ließ. Hsüan-tsang berichtet uns von seinem Kampf gegen den letzten indischen Kaiser der Dynastie der Gupta, den König Bālāditya von Magadha. Letzterer war ein sehr frommer Buddhist. Entsetzt über die Verfolgungen, denen seine Religion durch den Hunnenführer ausgesetzt war, verweigerte er den von den Barbaren geforderten Tribut. Mihirakula schickte seine Horden gegen ihn. Das Ausmaß des hunnischen Terrors zwang Bālāditya und seine Offiziere, sich bei ihrem Anrücken in den Dschungel zu flüchten. Gleichwohl scheinen die Eindringlinge in einen Hinterhalt geraten und zurückgeworfen worden zu sein. Die Überlieferung wollte es sogar, daß Mihirakula gefangengenommen wurde. Glaubt man anderen Quellen, wurde er durch den König von Mālava (Mālwā), Yaśodharman, (zwischen 530 und 545) geschlagen. Wie dem auch sei, er mußte sich aus dem Gebiet des Ganges zurückziehen und rückte mit seinen Horden nach Kaschmir vor. Dort ließ er sich nieder, nachdem er den König umgebracht hatte. Erneut übte er jetzt eine Schreckensherrschaft im oberen Indusbecken aus. So fiel er, um den König von Gandhāra zu ›bestrafen‹ (der zweifellos den Tribut verweigert hatte), in dessen

Land ein, rottete die königliche Familie aus und zerstörte alle buddhistischen Klöster und Stūpas, deren er habhaft werden konnte. Anschließend schlug er wieder den Weg nach Kaschmir ein. Dabei beraubte er das Land sämtlicher Schätze und verschleppte eine große Schar Gefangener, die er an den Ufern des Indus hinschlachtete. Nach seinem Tode wurden die Hunnen aus Kaschmir vertrieben; dennoch lagerten sie weiterhin im oberen Pandschab, und erst am Vorabend der Pilgerreise Hsüan-tsangs wurden sie durch die Könige von Thānēsar aus dem Hause Harṣavardhanas ausgeschaltet. Diese schrecklichen Erinnerungen waren in Śākala zur Zeit der Durchreise Hsüan-tsangs noch überaus lebendig, der uns einen ausführlichen Bericht zu diesem Thema hinterlassen hat.

Nach der Abreise aus Śākala stießen Hsüan-tsang und seine Gefährten in einem *palāśa*-Wald [Butea frondosa] auf ungefähr fünfzig Räuber. Ihrer Kleidung beraubt, wurden sie von den mit Schwertern bewaffneten Banditen bis zu einem ausgetrockneten Teich verfolgt. »Glücklicherweise war der Grund des Teiches völlig mit Dornensträuchern und Kriechpflanzen bedeckt. Die Mönche, die den Meister des Gesetzes begleiteten, durchdrangen mit ihren Blicken das dichte Gestrüpp und erspähten am südlichen Ufer des Teiches eine vom Wasser ausgewaschene Höhle, die mehreren Personen Platz bot. Durch Zeichen verständigten sie den Meister des Gesetzes und drangen mit ihm in die Höhle vor. Als die Räuber ihre Spur verloren hatten, liefen die Reisenden schnell ins benachbarte Dorf, wo sie, außer Atem geraten, von ihrem Mißgeschick erzählten. Ein Brahmane, der gerade sein Feld bestellte und zweifellos der Dorfvorsteher war, rief unter dem Klang des Tritonshornes und der Trommel die Einwohner zusammen und brach, nachdem er etwa fünfzig Bauern beisammen hatte, auf, um die Räuber zu bestrafen. Diese hatten sich jedoch bereits im Inneren des Gehölzes zerstreut.« Ihres Gepäckes beraubt, fingen die Reisenden an zu wehklagen. Einzig Hsüan-tsang bewahrte ein fröhliches Gesicht, »denn seine Seele war wie ein reiner Fluß, dessen Fluten man in Wallung versetzen kann, ohne ihn jemals zu trüben«.

Kaum waren sie in der Nachbarstadt angekommen, als ein alter Brahmane, Freund des Buddhismus, die Bevölkerung versammelte und dafür sorgte, daß Hsüan-tsang und seinen Begleitern der Gegenwert dessen gegeben wurde, was sie verloren hatten. Um das Glück zu vervollkommnen, war der Brahmane in den Lehren des *mādhyamika*-Systems versiert, jenes buddhistischen Kritizismus von einer solchen Radikalität, daß man in ihm häufig (übrigens zu Unrecht) eine Art Nihilismus gesehen hat. Hsüan-tsang verbrachte bei ihm einen Monat damit, die Meister dieser Schule, Nāgārjuna und Āryadeva, zu studieren. Es war ein fruchtbares Studium für ihn, da man unseres Erachtens in die *yogācāra-* oder *vijñānavāda*-Lehre, den mystischen Idealismus, der Hsüan-tsang wichtig war, erst dann voll und ganz eindringen kann, wenn man sich zuvor die Dialektik des *mādhyamika*-Kritizismus angeeignet hat. Ähnlich lassen sich Fichte und Schelling erst im Zusammenhang mit Kant völlig verstehen.

Fortan schritt der Pilger in einem wahrhaft Gelobten Land voran. Bei jedem Aufenthalt fand er Bibliotheken, angefüllt mit wichtigen Abhandlungen, und traf auf Doctores, die in allen philosophischen Geheimnissen des Großen Weges bewandert waren. Zwischen 633 und 634 verbrachte er vierzehn Monate in Cīnabhukti auf dem linken Ufer des Flusses Biās (Beas) – derart zahlreich waren dort die Texte des *Mādhyamika* und *Hīnayāna*. Während der Regenzeit des Jahres 634 hielt er sich anschließend vier Monate bei einem hervorragenden Religiosen in Jālandhara auf, der letzten großen Stadt des östlichen Pandschab, die außerdem ein bedeutendes buddhistisches Zentrum war, da dieses Land nicht weniger als fünfzig Klöster zählte.

Auf seiner Wanderung nach dem Südosten gelangte der Pilger nunmehr in das Tal des Flusses Jumnā (Yamunā). Sofort begab er sich zur wichtigsten Stadt der Region, dem antiken Mathurā (Muttra) beziehungsweise dem Mo-t'u-lo seines Berichtes. Hier kam er mit dem tropischen Indien in Berührung: »Das Klima ist glühendheiß und der Boden so fruchtbar und ergiebig, daß die Mangobäume, die jeder nach Gutdünken pflanzt, eine Art Wald bilden.« Wie alle großen Städte im Einzugsgebiet des Ganges war auch Mathurā für die Hindus ebenso wie für die Buddhisten voll von heiligen Andenken. Erstere sahen in ihr die Heimat des Helden Kṛṣṇa (Krishna), des göttlichen Rinderhirten, dessen innige Verehrung eines Tages die Huldigungen ersetzen sollte, die man Śākyamuni entgegenbrachte. Letztere bewahrten in Mathurā die Reliquien mehrerer Jünger des Meisters auf: Śāriputra und Maudgalyāyana, Jünger der ersten Stunde; Upāli, ehemaliger Barbier, der innerhalb der Gemeinschaft der Mönche über den Prinzensöhnen stand; Ānanda mit seinem so

›Die Legende vom Affen‹, Ghandāra (Musée Guimet).

weichen, liebevollen Herzen, der zum Lieblingsjünger wurde, und schließlich Rāhula, des Bodhisattvas eigenes Fleisch und Blut, der es verdiente, auch sein geistiges Erbe anzutreten. Gleichfalls in der Nähe von Mathurā spielte die reizende Legende von der Opfergabe des Affen, wie sie uns die Schriften überliefern: Dieser Affe war eines Tages zu Buddha gekommen, um ihm eine Schale wilden Honigs anzubieten. In seiner Freude darüber, daß seine Opfergabe angenommen wurde, machte er einen solch verrückten Luftsprung, daß er ums Leben kam; ein schicksalhafter Unfall, denn als Belohnung für seine Wohltätigkeit wurde er sogleich in dem Körper eines Heiligen wiedergeboren.[1]

Die Rückschlüsse aus neueren Funden ermöglichen es uns, die Erinnerungen Hsüan-tsangs zu vervollständigen. Die buddhistische Kunst hatte seit der Zeit der Indoskythen in Mathurā eine Reihe

1 Ein kleines, aus den letzten Funden von Haḍḍa stammendes Fragment eines Schieferreliefs bietet uns jetzt im Musée Guimet ein charmantes Abbild dieses frommen Affen.

Stūpareliefs und Statuen hervorgebracht, auf denen die griechische Kunst von Gandhāra allmählich einer unbezwingbaren indischen Erneuerung wich, und gleichfalls trug es sich in Mathurā zu, daß dieses Streben nach künstlerischer Befreiung im 4. und 5. Jahrhundert unter der großen Dynastie der Gupta zu einer unvergleichlichen Blüte geführt hatte. Tatsächlich hat uns der indische Klassizismus, bekannt unter dem Namen ›Gupta-Kunst‹, in dieser Stadt eines seiner reinsten Meisterwerke hinterlassen, den großen stehenden Buddha aus dem 5. Jahrhundert in seinem transparenten Gewand unter der gewaltigen kreisrunden Aureole, der heute der ganze Stolz des Mathurā-Museums ist. Wir könnten Gefallen an der Vorstellung vom Entzücken finden, das der Pilgerphilosoph empfunden haben mag, sollte er dieser Statue gegenübergestanden haben, deren majestätische und gelassene Milde gewiß der höchste Ausdruck des mahāyānistischen Idealismus bleibt. Es ist zweifellos kein Zufall, wenn ein solches Werk zeitlich mit der fluiden und gleichsam ätherischen Metaphysik eines Asaṅga und Vasubandhu zusammenfällt. Niemals übersetzte die indische Kunst durch gänzlich schwerelose und vergeistigte Schönheit der Form unmittelbarer den Idealismus, der sie inspirierte.

Hsüan-tsang verließ Mathurā und folgte der Jumnā stromaufwärts, um Sthāṇēśvara (Sthāṇvīśvara) zu besuchen, das er Sa-t'a-ni-shih-fa-lo nennt, das moderne Thānēsar. Aufgrund ihrer strategischen und kommerziellen Stellung war sie eine äußerst wichtige Stadt im Zentrum jenes alten Landes Kurukṣetra, das so etwas wie einen Isthmus bildet, eingezwängt zwischen dem Indusbecken im Westen und dem des Ganges im Osten, zwischen dem Himalaya im Norden und der Wüste des Rājputāna-Gebietes im Süden. Über diesen schmalen Korridor hatten sich alle Streitigkeiten der Geschichte ergossen. Dort war der Schauplatz, auf dem in sagenumwobener Zeit das Epos den großen Krieg des *Mahābhārata*, das Aufeinanderprallen der Kaurava und Pāṇḍava um die Hegemonie am Ganges, spielen ließ. Wie ein Echo der berühmtesten Episode des Epos klingt in Hsüan-tsangs Bericht die Darstellung wider, derzufolge der Halbgott Kṛṣṇa, als Wagenlenker des Helden Arjuna verkleidet, letzteren ermuntert, ohne Zögern und ohne humanitäre Skrupel den Angriffsbefehl zu geben: »Leben und Tod«, läßt Hsüan-tsang Kṛṣṇa zum Helden sagen, »sind wie ein Ozean ohne Gestade und fließen in endlosem

Wechsel dahin; die intelligenzbegabten Geschöpfe können dem Strudel nicht entrinnen, der sie fortreißt...« Könnte man nicht glauben, hier den Kṛṣṇa des Gedichtes zu hören, wie er in seiner gelassenen Einwilligung in den kosmischen Reigen, in seiner Weisheit, welche den unbedeutenden menschlichen Regungen überlegen ist, in seiner göttlichen Gleichgültigkeit gegenüber jedweder Kontingenz – jenseits von Freud und Leid, jenseits von Mitleid und Haß – eine transzendente Rechtfertigung der Brutalität des Handelns findet?
Dieselben Gründe, die Kurukṣetra zum Schlachtfeld des Epos gemacht hatten, hatten Sthānēśvara im 7. Jahrhundert zu einer erstrangigen Rolle verholfen. Die großen Einfälle der Hunnen, die das geeinte indische Reich der Gupta zerstört hatten, waren kaum vorüber. Ihre Horden lagerten weiterhin am oberen Indus. Das Fürstentum Sthānēśvara bildete eine Grenzmark gegen die Hunnen und hatte sich für diese Aufgabe gestählt. Angesichts der Ohnmacht der letzten Gupta-Kaiser, hinfort auf ihr Patrimonium Bihār beschränkt, waren die Könige von Sthānēśvara aus der Dynastie Vardhana Kämpfer für die indische Unabhängigkeit geworden. Einer von ihnen, Prabhākaravardhana (gestorben 605), hatte in mehreren Gefechten die schrecklichen Hunnen besiegt. Seinem ältesten Sohn, Rājyavardhana, dem nur zwei Jahre der Herrschaft beschieden waren, blieb noch die Zeit, die Leute von Mālava, Mörder seines Schwagers, des Königs von Kanauj, zu besiegen, als er selbst mitten in seinen Eroberungen von einem König aus Bengalen ermordet wurde. Aber Harṣavardhana, der Bruder des Opfers, sollte ihn rächen. Unter diesen tragischen Umständen seinerseits König geworden, ging er im Laufe seiner Herrschaft (606–647) daran, das Vorhaben seines Hauses zu verwirklichen und dessen Hegemonie über die Welt des Ganges zu errichten. Als er zu solcher Machtfülle gelangt war, beraubte er indessen Sthānēśvara seiner Vorrangstellung und verlegte seine Hauptstadt nach Kanauj am mittleren Ganges, in eine Stadt, deren Lage sich besser zum Mittelpunkt eines großen Reiches eignete.
Sich wieder auf den Weg nach Osten machend, erreichte Hsüan-tsang den Oberlauf des Ganges. Er notierte die volkstümliche Verehrung, deren Gegenstand seit Urzeiten die ›heilige Gaṅgā‹, der vom Himmel auf die Erde herabgeflossene göttliche Fluß, für die Hindus war. »Nahe seiner Quelle ist dieser Fluß drei *li* breit; an seiner Mündung

beträgt seine Breite an die zehn *li*. Seine Wasser sind bläulich, wechseln aber häufig ihre Farbe, und seine Fluten sind von unermeßlicher Weite. In ihm lebt eine große Anzahl wunderbarer Kreaturen, die übrigens für die Menschen ungefährlich sind. Das Wasser hat einen süßen und angenehmen Geschmack und führt einen äußerst feinen Sand mit sich. In den indischen Texten wird es ›das Wasser der Glückseligkeit‹ genannt. Diejenigen, die in ihm baden, so wird versichert, finden sich von all ihren Sünden reingewaschen. Diejenigen, die davon trinken oder bloß ihren Mund damit ausspülen, sehen die Mißgeschicke vergehen, die sie bedrohten. Diejenigen, die sich in ihm ertränken, werden unter den Göttern wiedergeboren. Eine große Zahl Männer und Frauen versammelt sich beständig an seinen Ufern.« Aber der Kult des heiligen Flusses, der in den brahmanischen Glaubensvorstellungen eine so große Rolle spielte, wurde aus eben diesem Grunde von den Buddhisten bekämpft. Hsüan-tsang erinnert daran, wie der buddhistische Gelehrte Āryadeva es einstmals wagte, inmitten der Menge, die sich an den Ufern des Ganges drängte, gegen diesen ›Aberglauben‹ anzugehen.
Wir wollen hier eine Zwischenbemerkung einfügen, um darauf hinzuweisen, welch unvergleichlicher Beobachter der brahmanischen Gesellschaft unser Pilger war. Sehen wir uns zum Beispiel seine Darstellung des Kastenwesens an, die von einer erstaunlichen wissenschaftlichen Genauigkeit zeugt:
»Die verschiedenen Familien gliedern sich in Indien in vier Klassen oder Kasten. Die erste ist die der Brahmanen (chin. *p'o-lo-mên*). Das sind Männer, die ein makelloses Leben führen. Strikteste Reinheit ist die Richtschnur ihres Wandels. Die zweite Kaste ist die der *kṣatriya* (chin. *ch'a-ti-li*), des königlichen Geschlechtes. Seit Jahrhunderten folgen sie einander auf dem Thron. Die dritte ist die der *vaiśya* (chin. *fei-shê*). Das sind die Kaufleute, die dem Handel nachgehen. Die vierte ist die der *śūdra* (chin. *hsü-t'o-lo*). Das sind die Landmänner. In diesen vier Familien weist die Reinheit oder Unreinheit der Kaste einem jeden einen gesonderten Platz zu.« Schließlich die Unterkasten, die Kastenlosen und die Unberührbaren: »Die Fleischer, Fischer, Henker und so weiter sind aus den Städten verbannt. Wenn sie in die Dörfer kommen, halten sie sich abseits auf der linken Seite des Weges.«
Trotz des wachsenden Einflusses des Hinduismus unter der Bevölke-

rung boten die Fürstentümer des oberen Ganges noch zahlreichen buddhistischen Gemeinden eine Heimstatt. Hsüan-tsang verbrachte den Frühling und Sommer des Jahres 635 in Matipura, im heutigen Distrikt Bijnōr, damit, die Texte des Kleinen Fahrzeuges, namentlich die der Realistischen Schule der Sarvāstivāda, zu studieren: einmal mehr ein Beweis für den Eklektizismus seines Geistes und die enge Wechselbeziehung der verschiedenen philosophischen Schulen des Buddhismus.
Den Ganges stromabwärts durchquerte Hsüan-tsang das reiche Zwischenstromland zwischen diesem Fluß und seinen beiden Zuflüssen zur Rechten und Linken, der Kālīnadī und der Rāmagaṅgā. Hier lag das Land Kapitha, das alte Kāmpilya. Er verehrte dort die heilige Stelle, an der Buddha, nachdem er sich in den Himmel der Dreiunddreißig Götter begeben hatte, um seiner Mutter das heilbringende Gesetz zu predigen, wieder auf die Erde hinabgestiegen war. Vor den Augen des Pilgers zogen die wundervollen Bilder vorüber, die zehn Jahrhunderte später noch immer die Vorstellungskraft der tibetischen Künstler beherrschten: Buddha, so groß wie die Welt, inmitten einer Lohe vielfarbiger Flammen die Leiter aus den Himmeln herabsteigend. »Die Mitte der Leiter bestand aus massivem Gold, die linke Seite aus Kristall und die rechte aus weißem Silber. Buddha stieg in der Mitte Sprosse für Sprosse an der Spitze der *deva* (Götter) hinunter. Der Gott Brahmā hielt sich mit einem weißen Fliegenwedel in der Hand zu seiner Rechten auf den Sprossen aus Silber. Indra, ihn mit einem Sonnenschirm bedeckend, der mit kostbaren Steinen geschmückt war, hielt sich zu seiner Linken auf den Sprossen aus Kristall. Hunderttausend *deva* und die Vielzahl der Bodhisattvas stiegen im Anschluß an Buddha die Stufen hinab, Blumen wie Regen verstreuend und Stanzen rezitierend.« Nicht weit von dieser Stelle entfernt zeigte man ihm noch einen Stein, auf dem die Fußspuren Buddhas in der Form breiter Lotusblüten abgedrückt waren. Allerdings möchten wir hinzufügen, daß die wahren Buddhisten dem Erstaunen über diese Wunder die Lektionen der Lehre vorzogen. Eine bezaubernde, von Hsüan-tsang angeführte Parabel, rief den Gläubigen diesen Umstand ins Gedächtnis zurück: Einer Nonne, ›Farbe der Lotusblüte‹ geheißen, welche von dem glühenden Verlangen besessen war, des Buddha als erste bei seinem Abstieg aus dem Himmel ansichtig zu werden, gelang es, sich zu diesem Zweck in eine

Weltenkönigin zu verwandeln, eine Art Luftgottheit, ausgestattet mit der Fähigkeit der Allgegenwart. Nun gab es aber genau zu dieser Zeit eine andere treue Seele, den Jünger Subhūti, der sein Denken auf die universale Leere der Dinge konzentrierte. Und Buddha belehrte ›Farbe der Lotusblüte‹, daß ihr ein anderer zuvorgekommen war; denn während sie nur seinen materiellen Leib entdeckt hatte, war Subhūti als erster seines ›spirituellen Leibes‹ *[dharmakāya]* innegeworden und hatte sein Denken durchdrungen.

Hsüan-tsang erreichte die große Metropole des Doāb, Kanyākubja, unser Kanauj, das er Chieh-jo-chü-shê nennt. Er wurde von der Schönheit und dem Reichtum dieser Stadt überrascht. »Sie verfügt über hohe Mauern und solide gebaute Festungsgräben. Wohin man blickt, überall sieht man Türme und Pavillons. An mehreren Stellen trifft man auch auf Gehölze, die in Blüte stehen, auf Teiche, so rein und klar wie ein Spiegel. In diesem Land findet man die seltensten Waren aus anderen Landstrichen in Hülle und Fülle. Die Einwohner führen ein glückliches, üppiges Leben.« Vor allem aber war Kanauj, wie wir gesehen haben, zu dieser Zeit die Hauptresidenz des großen Kaisers Harṣavardhana und somit auch die politische Hauptstadt Indiens. Hsüan-tsang, der Harṣa[1] bei seinem laudativen Beinamen Śīlāditya – ›Sonne der Tugend‹ – nennt, begann in Kanauj, vom Ruhm und den Verdiensten des indischen Monarchen durchdrungen zu werden.

In der Tat vereinte Harṣa sämtliche Vorzüge des Kriegers und Staatsmannes in seiner Person. Im Laufe seiner langen Herrschaft (606–647) hatte er der Welt am Ganges Einheit und Frieden wiedergegeben, wie man sie seit dem Zusammenbruch der Gupta nicht mehr gekannt hatte.

Seit seinem Regierungsantritt hatte ihn eine heilige Sache zu den Waffen greifen lassen. Wie wir gesehen haben, mußte er seinen älteren Bruder, Rājyavardhana, rächen, der von einem Fürsten von Gauḍa oder Gauṛ (Zentralbengalen) namens Śaśāṅka heimtückisch ermordet worden war. Wir sind nur wenig über die Details dieser Fehde unterrichtet, denn alle Lobreden des Dichters Bāṇa, seines

1 Übliche, auch von Grousset verwandte Abkürzung für Harṣavardhana. (Anm. des Übers.)

Historiographen, können nicht mit gesicherten Tatsachen gleichgesetzt werden. Er muß diesem Kampf um so mehr Begeisterung entgegengebracht haben, als er selbst ein leidenschaftlicher Anhänger des Buddhismus war, Śaśāṅka, sein Feind, hingegen offen die buddhistische ›Kirche‹ verfolgte und dabei so weit ging, seine frevelhafte Hand an den *bodhi*-Baum in Gayā zu legen. Harṣa sollte überall siegreich sein. Hsüan-tsang berichtet uns, daß er, nachdem er den Mord an seinem Bruder gerächt hatte, »von West nach Ost marschierte, um die aufsässigen Könige zu bestrafen. Sechs Jahre lang trugen die Elefanten ohne Unterbrechung ihren Sattel, und die Männer legten ihre Kürasse nicht ab«.

Zweifellos fand Harṣa in den Männern der letzten Gupta von Magadha Verbündete, die seine Klienten und Protegés geworden waren. Jedenfalls sehen wir, daß sich bald darauf seine Besitzungen bis zum Golf von Bengalen und sogar noch weiter nach Osten erstreckten, denn der König von Kāmarūpa, d.h. von Assam, akzeptierte spontan seine Suzeränität. Wir müssen annehmen, daß Harṣa gleichfalls vollends an den Leuten von Mālava Rache nahm, die einige Jahre zuvor seinen Schwager, den einstigen König von Kanauj, umgebracht und seine Schwester Rājyaśrī gefangengesetzt hatten. Mālava wurde Harṣas Reich einverleibt. Dieser versetzte selbst das reiche Königreich Valabhī, das südwestlich von Mālava lag und Gujarāt sowie die Halbinsel Kathiawar (Kāṭhiyāvār) umfaßte, in den Status eines Vasallen. Nach Aussagen Bāṇas, seines Historiographen, erneuerte er gegen die letzten Horden der Hunnen im Pandschab die Großtaten seines Vaters Prabhākaravardhana und seiner Vorfahren, denn man zeigt ihn uns, wie er seine Waffen »bis in das unzugängliche Land Tocharistan mit seinen schneebedeckten Bergen« führt. Allein der Dekhan entging einer Eroberung durch ihn, hatte doch der König von Mahārāṣṭra, Pulakeśin II. aus der Dynastie der Cālukya, sämtliche Angriffe von dieser Seite abgeschlagen, so daß Harṣas Reich im Süden durch die Berge der Vindhya-Kette begrenzt blieb.

Nun, dieser Eroberer, dieser Friedensstifter, dieser letzte Kaiser eines unabhängigen Indiens war der frömmste unter den Buddhisten. Wie einstmals Aśoka war er ein Heiliger auf dem Thron. Seine Kriege einmal beendet, erzählt uns Hsüan-tsang, widmete er sich nur noch dem materiellen und moralischen Wohl seiner Völker. Es wurde sein Ideal als Souverän, der Milde und Wohltätigkeit des Buddhismus in

den Gesetzen wie den Sitten Eingang und Geltung zu verschaffen – ein verdienstvolles Unterfangen am Vorabend der großen Welle des Śivaismus und der Woge von Gewalt in ihrem Gefolge. »Seine Regierung«, sagt Hsüan-tsang, »war gerecht und human. Er vergaß Speise und Trank, um gute Werke zu verrichten.« Wie Aśoka suchte er das Töten der Tiere zu verbieten; gleich ihm errichtete er Tausende Stūpas und Klöster. »In den Städten und Dörfern, an Straßen- und Wegkreuzungen ließ er Häuser der Wohlfahrt errichten, in denen Nahrungsmittel, Getränke und Arzneien bereitgestellt wurden, um sie den Reisenden, Armen und Bedürftigen als Almosen zu geben.«
Kein Monarch nahm sich sein königliches Amt mehr zu Herzen als er. »Wenn die Könige der kleinen benachbarten Königreiche«, schreibt Hsüan-tsang, »ihre Minister oder Großwürdenträger Gutes taten und nach Tugend strebten, führte er sie an der Hand, um sie auf seinem Thron Platz nehmen zu lassen, und nannte sie seine guten Freunde.« Mit Ausnahme der Regenzeit reiste er fortwährend durch die Provinzen seines Reiches, alles persönlich inspizierend und Unrecht, das angerichtet worden war, wiedergutmachend.
Wie einst Aśoka und Kaniṣka nahm Harṣa aktiv am Leben der buddhistischen ›Kirche‹ teil. Alljährlich rief er die Mönche aus ganz Indien zu einem Konzil zusammen, erörterte mit ihnen Fragen der Lehre, stärkte sie in ihrem Glauben und überhäufte die verdienten Religiosen mit Almosen. Die gelehrtesten und heiligsten unter ihnen lud er ein, auf seinem Thron Platz zu nehmen, und empfing persönlich Unterweisungen aus ihrem Munde.
Andererseits – und dies ist ein weiterer Zug, den er mit seinem heiligen Vorgänger Aśoka gemein hatte – läßt sich bei diesem gekrönten Mönch ein Geist der Toleranz feststellen, der dem indischen Buddhismus alle Ehre macht. Tag für Tag sorgte er persönlich für die Nahrung von 1000 buddhistischen Mönchen und 500 Brahmanen. Und einmal in fünf Jahren rief er eine »Versammlung der Befreiung« [sanskr. *mokṣa(mahā)pariṣad* bzw. *pañcavārṣika(maha)*] ein, auf der er die Armen jeglicher Konfession und den Klerus sämtlicher Kulte zu einer allgemeinen Verteilung von Almosen bat.
Während seines Aufenthaltes in Kanauj konnte Hsüan-tsang nicht mit König Harṣa zusammengetroffen sein, da dieser sich zweifellos nicht in der Stadt aufhielt. Gleichwohl verbrachte er dort drei Monate des Jahres 636 im Kloster Bhadravihāra, um noch einmal die Kom-

mentare zur Sammlung der Drei Körbe *(Tripiṭaka)* zu lesen, welche die Summa der buddhistischen Schriften darstellen.

Nachdem sich der Pilger wieder auf den Weg gemacht hatte, überquerte er den Ganges und betrat die Provinz Oudh, das antike Königreich Ayodhyā (chin. A-yü-t'o). Die Hauptstadt, welche gleichfalls Ayodhyā genannt wurde und mit der alten Stadt Sāketa identisch ist, war noch ganz vom Ruhm der beiden mahāyānistischen Doctores, der Brüder Asaṅga und Vasubandhu, erfüllt, den Begründern der Idealistischen Schule, die Hsüan-tsang lieb und teuer war. Der Pilger besuchte in einem Gehölz von Mangobäumen das fünf oder sechs *li* von der Stadt entfernt gelegene alte Kloster, in dem die beiden Brüder zwei Jahrhunderte zuvor ihr System ersonnen und gelehrt hatten. Aus der Gegend von Gandhāra nach Oudh gekommen, hatten sie zunächst eine unterschiedliche Entwicklung genommen. Während Asaṅga, der ältere der beiden, sich sogleich der damals neuen Lehre des absoluten Idealismus anschloß, blieb der jüngere Bruder, Vasubandhu, den alten hīnayānistischen Lehrrichtungen, namentlich der Schule der Vaibhāṣika, treu, deren Realismus zu einer Art Atomismus gesteigert war. Vasubandhu verfaßte sogar die Summa der Vaibhāṣika-Philosophie, das gewaltige *Abhidharmakośa-śāstra*, das eines der eindrucksvollsten Denkmäler der buddhistischen Philosophie bleibt. Aber auch für ihn sollte die Stunde der Gnade schlagen. Der *Biographie Vasubandhus* zufolge, um 560 von Paramārtha verfaßt, wurde er durch Asaṅga selbst bekehrt.

Der große Idealist hatte sich mit seinem Bruder in Ayodhyā im Kloster mit den Mangobäumen verabredet. Als die Nacht hereinbrach, führte er ihn auf eine Terrasse, von der aus man den Fluß Gogrā überblicken konnte, und zog sich zurück. In dieser klaren Herbstnacht schien der Mond auf das Wasser. Eine Stimme erhob sich, eine unbekannte Stimme, die eine mahāyānistische Abhandlung las. Zweifellos sprach sie von der Befreiung des Geistes, seinem Aufflug auf den Schwingen des Idealismus. Nach dieser fluiden und luminösen Theorie mußte sich die Welt der Formen verflüchtigen[1], so

1 Nach Auffassung der Yogācāra-Schule, um die es sich hier handelt, »bestehen alle Dinge nur als Erkenntnisobjekte; außerhalb der Erkenntnis haben sie keine Realität; mit anderen Worten: sie sind als geistige Phänomene anzusehen.« André Bareau u.a.: Buddhismus – Jinismus – Primitivvölker. Die Religionen Indiens, Bd. 3. Stuttgart 1964, S. 162 (Anm. d. Übers.).

wie zu jener Stunde der Schein von Erde und Wasser in den Monddünsten der Gogrā schwebte. Über aller leeren Materialität, jenseits alles Konkreten erfüllte der Traum die indische Nacht: alle Dinge waren nur noch der Traum eines Traumes. Die Idealität des Universums trat an die Stelle des materiellen Kosmos, und unter diesem neuen Aspekt wurde alles intelligibel, zugänglich, möglich... Vasubandhu, bis zur Ekstase erschüttert, begriff endlich die Schönheit des Mahāyāna. Er wollte sich die Zunge herausschneiden, die bis zu diesem Zeitpunkt die Große Lehre bekämpft hatte. Asaṅga, im Schatten verborgen, stürzte auf ihn zu, um ihn daran zu hindern. Von nun an eng verbunden, sollten die beiden Brüder denselben Kampf für den Triumph der Lehren des Idealismus führen.
Eine andere Legende, die aus Ayodhyā kommt, berichtet, wie die beiden Brüder eines Tages gemeinsam mit ihrem Schüler Buddhasiṃha geschworen hatten, daß derjenige von ihnen, der als erster stürbe, zurückkäme, um die anderen zu unterrichten. Wahrhaftig, nach dem Begräbnis Vasubandhus erschien dem Asaṅga eines Nachts, als er meditierte, der verklärte Leib des Verstorbenen und enthüllte ihm die Wunder von Maitreyas Paradies. Bodhisattva Maitreya, der zukünftige Buddha, spielt übrigens eine bedeutsame Rolle bei der Entstehung der Idealistischen Schule. Hsüan-tsang selbst erzählt uns, wie begeistert Asaṅga in der Nacht war, als er im Himmel der Glückseligen Götter weilte, wo ihm Maitreya die Texte seiner Lehre diktierte. So kommt es, daß für viele chinesische und japanische Gläubige die Schule Asaṅgas und Vasubandhus noch heute unter dem unmittelbaren Schutz des buddhistischen Messias steht.

Als Hsüan-tsang Oudh verließ, kehrte er zum Lauf des Ganges zurück, wo er sich mit etwa zwanzig Begleitern einschiffte, um stromabwärts nach Prayāga, dem modernen Allāhābād, zu fahren. Hier spielt eine der dramatischsten Episoden seiner Biographie, die um ein Haar das Ende seiner Reise bedeutet hätte.
Der Pilger hatte etwa zwanzig Kilometer auf dem Ganges zurückgelegt, als sein Boot eine Stelle erreichte, an der ein Wald von besonders dicht belaubten Aśoka-Bäumen beide Ufer des Flusses beschattete. Diese Bäume verbargen an die zehn Piratenbarken. Aus Leibeskräften rudernd, schossen die Piraten dem Pilger und seinen Gefährten entgegen und schnitten ihnen den Weg ab. Mehrere Reisende stürzten

sich, von Entsetzen gepackt, in den Fluß. Hsüan-tsangs Boot wurde von den Räubern eingekreist, die den Pilger ans Ufer drängten. Alle Reisenden wurden durchsucht und ihrer Kleider beraubt. Zu allem Unglück verehrten die Räuber die śivaitische Göttin Durgā, eine grausame Gottheit, die von ihren Anhängern Menschenopfer forderte. Alljährlich hielten sie daher im Herbst Ausschau nach einem Opfer, vorzugsweise nach einem wohlgestalteten, gutaussehenden Mann, töteten ihn und brachten sein Fleisch und Blut der Göttin dar. »Nachdem sie den Meister des Gesetzes prüfend betrachtet hatten, dessen erhabene Gestalt und distinguiertes Gesicht ihren grausamen Absichten Genüge tat, sahen sie einander mit freudiger Miene an und sprachen: ›Wir waren dabei, den Zeitpunkt des Opfers, das unsere Göttin fordert, in Ermangelung einer Person, welche der Göttin würdig wäre, verstreichen zu lassen; aber hier ist ein Mönch von schöner Statur mit einem anmutigen Gesicht. Laßt ihn uns töten, um das Glück zu erlangen.‹ Hsüan-tsang antwortete ihnen: ›Wenn dieser nichtswürdige und verachtenswerte Körper in würdiger Weise den Absichten Eures Opfers entsprechen könnte, würde ich wahrlich nicht damit geizen; aber da ich aus fernen Landen gekommen bin, um die Heiligen Stätten zu verehren, mir die heiligen Schriften zu beschaffen und mich in dem *Gesetz* zu bilden, fürchte ich, daß Euch, hochherzige Männer, da dieses Gelöbnis noch nicht erfüllt ist, die größten Mißgeschicke verfolgen werden, wenn Ihr mir das Leben nehmt.‹ Alle Passagiere des Bootes flehten gemeinsam die Piraten an; das Anerbieten einiger, an seiner Stelle zu sterben, wurde von den Piraten hartnäckig abgelehnt. Unterdessen schickte der Anführer der Piraten Männer los, um Wasser mitten aus dem Wald der blühenden Aśoka-Bäume zu holen, und gab ihnen den Auftrag, aus dem Schlamm des Flusses einen irdenen Altar zu errichten. Dann befahl er zwei Gefolgsmännern, ihre Säbel zu ziehen, Hsüan-tsang auf den Altar hinaufzuziehen und ihn auf der Stelle zu opfern. Auf dem Gesicht des Meisters des Gesetzes zeigte sich nicht die geringste Spur von Furcht oder Erschütterung. Die Piraten wurden in Erstaunen versetzt und beinahe gerührt. Als Hsüan-tsang jedoch sah, daß er seinem Schicksal nicht entrinnen konnte, bat er die Piraten, ihm einige Augenblicke der Ruhe zu gewähren und ihn nicht gewaltsam zur Eile zu drängen: ›Laßt mich‹, sprach er zu ihnen, ›mit ruhiger und heiterer Seele ins Nirvāṇa eintreten.‹«

Dann sann der Meister des Gesetzes liebevoll über *Bodhisattva Maitreya* nach und wandte all seine Gedanken dem Himmel der Glückseligen zu, wobei er sich sehnlichst wünschte, dort wiedergeboren zu werden, um diesem Bodhisattva seinen Respekt und seine Huldigungen darzubieten, ihn das ausgezeichnete Gesetz darlegen zu hören und zur vollkommenen Einsicht (zur Buddhaschaft) zu gelangen. Weiterhin wünschte er sich sehnlichst, alsdann hinabzusteigen und auf der Erde wiedergeboren zu werden, um diese Männer zu unterweisen, zu bekehren und sie zu veranlassen, Akte höherer Tugend zu begehen und von ihrem schändlichen Treiben zu lassen; schließlich wünschte er sich, alle Wohltaten des Gesetzes weithin zu verbreiten, um auf diese Weise aller Kreatur zu Frieden und Glück zu verhelfen. Danach betete er zu den Buddhas der zehn Himmelsgegenden, nahm die Meditationshaltung ein und richtete seine Gedanken fest auf *Bodhisattva Maitreya*, ohne irgendeinen anderen Gedanken aufkommen zu lassen.

»Mit einem Male schien es ihm in den Tiefen seiner verzückten Seele, daß er auf den Berg Sumeru emporgehoben wurde, und nachdem er drei Himmel durchquert hatte, erblickte er im Palast der Glückseligen den ehrwürdigen *Maitreya* auf einem schimmernden Thron, umgeben von einer Vielzahl von Göttern. Zu diesem Zeitpunkt schwamm er mit Leib und Seele in eitel Freude, ohne sich bewußt zu sein, daß er dem Opferaltar nahe war, ohne an die Piraten zu denken, die nach seinem Blute dürsteten. Seine Begleiter hingegen ließen ihren Wehrufen und Tränen freien Lauf, als sich plötzlich ein stürmischer Wind aus allen Richtungen erhob, die Bäume knickte, den Sand hochwirbelte, die Wellen des Flusses aufpeitschte und alle Boote verschlang. Die Piraten wurden von Grauen ergriffen und fragten die Begleiter Hsüan-tsangs: ›Woher kommt dieser Mönch, und wie lautet sein Name?‹

›Er ist‹, antworteten sie, ›ein berühmter Mönch, der aus China kommt, um das Gesetz zu suchen. Wenn Ihr ihn tötet, werte Herren, werdet Ihr Euch Strafen ohne Ende zuziehen. Seht Ihr nicht bereits in dem Zorn der Winde und Wogen die furchtbaren Zeichen der Rache der Geister des Himmels? Beeilt Euch zu bereuen!‹«

Die Räuber, von Entsetzen gepackt, warfen sich Hsüan-tsang zu Füßen. Aber in seiner ekstatischen Verzückung hatte der Meister des Gesetzes nichts von dem wahrgenommen, was um ihn herum vorging. Als einer der Räuber respektvoll den Saum seines Gewandes berührte, öffnete er die Augen und fragte sanft, ob seine Stunde gekommen sei. Als er von der Änderung der Lage erfuhr, nahm er die Nachricht von seiner Rettung mit demselben Seelenfrieden wie zuvor die Ankündigung seines Todes auf und forderte von den Banditen, ihr Leben ein für allemal zu ändern. Sie versprachen es und warfen zum Zeichen der Reue ihre Waffen in den Ganges. »Bald beruhigten sich die Winde und die Wellen. Die Piraten, außer sich vor Freude, zollten dem Meister des Gesetzes Respekt und nahmen von ihm Abschied.«

Nach dieser dramatischen Episode erreichte Hsüan-tsang die Gegend, in der Ganges und Jumnā zusammenfließen. Dort erhob sich die Stadt Prayāga, das Po-lo-yeh-ch'ieh seines Textes, das moderne Allāhābād. Prayāga war im 4. und 5. Jahrhundert eine der Hauptstädte der Gupta-Kaiser gewesen und noch immer eine starkbevölkerte Stadt. Aber ungeachtet eines von Aśoka errichteten Stūpas, trotz der Erinnerungen an den mahāyānistischen Philosophen Āryadeva, der dort im 3. Jahrhundert gepredigt hatte, befanden sich die Buddhisten in der Stadt in der Minderheit. Die beiden – übrigens hīnayānistischen – Klöster, die sie dort besaßen, konnten nicht mit den Hunderten Hindutempeln rivalisieren, die, wie Hsüan-tsang uns berichtet, von einer gewaltigen Zahl von Gläubigen frequentiert wurden. Außerdem war es eine berühmte Stadt, und sei es nur aufgrund ihrer ›Ebene der Almosen‹. So nannte man ein vollkommen ebenes Plateau östlich von Prayāga, das seit Menschengedenken von den Fürsten und Großen des Landes aufgesucht wurde, um das fromme Werk der Verteilung von Almosen an die Religiosen, Bedürftigen und Waisen zu tun.
Wie schon weiter oben vermerkt Hsüan-tsang auch für Prayāga den Kult, dessen Gegenstand von seiten der dem Brahmanismus anhängenden Massen der Ganges war. Eine Vielzahl Leute suchte in den heiligen Wassern in der Hoffnung den Tod, hierdurch im Himmel der Götter wiedergeboren zu werden. Selbst Hirschrudel und Affenherden versammelten sich an den Ufern, badeten ausgiebig im Fluß, und manchmal, wie uns Hsüan-tsang versichert, weigerten sich die Tiere fortzugehen und fasteten dort fromm bis zu ihrem Hinscheiden. Der Pilger führt als Beispiel die Geschichte eines Affen an, der

sich während der Herrschaft des Königs Harṣa auf einem Baum nahe dem Ufer niederließ und sich jeglicher Nahrung enthielt, bis er Hungers starb; ein Ereignis, das den Eifer unter jenen Sektierern wiederaufleben ließ, die sich völlig der Kasteiung hingaben. An dieser Stelle waren lange Stangen im Fluß angebracht worden, von denen eine jede nahe der Spitze einen Zapfen oder einen Keil aufwies, um es den Frommen zu ermöglichen, sich daran festzuhalten. Schon mit dem Sonnenaufgang konnte Hsüan-tsang beobachten, wie sich einer von ihnen mitten im Fluß folgender seltsamer Übung unterzog: Sich mit einer Hand und einem Fuß auf die Stange stützend, den anderen Arm und das andere Bein horizontal ausgestreckt, so daß der Körper in der Luft hing, folgte der Hindu mit brennendem Blick dem Lauf der Sonne am Firmament. Er verließ den Pfosten erst, als die Sonne im Westen verschwunden war, um ihn am nächsten Tag erneut zu besteigen. Diese schmerzhaften Kasteiungen hatten zum Ziel, die Seele aus der Seelenwanderung zu befreien, und wurden jeden Tag ohne Unterbrechung über Jahrzehnte hinweg fortgesetzt.

In Prayāga weist uns Hsüan-tsang sogar auf die Demoralisation hin, die bestimmte sektiererische Andachtsübungen des Hinduismus nach sich zogen. Die folgende Episode könnte beinahe den spannendsten Seiten Kiplings entnommen sein: »In der Stadt gibt es einen Göttertempel von blendender Pracht, in dem zahlreiche Wunder geschehen. Wer dort ein einziges Geldstück spendet, erwirbt sich größeres Verdienst, als wenn er woanders tausend gäbe. Nimmt sich jemand obendrein in diesem Tempel das Leben, erlangt er das Paradies der Götter. Vor der Haupthalle steht ein großer Baum, dessen Zweige und dichtes Laub tiefe Schatten werfen. In ihm haust ein menschenfressender Dämon, und so kommt es, daß man links und rechts des Baumes eine Menge menschlicher Gebeine sieht. Sobald ein Mensch diesen Tempel betreten hat, gibt er sein Leben als Opfer hin. Er wird sowohl durch den Zauber des Wahns als auch durch die Verführung des Geistes dazu verleitet. Seit dem Altertum bis in unsere Tage lebt dieser unsinnige Brauch ohne Unterbrechung fort.«

Erst kurz vor Hsüan-tsangs Aufenthalt in der Stadt hatte sich ein tragischer Fall ereignet, der einmal mehr die Gefahr der seltsamen geistigen Ansteckung enthüllte, die im Tempel des Todes herrschte. Ein Brahmane von hoher Intellektualität hatte den Entschluß gefaßt, diesem mörderischen Aberglauben ein Ende zu bereiten. Kaum in den Tempel eingetreten, wurde er von dem Zwang übermannt, sich zu entleiben. »Er stieg in den Baum und rief, sich hinunterbeugend, seinen Freunden zu: ›Ich werde sterben. Ich sagte vorhin, daß ihre Lehre nichts als Lüge sei; aber jetzt gestehe ich ein, daß sie wahr ist. Die *ṛṣi* [Weise oder Heilige] und die Musiker des Himmels, inmitten der Lüfte schwebend, rufen mich in diesem Augenblick zu sich. Von diesem seligen Ort muß ich meinen verachtenswerten Körper hinabschleudern‹«, und er stürzte sich in die Tiefe.

Wenn wir den moralischen Beitrag des Buddhismus in seinem tatsächlichen Wert würdigen wollen, dürfen wir niemals solche Szenen vergessen, noch jemals all die eigenartigen und gefährlichen Formen des Aberglaubens, die auf dem Nährboden des Hinduismus wucherten. Der menschliche Geist bringt derlei Widersprüche mit sich. Die ganz und gar theologische Religion, die inbrünstige Ontologie der brahmanischen Kreise verhinderten nicht die Entwicklung grausamster, unmoralischster Praktiken, wofür die Geschichte und Ikonographie mehrerer śivaitischer Sekten hinreichend Zeugnis ablegen. Der Buddhismus hingegen, theoretisch als ›Nihilismus‹ ausgegeben, bewahrte, zumindest in seinen autorisierten Formen, eine Einfachheit der Sitten, ein moralisches Gleichgewicht, eine heitere Mäßigung, die eher an das sokratische Griechenland als an die mittelalterlichen Manifestationen des Hinduismus erinnern. Angesichts der Exzesse des Hinduismus reagierte Hsüan-tsang wie ein Europäer.

Von Prayāga aus durchquerte der Pilger in südwestlicher Richtung ein Waldgebiet voller Bestien und wilder Elefanten, um an der unteren Jumnā eine andere alte Gupta-Hauptstadt, Kauśāmbī, zu besuchen, die er Chiao-shang-mi nennt, das heutige Kosam. Diese Region wies noch die Spuren der Durchreise Buddhas auf, auch einen Stūpa Aśokas, den zweistöckigen Pavillon, in dem Vasubandhu eines seiner Werke abgefaßt hatte, und den Wald der Mangobäume, in dem Asaṅga gelebt hatte. Aber es gab nur an die zehn buddhistische Klöster, teilweise verfallen und verlassen die lediglich dreihundert Religiose, allesamt Hīnayānisten, beherbergten. Dagegen zählte Kauśāmbī fast fünfzig brahmanische Tempel, die von der Menge frequentiert wurden. So zeichnete sich zu der Stunde, die für uns den Höhepunkt des buddhistischen Denkens in Indien markiert, in den Augen eines wohlunterrichteten Beobachters die hinduistische Rückeroberung mit jedem Tage bedrohlicher ab.

An den heiligen Stätten des Buddhismus

Nach seinem Besuch in Kauśāmbī nahm Hsüan-tsangs Reiseroute eine andere Richtung. Anstatt den Ganges stromabwärts nach Benares zu reisen, wandte er sich wieder direkt auf Wege nach Norden, die ins nördliche Oudh und nach Nepal führten. Der Pilger wollte den Besuch der Geburtsstätte Buddha Śākyamunis nicht länger hinausschieben.

Dieser Richtung folgend, stieß Hsüan-tsang zuerst auf die Stadt Śrāvastī (chin. Shih-lo-fa-hsi-ti), die heutige Ortschaft Sahet-Mahet, auf dem rechten Ufer der Rāptī. Zur Zeit Buddhas war sie die Hauptstadt des alten Staates Kośala (Oudh) und seines Königs Prasenajit gewesen. Aber im 7. Jahrhundert war die Stätte bereits nahezu verlassen, und die ehemalige Hauptstadt enthielt fast nur noch Ruinen.[1]

Doch welche Erinnerungen verbanden sich mit dieser toten Stadt! In Śrāvastī nämlich lag der Park Jetavana, den der reiche Kaufmann Anāthapiṇḍika der im Entstehen begriffenen ›Kirche‹ geschenkt hatte und dessen klare Teiche, üppige Vegetation und unzählbare Blumen viele Jahrhunderte später noch von den ersten chinesischen Pilgern bewundert wurden. Aśoka hatte diese Stelle einst durch zwei mit Inschriften versehene Steinsäulen markiert, die das Rad des Gesetzes respektive den Stier trugen; doch zur Zeit Hsüan-tsangs waren diese Säulen das einzige, was nahe dem längst verfallenen Kloster übriggebliebene war. Ebenfalls in Śrāvastī hatte Buddha das vollbracht, was man als das ›Große Wunder‹ bezeichnet; seitdem hat die ganze heilige Ikonographie darum gewetteifert, es gemäß dem Vorbild des traditio-

---

1 Zum gegenwärtigen Zustand dieser Stätte siehe Ph. Vogel: Excavations at Sahet-Mahet (Archaeological Survey of India, insbesondere den Bericht von 1907–1908), S. 81.

nellen Berichtes zu zelebrieren: König Prasenajit hatte einen Wunderwettstreit zwischen ihm selbst und drei gegnerischen Asketen veranstaltet, als die Szene in die Apotheose des Glückseligen umschlug. Er erhob sich in die Lüfte, und kaum hatte er die Sphäre des Lichtes erreicht, als vielfarbige Strahlen seinem Leib entströmten; aus seinen Schultern schossen Flammenwirbel hervor, zu seinen Füßen rieselte ein Regen kalten Wassers. Bald darauf sah man ihn auf einem Lotus sitzen, von den *nāga*-Königen geschaffen, mit Brahmā zu seiner Rechten und Indra zu seiner Linken. Dann ließ er durch den Zauber seiner Allmächtigkeit andere Lotusblumen in unermeßlicher Zahl zum Vorschein kommen, die mit einem magischen Buddha gleich ihm selbst auf einer jeden von ihnen den Himmel erfüllten.

Hsüan-tsang sah den Turm, der die Stelle des von Prajāpatī, der Tante und Adoptivmutter Buddhas, gegründeten Nonnenklosters markierte – Prajāpatī, die, von Ānanda unterstützt, nach langer Weigerung von Buddha schließlich die Aufnahme der Frauen in die Gemeinschaft erwirkt hatte.

Etwas weiter entfernt stand noch der Stūpa Aṅgulimālas, der auf eine der Bekehrungen bösartiger Wesen verwies, die im Leben des Glückseligen so häufig vorkamen. Aṅgulimāla war ein fanatischer Bandit, wahrscheinlich irgendeiner mörderischen Sekte angeschlossen, den neuzeitlichen Thugs vergleichbar, welche Menschen ermordeten, um ihnen die Finger abzuschneiden und daraus eine ›heilige Girlande‹ zu fertigen. Ihm fehlten nur noch zwei Finger, um seine entsetzliche Trophäe zu vervollständigen. Er schickte sich gerade an, zu diesem Zweck seine eigene Mutter zu töten, als Buddha, von tiefem Mitgefühl ergriffen, an ihre Stelle trat. »Sein Schwert schwingend, stürzte sich der Bandit auf den Glückseligen; dieser wich mit langsamen Schritten zurück, und Aṅgulimāla setzte ihm nach, ohne ihn erreichen zu können.« Trotz der Schwärze seiner Seele ließ sich Buddha herab, ihn zu bekehren, und der ehemalige Kopfjäger beschloß seine Tage in den Gewändern eines frommen und treuen Mönches.

In der Nähe des Parks Jetavana sah Hsüan-tsang den ›Stūpa der Heilung des Mönches‹. Die Erinnerung an eine der menschlichsten und liebevollsten Handlungen aus dem Leben Buddhas bleibt damit verknüpft: Es war einmal ein kranker Mönch, der, sich selbst aufgebend, abseits der Gemeinschaft in Abgeschiedenheit lebte. Der Glückselige, der ihn in diesem Zustand erblickte, fragte ihn nach dem

Grund für die Zurückgezogenheit. »Ich bin«, antwortete der Mönch, »derart träge veranlagt, daß ich nicht einmal den Willen aufbringe, mich an die Ärzte zu wenden. Ich bin sehr krank und habe niemanden, der sich um mich kümmert.« Von Mitleid gerührt, sprach Buddha zu ihm: »Mein Freund, ich werde dein Arzt sein.« Daraufhin berührte er den Unglücklichen mit seiner Hand, und die Krankheit verschwand. Buddha trug ihn alsdann aus seinem Raum, richtete sein Lager, stellte ihn auf die Füße, zog ihm neue Kleider an und verließ ihn mit der Ermahnung, eifrig und energisch zu sein.
Etwas weiter entfernt erinnerte ein kleiner Stūpa an die reizende Geschichte von Maudgalyāyana und Śāriputra, zwei der ersten und illustresten Jünger Śākyamunis: Eines Tages, als Buddha zu der Menge in der Nähe des Sees Anavatapta predigte, bemerkte er, daß Śāriputra nicht anwesend war, und beauftragte Maudgalyāyana, ihn zu holen. Maudgalyāyana hatte vom Glückseligen übernatürliche Kräfte erhalten; in wenigen Sekunden begab er sich auf dem Weg durch die Lüfte nach Śrāvastī. Dort fand er den Heiligen in seinem Kloster eifrig damit beschäftigt, seinen monastischen Mantel auszubessern. Vergebens bemühte er sich, ihn mitzunehmen. Da es ihm nicht gelang, kehrte er auf dem Weg durch die Lüfte zu der Versammlung am See zurück. Wie groß aber war seine Überraschung, als die erste Person, die er bei seiner Ankunft neben Buddha erblickte, ausgerechnet Śāriputra war. Diese Geschichte, sagt Hsüan-tsang, lehrt uns, daß im Buddhismus die den Heiligen verliehenen übernatürlichen Kräfte, so groß sie auch waren, erst weit hinter der Spiritualität rangierten.
Ohnehin ließen sich die heiligen Stätten in Śrāvastī nicht mehr zählen. Jede von ihnen war durch einen Gedenk-Stūpa markiert. Einer dieser Stūpas wies auf die Stelle hin, an der die Brahmanen, die eine Kurtisane ermordet hatten, Buddha dieses Verbrechens bezichtigten. Anderenorts befand sich ein Loch, durch das Devadatta, der Judas Ischariot des Buddhismus, in die Hölle hinabgestürzt worden war; durch ein anderes Loch hatte die Erde ein Mädchen verschlungen, das die Tugend Buddhas verleumdet hatte. Anderswo lag die Stelle, an der Buddha ein erstes Mal sein Vaterland gerettet hatte. Virūḍhaka, König von Kośala, der sich am Volk der Śākya zu rächen hatte, marschierte mit einer außerordentlich großen Armee gegen sie. Auf einem abgestorbenen Baume sitzend, postierte sich Buddha auf ihrem

Weg. Als der König ihn bemerkte, stieg er von seinem Wagen, grüßte ihn und fragte, warum er als Refugium für seine Meditation statt des üppigen Schattens der benachbarten Bäume einen vertrockneten Stamm gewählt habe. »Mein Klan«, entgegnete Buddha, »war mir Zweige und Blätter. Jetzt, wo Ihr Euch anschickt, ihn niederzuhauen, werde ich wie ein entlaubter Baum sein.« Der König, von der Lektion ergriffen, machte dieses Mal kehrt. Später freilich unternahm er einen neuen Versuch, zerstörte das Land der Śākya und brachte von seinem Feldzug 500 Mädchen mit zurück. Als sie sich ihm verweigerten, ließ er ihnen Hände und Füße abhacken und warf sie in eine Grube. Den Tod vor Augen riefen sie Buddha an. Dieser erschien ihnen, verkündete ihnen das gute Gesetz, empfing ihren letzten Atemzug und ließ sie im Himmel der Götter wiedergeboren werden. Hsüan-tsang verrichtete seine Andacht vor dem Stūpa, der Zeugnis für ihr Martyrium ablegte.

Gleichfalls verehrt wurde der vier oder fünf *li* von Jetavana entfernt liegende ›Stūpa des zurückgewonnenen Augenlichtes‹. Der Tradition zufolge handelte es sich um fünfhundert awadhische Räuber, denen der König von Kośala die Augen ausstechen ließ und die man dann mitten in einem dichten Wald aussetzte. In ihrer Qual richteten sie ihre Gedanken auf Buddha. Ihre Verbrechen waren ohne Zahl; doch ihre Bestrafung war schrecklich und die Barmherzigkeit des Meisters unendlich. Er bekam Mitleid mit ihnen. Vom Firn des Himalaya her begann eine erfrischende Brise gen Śrāvastī zu wehen, und die Gemarterten erlangten ihr Augenlicht wieder.

Sich nach Nordosten wendend, gelangte der chinesische Mönch schließlich nach ›Chieh-pi-lo-fa-su-tu‹ beziehungsweise Kapilavastu, der Geburtsstadt Buddhas. Es ist bekannt, wie viele Mühen es den Archäologen bereitet hat, diesen berühmten Ort in der armseligen Gegend von Tilaura Kot im Herzen des nepalesischen Terai (Tarai) wiederzufinden.[1] Im 7. Jahrhundert war die Gegend bereits verlassen.

1 Die Lage von Kapilavastu konnte dank der Entdeckung einer Säuleninschrift Aśokas in Rummindei nahe dem nepalesischen Dorf Paderia, zwei Meilen nördlich von Bhagvanpur, eindeutig identifiziert werden. Rummindei ist der moderne Name von Lumbinī, dem Garten vor den Toren von Kapilavastu, in welchem Buddha geboren wurde. Vgl. Purma Chandra Mukherji: *Antiquities in the Tarai, Nepal. The Region of Kapilavastu*; in: Archaeological Survey of India, 1901. – Journal of the Royal Asiatic Society, 1914, S. 391 u. 751. – Jarl Charpentier: *Note on the Pandaria or Rummindei Inscription*; in: Indian Antiquary, Januar 1914, S. 17.

»Man zählt dort zehn aufgegebene Städte, deren Boden mit wildwachsenden Pflanzen bedeckt ist. Die Hauptstadt ist derart verfallen, daß es unmöglich ist, ihre einstige Ausdehnung auszumachen. Gleichwohl lassen sich die Mauern des Königspalastes gut erkennen, die aus Ziegeln errichtet waren und deren Fundamente noch hoch und solide sind.« Nahe bei diesem ehemaligen Palast war ein Kloster zu sehen, das von etwa dreißig hīnayānistischen Mönchen bewohnt wurde. Was aber war das im Vergleich zu den tausend Klöstern, deren Ruinen man überall im Dschungel erkennen konnte? »Da dieses Land seit Jahrhunderten verlassen und unbewohnt ist, trifft man in den Dörfern nur auf wenige Einwohner. Es gibt keinen Prinzen noch oberen Herrscher mehr; jeder Flecken hat sein lokales Oberhaupt.« Und dennoch notiert Hsüan-tsang selbst, daß das Land fruchtbar und gut bewässert ist – mit gleichbleibend normalen Temperaturen und einem regelmäßigen Wechsel der Jahreszeiten. Welcher Fluch mochte wohl auf diesem anderen Heiligen Land lasten, der solch große Reichtümer hatte unfruchtbar werden lassen und der aus diesem gesegneten Boden eine Wüste gemacht hatte?
Mit einer herzzerreißenden Inbrunst und Melancholie beschwört Hsüan-tsang die heiligen Erinnerungen herauf, die diesen Ruinen anhafteten. Nahe den Fundamenten des königlichen Palastes, der einst der Palast von König Śuddhodana, dem Vater des Buddha, gewesen war, zeigte man ihm die Stelle des Raumes innerhalb der Frauengemächer, wohin sich die Königin Māyā, von einer ernsten Vorahnung heimgesucht, zurückgezogen hatte, um in innerer Sammlung und im Gebet die Stunden zu verbringen, die der Empfängnis vorausgingen. Hsüan-tsang konnte noch eine Darstellung dieser berühmten Szene sehen, in welcher der Bodhisattva, wie auf den Reliefs von Bhārhut und Amarāvatī, zweifellos in der Gestalt eines jungen Elefanten abgebildet war, der vom Himmel der glückseligen Götter in den Schoß der auserwählten Königin hinabstieg. Überall in der Umgebung lagen weitere Stätten, an denen sich die verschiedenen Episoden der Kindheit und Jugend zugetragen hatten. Nordöstlich des Raumes der Königin Māyā markierte ein Stūpa die Stelle, an welcher der betagte Heilige namens Asita den Eltern des göttlichen Kindes dessen künftige Größe vorausgesagt hatte. In der Nähe des Südtores des ehemaligen Kapilavastu erhob sich an dem Ort ein Stūpa, an dem der Bodhisattva als junger Radscha im heiratsfähigen

Alter die anderen Bewerber im Turnier aus dem Felde schlug. Woanders zeigte man ihm die Stelle, an der der junge Prinz, der auf seinem Wagen ausgefahren war, um quer durch das Land zu reisen, zum erstenmal das Alter, die Krankheit und den Tod traf – eine symbolische Begegnung, die über seine Berufung entscheiden sollte. An der südöstlichen Spitze von Kapilavastu markierte ein durch den Busch geschlagener Pfad den Durchgang, auf dem er sich, nachdem er den schlafenden Harem verlassen hatte, um das monastische Leben zu ergreifen, mit seinem Roß Kaṇṭhaka aus der Stadt schlich, dessen Schutzgeister selbst die Hufe mit ihren Händen hochhielten, um nicht die Aufmerksamkeit der Torwachen zu erregen.

Der Stadtrand von Kapilavastu war nicht weniger reich an Andenken. Vier *li* südlich der Stadt wies ein von Aśoka errichteter Stūpa den Ort einer bewegenden Szene aus. Sie trug sich sehr viele Jahre nach dem ›Großen Aufbruch‹ zu. Buddha hatte die vollkommene Weisheit erlangt und seine Religion gestiftet. Aus seiner Heimatstadt indessen sandte ihm sein gealteter Vater Botschaft über Botschaft, um ihn vor seinem Tode noch einmal wiederzusehen. Buddha kam diesem Wunsche nach. Als er sich Kapilavastu näherte, kam König Śuddhodana ihm entgegen, und eben an diese Begegnung zwischen Vater und Sohn erinnerte der Stūpa Aśokas.

Ein anderes Denkmal bezeichnete den Platz der ersten Meditation, die uns der Dichter des *Buddhacarita* (Das Leben und Wirken Buddhas) erzählt hat: Der Bodhisattva war erst ein Jüngling. Er hatte sich aufs Land begeben, um den Arbeiten auf den Feldern beizuwohnen. »Als er das junge, von der Pflugschar ausgerissene und umhergestreute Gras sah, das mit den Eiern und den Jungen der Insekten, die man getötet hatte, bedeckt war, wurde er von einem solch tiefen Schmerz ergriffen, als hätte es sich um ein Massaker an den Seinen gehandelt. Und als er die Landmänner mit ihrer vom Staub, der Glut der Sonne und vom Wind gewelkten Gesichtshaut erblickte, empfand er äußerstes Mitleid.« Er setzte sich unter einen rosafarbenen Apfelbaum und begann zu meditieren. Dies geschah zu mittäglicher Stunde. Als die Sonne unterging, verharrte er noch immer in Meditation. Aber der Schatten des Apfelbaumes hatte sich nicht bewegt und bot dem göttlichen Jüngling weiterhin Schutz.

Der heiligste Ort dieser Gegend, am nordöstlichen Stadtrand von Kapilavastu gelegen, war der Lumbinī-Garten, Zeuge der Geburt des

Buddha schwebt vom Himmel herab (Musée Guimet).

Bodhisattva. Dort hatte die Königin Māyā in der Haltung, welche von der buddhistischen Ikonographie popularisiert worden ist, stehend, mit der rechten Hand den Zweig eines Aśoka-Baumes haltend, dem Helden der Wohltätigkeit das Leben geschenkt. Das göttliche Kind war aus ihrer rechten Seite herausgetreten und von Indra und Brahmā, ersterer höchster Gott des Vedismus, letzterer höchster Gott des Brahmanismus, in die Arme geschlossen worden, die beide herbeigeeilt waren, um ihn zu begrüßen. Zwei Genien, *nāga*-Könige, sich in den Lüften bis zu den Hüften zeigend, hatte zwei Rinnsale hervorgezaubert, das eine mit warmem, das andere mit kaltem Wasser, um es Brahmā und Indra zu ermöglichen, dem Kind das rituelle Bad zu geben. Das Kind hatte von der Welt Besitz ergriffen, indem es sieben Schritte in jede der vier Himmelsrichtungen machte. Sphärenklänge waren zu vernehmen und wohlriechende Brisen wehten über die Gegend. Eine Säule mit einer Inschrift Aśokas erhob sich inmitten des Gartens, und diese noch heute erhaltene Säule gestattete es den Archäologen um die Jahrhundertwende, den Standort des Lumbinī-Parkes an der Stelle des heutigen Rummindei zu bestimmen.[1]
Weiter nach Osten in ein Urwaldgebiet tief im nepalesischen Terai vordringend, das noch heute von Tigern und Elefantenherden durchstreift wird, besuchte Hsüan-tsang den Stūpa von Rāmagrāma. Er war ein ehrwürdiges Monument, in das ein früherer König des Landes Reliquien Buddhas hatte einmauern lassen. Aufgegeben von den Menschen, deren Erinnerung daran sogar verblaßt war, mitten im Dschungel vergessen, wurde dieser Stūpa über Jahrhunderte hinweg von wilden Elefanten gepflegt. Der Mönch, der ihn aufs neue entdeckte, konnte sich der Betrachtung folgenden Wunders hingeben: »Die Elefanten pflückten Blumen, um sie vor dem Reliquiar niederzulegen; ringsum rissen sie Gras und Unkraut aus und besprengten den Boden mit ihrem Rüssel.« Etwas weiter entfernt erhob sich ein anderer Stūpa, von Aśoka am Saum eines Waldes errichtet, wo der Bodhisattva, nachdem er sein Vaterhaus verlassen hatte, seine Prinzengewänder, seine Edelsteine, seinen königlichen Turban ablegte und seinen in Tränen aufgelösten Reitknappen und seinem nicht minder gerührten Pferd, das ihm die Füße leckte, Lebewohl sagte.

---

1 Einige gute Photographien der Landschaft von Rummindei enthält Perceval Landon: Nepal; London 1928, Bd. I, S. 1–10.

Der heilige König Aśoka hatte in dieser Waldlichtung einen Stūpa errichten lassen, nach dem Namen des Reitknappen ›Stūpa des Chandaka‹ genannt. Östlich dieses Monumentes markierte ein anderer Stūpa den Platz, an dem der Bodhisattva seine prächtigen Kleider gegen die Lumpen eines armen Jägers eingetauscht und sein Haar abgeschnitten hatte, das er in die Lüfte warf und das von den Göttern eingesammelt wurde.

Später sollte der zur vollkommenen Weisheit gelangte Buddha auf das Flehen seines Vaters hin sein Heimatland besuchen. Man zeigte Hsüan-tsang die Stelle, an der er vom Himmel herabgestiegen war, hatte die Reise doch auf dem Weg durch die Lüfte stattgefunden. »Acht Vajrapāṇi [Träger des Donnerkeils] bildeten seine Eskorte, und die vier Himmelskönige führten den Zug an. Mitsamt dem Volk der Götter hielt sich Indra zu seiner Linken und Brahmā zu seiner Rechten. Buddha erhob sich gleich dem Mond unter den Sternen in ihrer Mitte. Die drei Welten durch seine göttliche Macht erzittern lassend, die sieben Planeten durch seinen strahlenden Glanz auslöschend, durchquerte er die Lüfte und erreichte sein heimatliches Königreich. Als König Śuddhodana und die Minister, die ihn begleiteten, ihre Huldigungen, die sie ihm darbrachten, beendet hatten, hielt das ganze Gefolge in Kapilavastu Einzug ...«
Die heiligen Stätten, die im Zusammenhang mit Buddhas Tod stehen, lagen in derselben Region, in der seine Jugend verstrichen war. Hsüan-tsang begab sich, die Provinz Kapilavastu verlassend, nach Kuśinagara, von ihm Chü-shih-na-chieh-lo genannt, das als das heutige Kasiā auf dem rechten Ufer der mittleren Gandak identifiziert worden ist.[1] Er sah dort die Landschaft, inmitten derer der Glückselige in das Nirvāṇa eingegangen war, und beschwor jene durch die Jahrhunderte und die Nichtigkeit der Dinge hindurch so bewegende Seite der Pālischriften herauf:
An den Ufern des Flusses Hiraṇyavatī ließ sich Buddha in einem Gehölz von Śāla-Bäumen ein Lager zwischen zwei Zwillingsbäumen

1 Archäologische Karten dieser berühmten Stätte wie auch Photographien der Landschaft von Kuśinagara und der Ruinen seiner Klöster finden sich in den Artikeln von Ph. Vogel, Hirananda Sastri u. a.: *Excavations at Kasiā*; in: Archaeological Survey of India, 1904–1905, S. 42–58, 1906–1907, S. 44–67, 1911–1912, S. 134, 1924–1925, Abbildung IV, usw.

bereiten, die sich entgegen ihrer Zeit sogleich mit Blüten bedeckten. Sanft tröstete er seinen Jünger Ānanda, der von Verzweiflung erfaßt wurde: »Klage nicht, Ānanda, verzweifele nicht. Von allem, was der Mensch lieb hat, von dem muß er scheiden und sich von ihm trennen. Wie wäre es möglich, daß das, was geboren, der Vergänglichkeit unterworfen ist, nicht verginge?... Es möchte sein, daß Ihr also gedenkt: ›Wir haben keinen Meister mehr.‹ So müßt Ihr nicht meinen, Ānanda! Die Lehre, die ich Euch verkündet habe, die ist Euer Meister.« Noch einmal sprach er: »Wahrhaftig, Ihr Jünger, vergänglich ist jede Gestaltung; strebet ohne Unterlaß.« Dies waren seine letzten Worte.[1] »Sein Geist«, sagt der buddhistische Katechismus, »versank in den Tiefen der mystischen Versenkung, und als er dieses Stadium erreicht hatte, in dem jeglicher Gedanke, jegliche Vorstellung erlischt, in dem das Bewußtsein der Individualität aufhört zu bestehen, ging er in das höchste Nirvāṇa ein. Vor dem Tor von Kuśinagara, welches zum Sonnenaufgang gerichtet ist, verbrannten die Adeligen vom Stamme der Malla den Leib Buddhas mit königlichen Ehren.«

Hsüan-tsang besuchte die Stätte des Nirvāṇa zu Beginn des Jahres 637 unserer Zeit, ungefähr 1120 Jahre nach dem Tode Buddhas. Mehrere Stūpas markierten die aufeinanderfolgenden Stadien dieses großen Dramas. Hier war die Stelle, an der das Haus von Cunda, dem Schmied, gestanden hatte, bei dem Buddha sein letztes Mahl eingenommen hatte. Weiter entfernt das Gehölz von Śāla-Bäumen, unter denen ER entschlafen war; die Stelle, an der die Götter sieben Tage lang seine sterbliche Hülle mit himmlischen Gesängen und Blütenregen verehrt hatten; der Ort, an dem man den Leib des Heiligen in den Sarg gelegt hatte; der Platz, an dem man ihn auf einem Scheiterhaufen aus kostbaren Hölzern verbrannt hatte; der Ort, an dem um der Verteilung seiner Überreste willen beinahe der ›Krieg um die Reliquien‹ ausgebrochen wäre; schließlich der Ort, an dem die Reliquien verteilt worden waren. Gleich den Vajrapāṇi, die beim Tode des Glückseligen vor Schmerz ohnmächtig geworden waren, muß der Pilger das Klagelied angestimmt haben, das er wie folgt zitiert: »Wer

1 Die Übersetzung dieses wie des Zitates auf S. 168 erfolgte in Anlehnung an Hermann Oldenberg: Buddha. Sein Leben, seine Lehre, seine Gemeinde; Stuttgart [13]1959, S. 212–214. (Anm. d. Übers.)

wird uns als Nachen oder Ruder dienen, um das weite Meer des Lebens und des Todes zu überqueren? Wer wird hinfort unser Führer und unsere Fackel sein, um durch die Finsternis einer langen Nacht zu gehen?«

Und da im indischen Buddhismus unsere Brüder, die Tiere, bei keiner der großen Szenen unseres Heils fehlen dürfen, befand sich ganz in der Nähe dieser Stūpas des historischen Buddha das Denkmal, das zur Erinnerung an den ›wohltätigen Hirsch‹ errichtet worden war, den Bodhisattva in einer seiner früheren Existenzen, welcher bei einem Waldbrand umgekommen war, als er die Dschungelbewohner rettete.

»Einst gab es in dieser Gegend einen mächtigen Wald. Eines Tages brach in einer wilden Ebene inmitten dieses Waldes ein Feuer aus. Die Vögel und die Vierbeiner befanden sich in äußerster Not. Vor ihnen schoß ein reißender Strom dahin, der sie aufhielt. Von der Gewalt des Feuers bedrängt, stürzten sie sich ins Wasser und verloren ihr Leben. Der Hirsch, von Mitleid ergriffen, legte sich quer in den reißenden Strom, der sein Fell durchdrang und seine Knochen brach. Er bot all seine Kräfte auf, um die Tiere vor dem Ertrinken zu retten. Ein lahmer Hase kam als letzter; der Hirsch, seiner Erschöpfung und Pein trotzend, brachte noch die Energie auf, ihn ans andere Ufer gelangen zu lassen. Dann waren seine Kräfte aufgezehrt. Er versank im Wasser und starb. Die Götter sammelten seine Knochen und errichteten ihm einen Stūpa.«

Das ›Wunder der Frankoline‹, an derselben Stelle angesiedelt, hatte gleichfalls einen Waldbrand zum Thema: »Es gab dort einst einen weiten und undurchdringlichen Wald voll mit Vögeln und Vierbeinern, von denen die einen Nester, die anderen Höhlen bewohnten. Eines Tages erhob sich ein furchtbarer Sturm und heftige Flammen wirbelten umher. In diesem Augenblick flog eine Frankoline, von Mitleid gerührt, auf, um in einen Strom klaren Wassers einzutauchen; dann erhob sie sich in die Lüfte und besprengte den Wald mit ihren Flügeln.« Der Gott Indra bemerkte das Vögelchen und verspottete es ob seiner Bemühungen: »Warum bist du nur so dumm, deine Flügel so zu ermüden? Die Feuersbrunst verzehrt bereits die Bäume der Wälder und die Gräser der Ebenen. Wie könnte ein so kümmerliches Wesen wie du sie ersticken?« Und schon treibt die Frankoline dem Gott ob seiner Untätigkeit die Schamesröte ins Gesicht, woraufhin

dieser Wasser mit der hohlen Hand schöpft und es auf die Feuersbrunst wirft, die alsbald ausgeht: »Die Flammen erloschen, der Rauch verflüchtigte sich, und alle Vögel, alle Vierbeiner wurden gerettet.« Ein Stūpa gedachte auch dieses Wunders.
Von den heiligen Stätten des Nirvāṇa aus begab sich der Pilger durch die riesigen Wälder, welche die Gandak von der Gogrā und der Gumtī trennen, nach Benares.
Benares, das antike Vārāṇasī , das Po-lo-na-szu unseres Autors, war damals bereits die heilige Stadt des Hinduismus. Hsüan-tsang beschreibt sie auf sonderbar gegenwartsnahe Weise. Nach dem Hinweis auf die üppige Vegetation der Gegend erwähnt er die Dichte der Bevölkerung, die in dieser Metropole der Welt des Ganges angesammelten Reichtümer, die alte Kultur der Stadt und vor allem die große Zahl der brahmanischen Tempel. »Diese Tempel, die mehrere Stockwerke besitzen, sind überreich mit bildhauerischer Dekoration geschmückt, und ihr Schnitzwerk ist von einer strahlenden Vielfarbigkeit; sie stehen in Parks mit dichtem Laubwerk und sind von Becken mit reinem Wasser umgeben.« Er vermerkt ebenfalls die Überfülle von asketischen Sekten im Schoße des Brahmanismus und Jinismus. »Die meisten von ihnen verehren Śiva. Die einen schneiden sich die Haare ab, die anderen fassen sie auf dem Scheitel zu einem Büschel zusammen. Einige unter ihnen (das sind die Jainas), gehen nackt umher. Andere reiben sich den Körper mit Asche ein oder geben sich grausamen Kasteiungen hin, um der Seelenwanderung zu entrinnen...«
In einem dieser brahmanischen Tempel von Benares entdeckte Hsüan-tsang eine Kolossalstatue Śivas »voller Erhabenheit und Majestät; bei ihrem Anblick wird man von einer ehrerbietigen Furcht ergriffen, als befände man sich in der Gegenwart des Gottes«... Diese Zeilen aus dem Pinsel eines buddhistischen Schriftstellers versetzen uns in Erstaunen. Definieren sie nicht in gewisser Weise die Gupta-Skulptur des frühen Mittelalters, in der die indische Ästhetik schließlich ihr Ideal realisierte? Und beschwört Hsüan-tsangs Beschreibung des Śiva von Benares, der uns für immer unbekannt bleiben wird, nicht unmittelbar jenen aus den Höhlentempeln von Elephanta herauf, den dreieinigen, in der Mahēśamūrti dargestellten Gott, der wahrscheinlich die höchste Figuration des pantheistischen Gottes ist, die jemals von Menschenhand geschaffen wurde?

Zudem hätte der Pilger in der Nähe von Benares, im Vorort Sārnāth, eine andere wundervolle, in diesem Fall buddhistische Statue bewundern können. Wir sprechen von dem Buddha des Museums von Sārnāth, der aus dem 5. Jahrhundert unserer Zeit stammt und die Haltung der Verkündigung eingenommen hat oder, um uns des althergebrachten, geheiligten Ausdrucks zu bedienen, ›das Rad des Gesetzes rollen läßt‹; ein Werk, das aufgrund seiner Gravität, Schlichtheit und Sanftmut unserer Meinung nach zur reinsten Inkarnation des Gupta-Ideals gezählt werden muß.[1]

Denn trotz der zahlenmäßigen Überlegenheit der Hindus hatte Benares die Andenken an Buddha nicht vergessen. Sechs Kilometer nördlich der Stadt, in nämlichem Vorort Sārnāth, lag der Antilopenpark[2], Zeuge der ersten Predigt des Glückseligen oder, wie die Schriften sagen, des ›Inbewegungsetzens des Rades des Gesetzes‹. Dort lebten einst in stolzer Askese die fünf ersten Jünger Buddhas, die ihn entrüstet verlassen hatten, als er am Vorabend der Erleuchtung die ermüdenden und fruchtlosen Kasteiungen aufgegeben hatte. Nach seiner Erleuchtung nun kam Buddha nach Benares und präsentierte sich ihnen. »Seine ganze Person strahlte Ruhe aus und verbreitete weithin ein göttliches Licht. Seine Haare hatten den Glanz der Jade, und sein Leib war wie reines Gold. Mit ruhigen Schritten ging er vorwärts, alle Wesen durch seine Majestät ergreifend.« Die fünf Asketen hatten sich geschworen, ihm mit Verachtung zu begegnen, aber eine unwiderstehliche Kraft zwang sie vor ihm auf die Knie. Und dann hielt er für sie die Predigt von Benares, eine der schönsten, die je über menschliche Lippen gekommen ist.

Der Meister sprach: »Zwei Enden gibt es, Ihr Mönche, denen muß, wer ein geistliches Leben führt, fern bleiben. Das eine ist ein Leben in Lüsten, der Lust und dem Genuß ergeben; das ist niedrig, unedel, ungeistlich, unwürdig, nichtig. Das andere ist ein Leben der Selbstpeinigung; das ist leidenreich, unwürdig, nichtig. Von diesen beiden Enden, Ihr Mönche, ist der Vollendete fern und hat den Weg, der in

1 Zum buddhistischen Sārnāth – Anlagepläne der Klöster, Photographien der Ruinen, Bildhauerkunst usw. – siehe die Aufsätze von Sir John Marshall und Sten Konov: *Excavations at Sārnāth*; in: Archaeological Survey of India, (1904–05), S. 59–104, (1906–07), S. 68–101, (1907–08), S. 43–80, (1914–15), S. 97–131, usw.

2 Sanskrit Mṛgadāva; in der Literatur über den indischen Buddhismus für gewöhnlich mit Hirsch-, Gazellen-, Wildpark oder -hain wiedergegeben. (Anm. d. Übers.)

der Mitte liegt, erkannt, den Weg, der zur Ruhe, zur Erkenntnis, zur Erleuchtung, zum Nirvāṇa führt... Dies, Ihr Mönche, ist die heilige Wahrheit vom Leiden: Geburt ist Leiden, Alter ist Leiden, Krankheit ist Leiden, Tod ist Leiden... von Liebem getrennt sein ist Leiden. Dies, Ihr Mönche, ist die heilige Wahrheit von der Entstehung des Leidens: es ist der Lüstedurst, der Werdedurst, der Vergänglichkeitsdurst. Dies, Ihr Mönche, ist die heilige Wahrheit von der Aufhebung des Leidens: die Aufhebung dieses Durstes durch gänzliche Vernichtung des Begehrens.«[1]

Das Herz voll dieser großartigen Erinnerungen besuchte Hsüan-tsang ausgiebig den Antilopenpark. Sicherlich beachtete er die von Kaiser Aśoka errichtete Inschriftensäule, deren Kapitell in Form eines umgestülpten Lotus mit anmutig naturalistischem Tierfries und den vier Rücken an Rücken stehenden Löwen, die es krönen, das erste Meisterwerk der indischen Kunst ist. Nicht weit entfernt markierte ein Stūpa die Stelle, an der Maitreya, der Buddha künftiger Zeiten, von dem Glückseligen die Verkündigung seiner messianischen Rolle erhalten hatte. Im Osten des Antilopenparks war noch der Teich zu sehen, in dem Buddha sich zu baden pflegte, wenn er in Benares weilte; ferner der Teich, in dem er seine Kleider wusch, und jener, in dem er sein Mönchsgeschirr reinigte. Diese heiligen Stätten wurden liebevoll instand gehalten, beherbergte der Antilopenpark doch ein weiträumiges Kloster, dessen Galerien Hsüan-tsang als für die Meditation vorteilhaft rühmt und in dem 1500 hīnayānistische Mönche lebten.

Gleichfalls in Benares siedelte die Tradition mehrere der früheren Existenzen Buddhas an, namentlich einige *jātaka*, die Tiere zum Gegenstand haben und in denen sich auf so rührende Weise die universale Zärtlichkeit des Buddhismus manifestiert. Eines der berühmtesten *jātaka*, das des Elefanten mit sechs Stoßzähnen, hatte sich in dem den heiligen Teichen benachbarten Wald zugetragen, als habe es dem Glückseligen gefallen, in seiner letzten Inkarnation als Mensch die Szenerie wiederzusehen, in der sich eine seiner bewegendsten Existenzen als Tier abgespielt hatte. In der Tat war der Bodhisattva in einer früheren Existenz ein Elefantenkönig gewesen, ein weißer Elefant mit sechs wunderbaren Stoßzähnen bewehrt,

1 Übersetzung in Anlehnung an Oldenberg, op. cit., S. 136–138.

›Seerosenwurzeln gleich‹. »Eines Tages, als er mit seinen beiden Frauen spazierenging, stieß er an einen in Blüte stehenden Baum. Der Zufall wollte es, daß Pollen und Blütenblätter auf die eine der beiden Königinnen fielen, während auf die andere nur Reisig und welke Blätter niedergingen.« Von Eifersucht verzehrt, erwirkte letztere, um sich zu rächen, ihren eigenen Tod und ihre Wiedergeburt in dem Körper einer Königin von Benares. Sie sandte einen Jäger aus, den Elefanten zu töten, um sich in den Besitz seiner Stoßzähne zu bringen. Der heimtückische Jäger, der sich als harmloser Mönch verkleidet hatte, entdeckte das göttliche Tier, ›einem wandernden Berge gleich‹, etwas abseits der Herde, unweit eines mit Lotusblumen bedeckten Teiches, und schoß einen vergifteten Pfeil ab. Von Schmerz gepeinigt, schickte der Elefant sich an, seinen Feind zu töten. Doch dann beherrschte er sich und hinderte sogar seine Herde daran, den Jäger zu zertrampeln. Als er von dem Auftrag erfuhr, mit dem der Jäger betraut worden war, riß er sich selbst mit seinem blutbefleckten Rüssel die Stoßzähne aus und bot sie, vor Schmerz zitternd, seinem Peiniger dar. In diesem Augenblick verendete er und wurde in dem Leib des künftigen Buddha wiedergeboren. Und die Königin? Als sie die Stoßzähne erhielt, als sie von dem Opfer desjenigen erfuhr, den sie in einem anderen Leben so sehr geliebt hatte, ergriff sie ein solches Schuldgefühl, daß ihr das Herz zersprang...

In dieser von zarten und wunderbaren Legenden erfüllten Landschaft von Benares zeigte man dem Pilger inmitten eines Waldes gleichfalls die Lichtung, auf der sich das *jātaka* des Hirschkönigs zugetragen hatte. Auch er war eine Präfiguration Buddhas. Das Tier herrschte über eine Herde von 500 Hirschen. Der König von Benares schickte Treiber aus, die das ganze Rudel umzingelten. Der König der Hirsche begab sich zu ihm und erwirkte die Freilassung der Gefangenen unter der Bedingung, den Schlachtereien von Benares jeden Tag einen Hirsch zu schicken. Es begab sich, daß eine trächtige Hirschkuh bestimmt wurde, in den Tod zu gehen. Sie suchte den König der Hirsche auf; »sie warf sich vor ihm auf die Knie ihrer Vorderbeine nieder und sprach: ›Warte nur so lange, bis ich geworfen habe, dann werde ich mich ohne Bedauern hingeben‹.« Von tiefem Mitleid ergriffen, nahm der Hirschkönig ihren Platz ein und machte sich auf den Weg, um sich selbst dem König von Benares darzubieten. Von so viel Edelmut gerührt, verzichtete dieser auf seinen grausamen Tribut. Im *Sūtrālaṃkāra* endet die Geschichte mit einigen Stanzen von durch und durch franziskanischer Zärtlichkeit: »All diese Wälder und all diese Gehölze, all diese Quellen und all diese Teiche gebe ich dem Volk der Hirsche und verbiete, daß man ihnen irgendein Leid antut.« Etwas weiter weg rief ein Stūpa die Geschichte vom guten Hasen in Erinnerung, deren Überlieferung von den Schriften Buddha selbst in den Mund gelegt wurde: »In einem anderen Leben war ich ein Hase und lebte in einem Bergwald. Ich ernährte mich von Gräsern, Blättern und Früchten und tat keinem Wesen etwas zuleide. Ein Affe, ein Schakal und ich hausten zusammen. Ich unterwies sie in ihren Pflichten und lehrte sie, was gut war und was schlecht war.« Eines Tages nähert sich ein alter Brahmane oder vielmehr Indra als Brahmane verkleidet den drei Freunden. »Meine Kinder«, sprach er zu ihnen, »gefällt es euch in dieser ruhigen Abgeschiedenheit?« – »Wir bewegen uns in üppigen Wiesen«, antworteten sie; »wir streifen in einem dichten Wald umher und sind, wenngleich von unterschiedlicher Art, gerne beieinander. Wir sind sorglos und glücklich.« – »Als ich davon hörte«, fuhr der Alte fort, »daß ein so enges Band der Freundschaft euch verbindet, bin ich, die Last meiner Jahre vergessend, eigens von sehr weit her zu euch gekommen. Aber vorderhand plagt mich der Hunger. Was werdet ihr mir zu essen geben?« Die drei Freunde begaben sich sogleich auf die Jagd. Der Schakal fing in einem Fluß einen frischen Karpfen, der Affe sammelte Früchte und Blumen von außergewöhnlicher Art. »Allein der Hase kam mit leeren Pfoten zurück und begann, von rechts nach links zu hüpfen.« Als der Alte sich darüber wunderte, antwortete das Tier: »Eine edle Gabe, eine Spende, wie sie noch niemals zuvor dargeboten worden ist, das ist es, was ich dir heute geben will. Sammle Holz und zünde ein Feuer an!« »Als das Holz zu brennen begann«, fährt die Parabel fort, »sprang ich in die Luft und stürzte mich mitten ins Feuer. Wie frisches Wasser bei demjenigen, der darin eintaucht, die Qual der Hitze lindert, so linderte dieses lodernde Feuer all meine Qualen. Fell und Fleisch, Knochen und Herz, meinen ganzen Körper mit all meinen Gliedern habe ich dem Brahmanen gegeben!«

Nachdem Hsüan-tsang all diese Stätten, historische oder legendäre, verehrt hatte, verließ er die Provinz Benares, um etwas weiter nördlich an der unteren Gandak die Stadt Vaiśālī (Fei-shê-li) zu besuchen, das heutige Besāṛh. Berühmt durch ihre Bananen- und Mangogärten, war Vaiśālī einer der bevorzugten Aufenthaltsorte Buddhas gewesen. In den Tagen Hsüan-tsangs war sie bereits eine tote Stadt. Lange Zeit verweilte er am südlichen Stadtrand im Mangowald, den Āmrapālī, die heilige Bajadere, einst der Gemeinschaft gestiftet hatte. Man zeigte ihm den ›Affenteich‹, der einst für Buddha von seinen Freunden, den Affen, gegraben worden war. Ein Stūpa ganz in der Nähe erinnerte daran, wie die Affen die Almosenschale des Glückseligen fortgeschleppt hatten, um sie ihm alsbald mit wildem Honig gefüllt zurückzubringen. Eine Stadt voll zärtlicher, aber auch melancholischer Erinnerungen; denn Hsüan-tsang besuchte die Anhöhe, auf der Buddha, zur Stätte seines Todes aufbrechend, sich umgewandt hatte, um noch einmal diese vertrauten Horizonte zu sehen. Von diesem Punkt aus hatte er ein letztes Mal seine Lieblingsstadt und sein Lieblingskloster ausgiebig betrachtet. Aber für einen Theologen wie Hsüan-tsang bot Vaiśālī noch einen anderen Reiz. Dort hatte nämlich etwa hundert Jahre nach Buddhas Tod das zweite Konzil der Buddhistischen ›Kirche‹ stattgefunden.

Das alte Königreich Magadha (das Mo-chieh-t'o der chinesischen Schriftsteller) in Süd-Bihār war für den Pilger aufgrund seiner heiligen Andenken wie auch im Hinblick auf die buddhistischen Studien die wichtigste aller indischen Provinzen. Kaiserlicher Boden schlechthin, der Indien zweimal, unter der Maurya- und unter der Gupta-Dynastie, seine politische Einheit gegeben beziehungsweise wiedergegeben hatte. Hsüan-tsang hat uns mit seiner Genauigkeit eines reisenden Geographen einige Informationen über die Landschaft des ›South-Bihar‹ hinterlassen, die auch heute noch Gültigkeit haben: »In den Städten leben nur wenige Einwohner, aber die Dörfer sind dicht bevölkert. Der Boden ist fett und fruchtbar, und das Korn gedeiht in Überfluß. Man erntet dort Reis von einer ungewöhnlichen Sorte, dessen Korn sehr groß und dessen Geschmack hervorragend ist. Das Gelände liegt tief und ist feucht; die Dörfer sind auf höhergelegenen Plateaus gebaut. Nach den ersten Sommermonaten und vor dem zweiten Herbstmonat sind die Ebenen überschwemmt, und man kann dort mit einem Boot umherfahren.«
Die historische Hauptstadt Magadhas, von der Hsüan-tsang uns zuallererst erzählt, war Pāṭaliputra (chin. Po-cha-li-tzu), deren Lage

mit dem heutigen Vorort Bankipore und dem Stadtteil von Patna, Kumrahar, zwischen dem Ganges und dem alten Arm der Son (Śoṇa), übereinstimmt. Sie war eine berühmte Stadt. Dort hatte einstmals der erste Maurya-Kaiser, ›Sandrokottos‹ [Candragupta], die griechischen Gesandten empfangen; von dort aus hatte sein Enkelsohn Aśoka ganz Indien regiert. In Pāṭaliputra hatte Aśoka außerdem sein berühmtes Konzil einberufen, das als das dritte gezählt wird und auf dem er beschlossen hatte, der Welt das Buddhagesetz zu verkünden. Damals hatten sich jene Missionare auf den Weg gemacht, die nach dem Zeugnis der Inschriften den Glauben zu den griechischen Fürsten, den Seleukiden von Syrien, den Lagiden von Ägypten und den Antigoniden von Makedonien, trugen. Damals rivalisierte die alte Stadt mit Alexandria und Antiochia, und tatsächlich haben neuere Grabungen dort die Überreste einer Hypostylos-Halle ans Tageslicht gebracht, die an die Kolonnaden von Persepolis erinnert. Nach einer Periode, in der Pāṭaliputra in den Hintergrund gedrängt worden war, war es im 4. Jahrhundert zu Beginn der Gupta-Dynastie für einen Moment wieder die Hauptstadt Indiens geworden, um anschließend endgültig ins Dunkel zurückzusinken. Zur Zeit von Hsüan-tsangs Aufenthalt scheint sein Verfall besiegelt gewesen zu sein. Von seinen antiken Palästen konnte man nur noch die Fundamente erkennen, und nur zwei oder drei seiner einstmals Hunderte zählenden Klöster waren verblieben.

Hsüan-tsang besuchte diese Klöster. Er sah einen Stūpa Aśokas, eines der 84 000 Monumente dieser Art, mit denen der fromme Monarch den indischen Boden bedeckt hatte. Am Ufer des Ganges verehrte er Buddhas Abschiedsstein, auf dem der Abdruck seiner heiligen Füße noch immer sichtbar war: Buddha, der wußte, daß seine Zeit nahe war, verließ diesen alten Boden Magadhas, auf dem er gekämpft, gelitten, triumphiert hatte, um noch einmal den Weg nach Norden einzuschlagen, den Weg, der ihn zum Tode führen sollte. »Am südlichen Ufer des Flusses auf einem großen viereckigen Stein aufrecht stehend, schaute er alsdann Ānanda voller Rührung an und sprach zu ihm: ›Dies ist das letzte Mal, daß ich den Diamantthron und die königliche Stadt betrachte.‹« Welch unendlich kostbare Ergriffenheit bei dem Meister der Entsagung, welch unwillkürliche Melancholie beim Herannahen des Todes; zweifach verwirrend bei dem Künder des Nirvāṇa dieses Eingeständnis irdischen Verhaftetseins, das mit einem Male die Physiognomie des vollkommenen Heiligen für uns so menschlich macht...

Das Land, an das der betagte Buddha dieses letzte Lebewohl richtete, war tatsächlich der Hauptschauplatz des großen mystischen Dramas, welches sein Leben ausgemacht hatte. Es war das wirkliche Heilige Land des Buddhismus.

Die Emotion Hsüan-tsangs wird in jeder Zeile offenbar, in der er den Weg von Pāṭaliputra nach Bodh-Gayā beschreibt. Bodh-Gayā war das Herz des Buddhismus schlechthin, die heilige Stätte, an der Buddha die vollkommene Weisheit erlangt hatte. Der Pilger sah den Fluß Nairañjanā, jetzt Lilajan oder Phalgu genannt, »mit seinen reinen Wassern und schönen Badestufen, geschmückt mit Bäumen und Buschwerk und auf allen Seiten von Weiden und Dörfern umgeben« – eine milde Landschaft, die Buddha auf der Suche nach einer Einsiedelei wegen ihrer Sanftheit ausgewählt hatte.[1] Hsüan-tsang gelangte zu dem heiligen Baum, unter dem sich das Wunder der Erleuchtung ereignet hatte. Er beschwor die heilige Szene in der Weise herauf, wie die Schriften die Erinnerung daran überliefert hatten, mit jedem Detail unwandelbar festgelegt:

...Der Bodhisattva hatte, die nutzlosen Kasteiungen und alle Praktiken der Hinduaskese aufgebend, seinem Denken soeben den unabdingbaren körperlichen Beistand wiedergegeben, indem er die Milch und den Reis zu sich nahm, welche von Sujātā, einem frommen Mädchen aus dem Nachbardorf, für ihn zubereitet worden waren. Er hatte seine ermatteten Glieder in dem reinen Wasser der Nairañjanā erfrischt. Sodann hatte er seine Schritte nach Bodh-Gayā gelenkt, hin zu dem heiligen Feigenbaum, der den Schauplatz der wichtigsten Szene der buddhistischen Heilsschriften abgeben sollte.

Der Bodhisattva – und hier sind die Texte besonders präzise – ließ sich am Fuße des Baumes auf einer Handvoll frisch gemähten Grases nieder, mit dem er einen an dieser Stelle auf wunderbare Weise aufgetauchten Sitz, den Diamantthron, bedeckt hatte, den Mittelpunkt der buddhistischen Welt. Alsdann begann die ›sublime Meditation‹, aus der das Heil aller Kreatur hervorgehen sollte. Vergeblich

1 Eine Photographie des Dorfes Urel, ehemals Uruvelā [sanskr. Urubilvā], wo sich die Einsiedelei Buddhas befand, enthält der Aufsatz von Th. Bloch: *Notes on Bodh-Gayā*; in: Archaeological Survey of India, Report 1908–09, S. 143.

war Māra, der buddhistische Dämon, mit allen Horden der Hölle über den meditierenden Weisen hergefallen: die Pfeile, Felsbrocken und glühendheißen Flammenstrahlen hatten sich in Blumengirlanden und in einen Lichtkranz um den Glückseligen herum verwandelt. Vergeblich hatten die Töchter Māras all ihre Verführungskünste aufgeboten: der Bodhisattva verwandelte sie in alte, gebrechliche Weiber. Gegen all diese Versuchungen hatte er die Erde als Zeugin für die Vortrefflichkeit seiner Anstrengungen angerufen, und die Erde hatte ihm, bis zu den Hüften zwischen den klaffenden Furchen auftauchend, feierlich gehuldigt.[1]

»Nachdem der Bodhisattva über die Versuchung triumphiert hatte, konzentrierte er, noch immer reglos am Fuße des Baumes sitzend, sein Denken auf die Universalität des Leidens und die Mittel, es aufzuheben. Sein Blick nahm die Gesamtheit des Universums in sich auf. Er sah den endlosen Zyklus der Wiedergeburten, wie er ins Unendliche von der Höllenwelt und der Welt der Tiere bis zu den Göttern selbst durch ewige Zeiten hindurch abrollt. Und jede Geburt, jedes Leben, jeder Tod war Leiden.

Da gelangte der Bodhisattva mit seinem solcherart gesammelten, vollkommen reinen Denken während der letzten Nachtwache, als die Morgenröte aufzog, in der Stunde, da die Trommel schlägt«, in den Besitz der vollkommenen Weisheit. Als er die Kausalkette zurückverfolgte, entdeckte er, daß die Ursache des universalen Leidens im Werdedurst liegt und dieser auf unseren falschen Vorstellungen vom Denken, vom Ich und von der materiellen Welt beruht. Den Werdedurst durch Aufhebung seiner intellektuellen Ursachen zu beseitigen,

---

1 Zwei verschiedene buddhistische Überlieferungen sind hier von Grousset miteinander verwoben. Während des Streites zwischen Māra und dem Bodhisattva, wer von beiden der Vortrefflichere sei und infolgedessen den Platz unter dem (Bodhi-)Baum beanspruchen könne, ruft letzterer, da allein gegenüber Māra und seiner Heerschar, die Erde als Zeugin für die Großartigkeit seiner im Laufe seiner früheren Existenzen zum Heile der Lebewesen dargebrachten unzähligen Opfer an. Daraufhin tut sich der Boden in der Nähe des Bodhisattva auf, aus dem die Erdgöttin bis zu den Hüften in all ihrer Pracht auftaucht; sie verneigt sich ehrerbietig vor dem Bodhisattva und bezeugt die Richtigkeit seiner Aussage. Beim Anblick dieser wundersamen Erscheinung ergreifen die Heerscharen Māras die Flucht. Die zweite Phase des langwierigen Zweikampfes zwischen beiden beginnt, in der Māra sich nunmehr darauf verlegt, den Bodhisattva zu versuchen, u.a. mit Hilfe seiner Töchter. Vgl. Alfred Foucher: *La Vie du Bouddha d'après les textes et les monuments de l'Inde.* Paris 1949, S. 159f. (Anm. d. Übers.)

hieß mithin, das Leiden aufzuheben ... Solcherart gestaltete sich die innere Erleuchtung, die Enthüllung der vollkommenen Weisheit, durch die der Bodhisattva schließlich ein höchster Buddha geworden war.
Nach der Erleuchtung hatte Buddha noch vier Wochen in der Nähe des Baumes verweilt. In der fünften Woche verwüstete ein furchtbares Unwetter den Landstrich. Aber eine göttliche Schlange, Mucilinda, war erschienen, hatte den Leib des Buddha mit ihren Windungen umschlungen und ihn dabei über die Wasserflut hochgezogen, während sie mit ihren sieben Köpfen eine Haube bildete und so das Haupt des Glückseligen gegen das Unwetter schützte. Auf inständiges Bitten der Götter Brahmā und Indra, die eigens zu diesem Zwecke gekommen waren, brach Buddha auf, um der Welt die Frohbotschaft zu bringen oder, wie die Texte sagen, »um das Rad des Gesetzes in Bewegung zu setzen«.
All diese heiligen Szenen rief sich Hsüan-tsang ausführlich in Erinnerung. Als erstes ließ er dem Bodhi-Baum seine Verehrung zuteil werden, dessen Merkmale er sorgfältig und in allen Einzelheiten festhält: »Der Stamm des Baumes ist von einem gelblichen Weiß, und weder im Sommer noch im Winter verliert er seine grünen und glänzenden Blätter. Einzig wenn der Jahrestag des Nirvāṇa kommt, fallen sie ab, um anderntags ebenso schön wiedergeboren zu werden. An diesem Tage versammeln sich die Könige und hohen Herren unter seinen Zweigen, besprengen ihn mit Milch, zünden Lichter an, streuen Blumen und ziehen sich zurück, nachdem sie seine Blätter aufgelesen haben.«
Seit der Zeit Aśokas war der Baum, wie uns ein Relief von Sāñcī lehrt, das den Besuch des großen Kaisers in Gayā darstellt, durch eine Mauer aus Backsteinen geschützt. »Das Haupttor öffnet sich nach Osten, dem Fluß Nairañjanā gegenüber. Das Südtor liegt in der Nachbarschaft eines großen, mit Lotusblumen bedeckten Teiches. Im Westen vereitelt eine Kette von steil aufragenden Bergen den Zugang. Das Nordtor steht mit einem großen Kloster in Verbindung, in dessen Inneren man auf Schritt und Tritt heilige Denkmäler sieht, bald *vihāra* [Hallen, Tempel], bald *stūpa*, welche Könige, Minister und reiche Privatpersonen aus Liebe zu den Heiligen errichten ließen, um ihr Andenken zu bewahren. In der Mitte dieses Klosters steht der Diamantthron, so genannt, weil er fest, solide, unzerstörbar und

dazu angetan ist, allen Erschütterungen der Welt zu widerstehen. Jeder Bodhisattva, der die Dämonen bezwingen und den Stand eines Buddha erreichen will, muß sich auf diesen Thron setzen. Die Stelle, an der Śākyamuni zur Buddhaschaft gelangte, wird auch der Sitz der Erkenntnis *[bodhimaṇḍa]* genannt. Wenn die Welt bis in ihre Grundfesten erbebt, bleibt einzig dieser Ort vollkommen unerschüttert.«

Nahe bei dem Bodhi-Baum stand eine Statue des Bodhisattva Avalokiteśvara. Einer alten Weissagung gemäß würde, wenn diese Statue im Boden verschwunden wäre, die Religion Buddhas aus Indien verschwinden. Nun war sie bereits bis zur Brust versunken. Hsüan-tsang selbst sieht voraus, daß es nur noch einhundertfünfzig oder zweihundert Jahre bedürfe, bis alles vollendet sei. Eine denkwürdige Begegnung, denn genau vom 8. bis 9. Jahrhundert wurde der Buddhismus mit Ausnahme von Magadha und Bengalen in Indien so gut wie ausgemerzt.

Was Hsüan-tsang so lebendig und so lebensecht erscheinen läßt, so daß man in seinem Werk nicht lesen kann, ohne ihm zugetan zu sein, ist die Tatsache, daß bei diesem gewaltigen Metaphysiker eine zarte Frömmigkeit und die spekulativsten Tendenzen eng beieinanderliegen. Sehen wir uns nur die Szene an, mit der seine Pilgerfahrt zum Bodhi-Baum endet: »Nachdem er ihn mit inbrünstigem Glauben betrachtet hatte, warf er sich auf die Erde nieder, stieß Klagelaute aus und überließ sich seinem Schmerz: ›O weh!‹ rief er aus, ›ich weiß nicht, unter welchen Umständen sich mein armseliges Leben dahinschleppte, als Buddha zur vollkommenen Erkenntnis gelangte. Jetzt, da ich mich an diesem Ort – im letzten Zeitabschnitt der Statue – befinde, kann ich nur mit Schamesröte auf der Stirn über die Unermeßlichkeit und Tiefe meiner Fehler nachsinnen!‹ Bei diesen Worten rann ein Strom von Tränen über sein Gesicht. In demselben Augenblick strömten mehrere tausend Mönche, die ihren allsommerlichen Rückzug in die Abgeschiedenheit beendet hatten, von allen Seiten herbei. Alle diejenigen, die den Meister des Gesetzes in seiner leiderfüllten Haltung sahen, konnten ihre Seufzer und Tränen nicht zurückhalten.«

Hsüan-tsang verehrte nacheinander alle heiligen Stellen von Bodh-Gayā. Er sah den von Indra geschaffenen Teich, in dem Buddha seine Kleider wusch; einen anderen Teich, in dem der Schlangenkönig Mucilinda seine Wohnstatt hatte, der mit dem aus seinen sieben

Köpfen gebildeten Schirm die Meditation des Glückseligen beschattete; die Einsiedelei, in der sich der Bodhisattva vor der Erleuchtung solchen Kasteiungen hingegeben hatte, daß die Götter selbst um sein Leben gefürchtet hatten. Man zeigte ihm in der Nairañjanā die Stelle, an der der Glückselige ein Bad genommen hatte, um sich anschließend zum Baume der vollkommenen Weisheit zu begeben, dem Ort, wohin die Götter der Reihe nach kamen, um Ihm aus den kostbarsten Metallen gefertigte Almosenschalen darzubieten, welche Er zugunsten der steinernen Schale der allerärmsten Bettelmönche zurückwies. Schließlich sah er in Uruvelā die Lichtung, wo die Einsiedelei der Gebrüder Kāśyapa, der berühmtesten brahmanischen Asketen von einst, stand, deren Hochmut Buddha in einem Maße bezwang, daß er aus ihnen die Pfeiler seiner ›Kirche‹ machte.

Und auch der Schauplatz von *jātaka*-Geschichten, Parabeln, die Tiere zum Thema haben, fand sich hier. In einem Wald an den Ufern der Nairañjanā, nahe bei einem Teich, erinnerte ein Stūpa an das ergreifende Abenteuer des ›duftenden Elefanten‹. Dieser junge Elefant ernährte seine blinde Mutter, indem er Lotuswurzeln für sie sammelte. Gefangengenommen und zu den königlichen Stallungen gebracht, verweigerte er jegliche Nahrung, bis ihn der König, von seiner Kindespietät gerührt, wieder in Freiheit setzte.

In der Umgebung von Gayā durchquerte Hsüan-tsang ein Wald- und Dschungelgebiet, um in einem rauhen, öden Bergland den Hahnenfußberg [Kukkuṭapādagiri] zu besteigen, wo der Überlieferung nach der große Jünger Śākyamunis, Mahākāśyapa, seit mehreren Jahrhunderten in ekstatischer Regungslosigkeit auf die Ankunft Maitreyas, des künftigen Buddhas, wartet. »Steil aufragende Gipfel und tiefe Höhlen bieten sich den Blicken dar. Reißende Wildwasser umspülen den Fuß des Berges, und riesige Wälder umhüllen die Täler. Drei schroffe Bergspitzen ragen in die Lüfte, deren eindrucksvolle Masse bis in die Wolken reicht.« Als der Patriarch Kāśyapa ein hohes Alter erreicht hatte, hegte er den Wunsch, sich aus der Welt zurückzuziehen. »Er begab sich zu dem Berg und bestieg ihn auf seiner Nordseite, verschlungenen Pfaden folgend. Als er an der südwestlichen Kette angekommen war, fand er sich durch eine Felswand aufgehalten. Mit seinem Stock hieb er sie entzwei. Nachdem er sich diesen Weg durch den Berg geöffnet hatte, gelangte er zum Zentrum der drei Spitzen. Durch die Kraft seines Wunsches rückten die drei Spitzen zusammen und entzogen ihn den Blicken der Menschen...« Weiter weg, auf demselben Berge, waren 500 *arhat* (oder buddhistische Heilige) eingeschlafen, die gleichfalls auf ein mysteriöses Erwachen warteten.

Im Nordosten von Bodh-Gayā lag Nālandā, wahrhaftig eine monastische Stadt, die aus etwa zehn, durch eine Einfriedung aus Backsteinmauern miteinander verbundenen Klöstern bestand und neben den Wohngebäuden der Mönche eine große Anzahl von Hallen umfaßte, welche Versammlungs- und Predigtzwecken dienten. Hsüan-tsang beschreibt in liebenswerter Weise den Anblick dieses *saṃghārāma*, seine regelmäßig angeordneten Türme, seinen Wald von Pavillons und *harmika*[1] und all seine Tempelbekrönungen, »die über den Dünsten des Himmels zu schweben scheinen«. Von den Zellen der Mönche aus »sah man Winde und Wolken entstehen«. Die Beschreibung des Pilgers erhält für uns eine neue Bedeutung, seitdem es die von der Abteilung für Indische Archäologie durchgeführten Grabungen ermöglicht haben, die Lage und Anordnung dieses Klosterkomplexes mit seinen Stūpas, seinen Galerien, seinen Zellen und Höfen zu rekonstruieren.[2] »Um die Klöster schlängelte sich ein azurblaues Wasser, das durch blaue Lotusblumen mit ihren geöffneten Blütenkelchen verschönt wurde; hier und da hingen die strahlend roten Blüten der schönen *kanaka* [Butea frondosa], und draußen schützten Mangobaumgehölze die Behausungen mit ihrem dichten, schattenspendenden Laubwerk.«

Der Raum zwischen den Klöstern war in acht Höfe aufgeteilt. Jedes der Gebäude für die Mönche in den einzelnen Höfen besaß vier Stockwerke. »Die Klöster Indiens«, teilt uns Hsüan-tsangs Biograph

---

1 Pāli *hammiya*: Haus aus Stein, Raum oder Wohnung auf der Spitze eines Gebäudes, gewöhnlich in Verbindung mit buddhistischen Tempeln und Klöstern; im speziellen Sinne rechteckiger Pavillon oder Aufbau über der Kuppel eines Stūpa. (Anm. d. Übers.)

2 Siehe *Archaeological Survey of India, Report* 1922–23, S. 104, in Verbindung mit den Bildtafeln XIX u. XX (anschauliche Photographien der freigelegten Mauern); siehe ferner op. cit., *Report* 1923–24, Bildtafel XXIX; 1924–25, Bildtafel XXVIII. Dank dieser Serie methodischer Grabungen und sie begleitender Artikel sind die Lage- und Konstruktionspläne der diversen Klöster, welche Hsüan-tsang beschrieb, heute fast vollständig bestätigt. Das ist einer der Erfolge, die Sir John Marshall und seinen Mitarbeitern der Abteilung für Archäologie die größte Ehre machen.

mit, »zählen heute nach Tausenden; aber kein einziges davon kommt jenen an Erhabenheit, Pracht und Höhe der Bauten gleich. Man zählt dort zu jeder Zeit 10000 Religiose, ständige Insassen wie auch Auswärtige, die alle der Lehre des Großen Fahrzeuges folgen. Anhänger der 18 buddhistischen Schulen finden sich dort versammelt, und man studiert alle Arten von Werken, angefangen mit den gewöhnlichen Büchern, den Schriften des *Veda* und anderen Geschichten derselben Art, bis hin zur Medizin, den okkulten Wissenschaften und zur Arithmetik. Im Inneren des Klosterkomplexes waren jeden Tag an die hundert Lehrstühle besetzt, und die Schüler folgten dem Unterricht voller Eifer, ohne einen Augenblick zu vergeuden.
Das Leben all dieser tugendhaften Männer war natürlich von ernsten und strengen Gepflogenheiten beherrscht. So hat in dem siebenhundertjährigen Bestehen des Klosters kein einziger Mann jemals die Regeln der Disziplin verletzt. Der König umgibt es mit Respekt und Verehrung und hat die Einkünfte von einhundert Städten zur Bestreitung des Unterhaltes der Religiosen bestimmt. Tag für Tag schicken ihnen zweihundert Familien regelmäßig mehrere hundert Scheffel Reis, ferner Butter und Milch. Deshalb müssen die Studenten niemanden um irgendetwas bitten, sondern beschaffen sich mühelos die vier notwendigen Dinge [Nahrung, Kleidung, Lagerstatt und Medizin]. Ihre Fortschritte im Studium und ihre großartigen Erfolge sind der Freigiebigkeit des Königs zuzuschreiben.«
Hsüan-tsang wurde in Nālandā ein brüderlicher Empfang zuteil. Zweihundert Mönche und eintausend Laienanhänger kamen ihm entgegen, um ihn in feierlicher Prozession mit Standarten, Sonnenschirmen, Räucherwerk und Blumen zu erwarten. Bei ihrer Ankunft in Nālandā schloß sich ihnen die Menge der Religiosen an. »Als der Meister des Gesetzes mit ihrer Begrüßung geendet hatte, stellten sie einen besonderen Sessel auf das Podium des den Vorsitz führenden Mönches und baten ihn, darauf Platz zu nehmen. Die Menge der Religiosen und Gläubigen setzte sich gleichfalls nieder. Nun wurde der stellvertretende Vorsteher beauftragt, das Schallbecken zu schlagen und den Meister des Gesetzes mit lauter Stimme einzuladen, in dem Kloster zu verweilen sowie sich aller Utensilien und Habseligkeiten der dort versammelten Religiosen zu bedienen.« Hsüan-tsang wurde feierlich zu dem Manne geleitet, den man als den Superior der

ungeheuer großen Klosteranlage betrachten konnte, zu dem heiligen, betagten Śīlabhadra mit dem Beinamen ›Schatz des Guten Gesetzes‹.[1]
»Hsüan-tsang folgte seinen Führern und trat ein, um ihn zu begrüßen. Sobald er ihm gegenüberstand, verrichtete er alle Pflichten eines Schülers und bezeigte ihm jeglichen Respekt. Unter Beachtung ihrer geheiligten Regeln und Gebräuche näherte er sich ihm auf den Knien, wobei er sich auf seine Ellenbogen stützte, seine Füße widerhallen ließ und den Boden mit seiner Stirn berührte. Nachdem Śīlabhadra ihn befragt und mit Lob überschüttet hatte, ließ er Sitze herbeischaffen und bat den Meister des Gesetzes wie auch die Religiosen, Platz zu nehmen. Als sich alle niedergelassen hatten, erkundigte er sich nach den Absichten des Meisters des Gesetzes. ›Ich bin aus China gekommen‹, antwortete ihm dieser, ›um unter Eurer Anleitung die Philosophie des Idealismus zu studieren.‹«
Bei diesen Worten konnte Śīlabhadra seine Tränen nicht länger zurückhalten, und er erzählte Hsüan-tsang von der außergewöhnlichen Vorahnung, die er von seiner Ankunft gehabt hatte: Einige Zeit zuvor litt er derart stark an einer grausamen Krankheit, daß er von Todessehnsucht erfüllt war. Eines Nachts sah er im Traum drei Gottheiten von stattlichem Wuchs und mit Gesichtern voller Würde; sie waren in ebenso leichte wie strahlende Zeremoniengewänder gekleidet. Das erste Gewand war von goldener Farbe, das zweite trug die Färbung des Lapislazuli; das dritte war von weißlichem Silber. Dies waren die Bodhisattvas Mañjuśrī, Avalokiteśvara und Maitreya. Sie waren ihm mit der Weisung erschienen, am Leben zu bleiben, um das heilige Gesetz mitsamt der idealistischen Lehre weithin zu verbreiten und zu diesem Zwecke die Ankunft eines Religiosen aus China abzuwarten, dem er sein Wissen vermitteln würde. »Da mein Eintreffen mit Eurem Traum übereinstimmt«, antwortete Hsüan-tsang, »so erweist mir bitte die Güte, mich zu unterweisen und aufzuklären. Vervollkommnet mein Glück, indem Ihr mir gestattet, Euch die Gefühle eines gelehrigen und Euch ergebenen Schülers zu zeigen!«

1 Als Hsüan-tsang im Jahre 637 in Nālandā eintrifft, schreibt sein Biograph Śīlabhadra ein Alter von einhundertundsechs Jahren zu. Der heilige Mönch wäre demnach um das Jahr 531 geboren worden. Es sollte jedoch darauf hingewiesen werden, daß Hsüan-tsang selbst uns lediglich mitteilt, daß sein Meister sehr alt war, ohne irgendeine Zahl anzugeben.

Der chinesische Pilger hatte endlich den allwissenden Meister, den unvergleichlichen Metaphysiker gefunden, der ihm die letzten Geheimnisse der idealistischen Systeme enthüllen sollte. Denn in seiner Person begegnete Hsüan-tsang der reinen Tradition der Schule, wie sie vom Meister auf den Schüler durch eine Linie genialer Metaphysiker weitergegeben worden war. Die Begründer des mahāyānistischen Idealismus, Asaṅga und Vasubandhu, deren literarisches Schaffen Sylvain Lévi und Takakusu Junjirō zufolge in das 5. Jahrhundert unserer Zeit fällt[1], hatten den Logiker Dignāga [auch Diṅnāga] zum Schüler gehabt; Dignāga hatte Dharmapāla, das Haupt der Schule von Nālandā, ausgebildet, der um das Jahr 560 verstorben war, und Dharmapāla seinerseits war der Meister Śīlabhadras gewesen.

Zweifelsohne sollte Śīlabhadra der chinesisch-japanischen Welt das gesamte Erbe des buddhistischen Idealismus sichern, und die *Siddhi*, Hsüan-tsangs große philosophische Abhandlung, auf die wir gleich zu sprechen kommen werden, ist nichts anderes als die Summa dieser Lehre, die Frucht von siebenhundert Jahren indischen Denkens.

Hsüan-tsang verbrachte bei Śīlabhadra in Nālandā die Regenzeit des Jahres 637. Er bewohnte zunächst einen zweistöckigen Pavillon inmitten eines Klosters, welches von Bālāditya, dem König von Magadha, erbaut worden war, dann ein Haus, das ganz in der Nähe von Dharmapālas ehemaliger Wohnstatt gelegen war. »Jeden Monat schickte ihm der König von Magadha drei Maß Öl sowie täglich die nötige Menge an Butter, Milch und sonstigen Lebensmitteln. Auf Befehl des Königs fuhren ihn ein Mönch und ein Brahmane täglich im Wagen spazieren, ritten mit ihm aus oder trugen ihn im Palankin umher.«

Hsüan-tsang unterbrach für kurze Zeit seine philosophischen Studien, um nördlich von Nālandā der ehemaligen Hauptstadt von Magadha, Rājagṛha (Rajgir)[2], einen Besuch abzustatten. Zur Zeit Buddhas, unter der Herrschaft des frommen Königs Bimbisāra,

---

1 Nach Takakusu etwa zwischen 420 und 500.

2 In Wirklichkeit lag das buddhistische Rājagṛha nicht in Rajgir selbst, sondern etwas weiter südlich an der Stätte von Kuśāg(ā)rapura, wie Hsüan-tsang völlig richtig angibt. Ich verweise auf die ausgezeichnete Karte und die schönen Photographien, veröffentlicht von Sir John Marshall in seinem Aufsatz: *Rajagriha and its Remains*; in: Archaelogical Survey of India, Report 1905–06, S. 86–106.

seines Beschützers und Freundes, war es die Metropole des Landes gewesen, in der der Erleuchtete so oft seine Nahrung erbettelt hatte. Seit langem zugunsten von Pāṭaliputra aufgegeben, war sie eigentlich eine tote Stadt, die allein von ihren großen buddhistischen Erinnerungen lebte.

Hsüan-tsang hat uns eine melancholische Beschreibung dieser vergangenen Stadt hinterlassen, deren Ruinen bereits unter der üppigen Vegetation des tropischen Indien zu verschwinden drohten. »Auf allen vier Seiten erheben sich Hügel, die wie zugespitzt wirken. Von Westen gewährt ein schmaler Pfad Zugang, während im Norden ein breites Tor den Weg freigibt. Die (alte) Stadt umschließt in ihrem Inneren noch eine kleine Stadt, deren Fundamente einen Umfang von 30 *li* einnehmen. Überall sieht man Gehölze von *kanaka*-Bäumen, die das ganze Jahr über ohne Unterbrechung blühen und deren Blütenblätter von goldener Farbe sind.«

Man führte den Pilger an die Stelle, an der Devadatta, der buddhistische Judas, und sein Komplize, Prinz Ajātaśatru, nichtswürdiger Sohn des Königs Bimbisāra, einen wütenden Elefanten auf Buddhas Weg losgelassen hatten, der, durch die Kraft seiner Milde gezähmt, plötzlich vor ihm stehenblieb und ihn verehrte. Nordöstlich von Rājagṛha besuchte Hsüan-tsang die Geierspitze [Gṛdhrakūta], eine der malerischsten Stätten der Gegend. »Dieser Berg«, notiert sein Biograph, »bietet dem Auge frische Quellen, ungewöhnliche Felsen und Bäume dar, die mit dem reichsten Laubwerk bedeckt sind.« Einst, als Buddha in dieser Welt weilte, hielt er sich oft an diesem Berge auf, und dort geschah es, daß er seine Jünger den *Lotus des Guten Gesetzes* [Saddharmapuṇḍarīka], das *Sūtra der vollkommenen Weisheit* [Prajñāpāramitāsūtra] und zahlreiche andere *sūtra* lehrte. In der Umgebung von Rājagṛha befand sich ebenfalls der Bambusgarten [Veṇuvana], einer der berühmtesten monastischen Parks der buddhistischen Schriften. Der Heilige Kalanta [Karaṇḍa?] oder vielmehr König Bimbisāra selbst hatte ihn einstmals Buddha gestiftet, der ihn zu einer seiner bevorzugten Wohnstätten machte. Es handelte sich um den Klostertypus, der in den Texten wie folgt beschrieben wird: »Nicht zu weit von der Stadt entfernt noch ihr zu nahe, leicht zugänglich, nicht zu sehr belebt am Tage, ruhig in der Nacht, fernab vom Getöse und Gedränge der Menschen, Ort der Abgeschiedenheit und des Verweilens, dazu angetan, in der Einsamkeit zu meditieren.«

In der Nähe von Rājagṛha führte man ihn an die Stelle, zu der König Bimbisāra und alles Volk der Stadt zur Begegnung mit dem Glückseligen geströmt war. Die Szene ist für uns seit der Entdeckung der Reliefs von Sāñcī und Bhārhut erst richtig zum Leben erwacht.
Überdies besaß Rājagṛha den Reliquienturm, in dem der König von Magadha, Ajātaśatru, nach dem Tode des Meisters seine Teilhabe an den heiligen Überresten eingemauert hatte. Später entnahm Kaiser Aśoka einen Teil des kostbaren Inhaltes, da er Reliquien-Stūpas in allen Teilen Indiens errichten wollte, beließ jedoch den Rest im heiligen Turm, der, wie uns Hsüan-tsang versichert, noch immer einen außergewöhnlichen Glanz verbreitete.
Ein weiteres Denkmal in der Nachbarschaft weckte Erinnerungen ganz anderer Art: der Stūpa einer Wildgans. Doch diese Wildgans war nichts anderes als eine der Inkarnationen des Bodhisattva und läßt uns hier einmal mehr auf die enge Gemeinschaft aufmerksam werden, welche der Buddhismus zwischen uns und den Tieren herstellt. Zudem ist die von Hsüan-tsang tradierte Legende entzückend: In einem Kloster von Rājagṛha lebte einmal ein guter Mönch, der mit der Verwalterstelle des Klosters betraut war. Eines Tages befand er sich in großer Verlegenheit, da es ihm nicht gelungen war, die nötige Verpflegung zu beschaffen. Als durch die Lüfte ein Schwarm Wildgänse vorüberzog, rief er lachend aus: »Heute mangelt es völlig an der Tagesration der Mönche. Edle Wesen, ihr müßt auf diesen Umstand Rücksicht nehmen!« Kaum hatte er diese Worte ausgerufen, da fiel der Anführer des Schwarms hoch oben aus den Wolken hernieder, als ob man ihm die Flügel gestutzt hätte, und rollte dem Mönch vor die Füße. Alle Mönche des Klosters kamen angerannt: Der Vogel war ein Bodhisattva, der sein Leben für sie hingegeben hatte. Für seinen Kadaver wurde ein Turm, geschmückt mit der Inschrift, errichtet, die diese Geschichte berichtet.
Für einen Theologen wie Hsüan-tsang war Rājagṛha noch von anderem Interesse. Dort hatte das erste buddhistische Konzil stattgefunden. Unmittelbar nach dem Tode des Glückseligen hatten sich seine Jünger dort versammelt, um, wie uns die Überlieferung versichert, die Texte festzuschreiben, die seither die Sammlung der *Drei Körbe* bildeten. Das Konzil begann mit einer Szene, in der sich die ganze Seele des Urbuddhismus widerspiegelt. Kāśyapa, der den Vorsitz führte, verweigerte Ānanda den Zutritt, der der Cousin und Lieb-

lingsjünger des Meisters gewesen war, sich jedoch einer schwerwiegenden Gedankenlosigkeit schuldig gemacht hatte. »Eure Fehler, o Ānanda, sind keineswegs ausgelöscht. Befleckt durch Eure Anwesenheit nicht die Reinheit dieser erlauchten Versammlung!« Ānanda zog sich beschämt zurück. »Während der Nacht mühte er sich mit allen Kräften seiner Seele, die Bande zu zerreißen, die ihn an die Welt fesselten, um den Grad eines *arhat* zu erlangen. Dann kehrte er zurück und klopfte an die Tür. Kāśyapa fragte ihn: ›Sind alle Eure Bande zerrissen?‹ – ›Sie sind es alle‹, antwortete Ānanda. ›Wenn dem so ist‹, fuhr Kāśyapa fort, ›besteht keine Notwendigkeit, Euch die Tür zu öffnen. Tretet ein, wo immer Ihr wollt...‹ Ānanda trat alsdann durch einen Riß im Holz der Türe ein, grüßte den Mönch und küßte ihm die Füße. Kāśyapa nahm ihn bei der Hand und sprach zu ihm: ›Ich wünschte, Euch all Eure Fehler auslöschen und die Frucht der *bodhi* erlangen zu sehen. Deshalb, Ihr müßtet es wissen, habe ich Euch von der Versammlung ferngehalten. Hegt darob keinen Groll.‹ Ānanda entgegnete: ›Wenn ich in meinem Herzen Groll hegte, wie könnte ich da sagen, daß ich alle meine Bande zerrissen habe?‹« Er grüßte Kāśyapa erneut, bezeigte ihm seine Dankbarkeit und nahm im Konzil Platz. Sodann bestieg er, von Kāśyapa selbst dazu aufgefordert, das Podium und rezitierte die Reden Buddhas. Die gesamte Versammlung empfing die Worte aus seinem Munde und schrieb sie auf Palmblättern nieder.

Nachdem Hsüan-tsang diesen großen Andenken Verehrung gezollt hatte, kehrte er in das Kloster von Nālandā zurück. Über ein Jahr lang – will man seinem Biographen folgen, waren es fünfzehn Monate – erklärte ihm der heilige, betagte Śīlabhadra die Texte der idealistischen und mystischen Philosophie des *yogācāra*. Diese hatte er bereits in Kaschmir studiert, wollte sich jedoch unbedingt ein weiteres Mal darin vertiefen, um die Schwierigkeiten, die er noch damit hatte, zu lösen und seine Zweifel zu zerstreuen. Seine Abhandlung, die *Siddhi*, sollte aus dieser Unterweisung hervorgehen. Er studierte ebenfalls die Texte der brahmanischen Philosophie und vervollkommnete sich in der Lektüre des Sanskrit. Sein Biograph fügte sogar an dieser Stelle seines Berichtes eine vollkommen akkurate Zusammenfassung der Sanskritgrammatik ein.

Gleichwohl sollte Hsüan-tsang sich vom Aufenthalt des Friedens und der Gelehrsamkeit, der Nālandā für ihn war, losreißen und auf den großen Straßen Indiens den Pilgerstab wieder zur Hand nehmen. Auf seinem Wege nach Bengalen machte er einige Tage im Kloster Kapota Station, das auf einem angenehmen Fleckchen Erde errichtet worden war. »Zwei oder drei *li* von dem Kloster entfernt gibt es einen alleinstehenden Berg, der terrassenartig geformt ist und dessen Gipfel durch eine reiche Vegetation, Quellen mit klaren Wassern und wohlriechende Blumen verschönt ist. Da es sich hierbei um einen Ort handelt, der durch seine landschaftliche Schönheit auffällt, hat man dort eine große Anzahl heiliger Tempel errichtet, in denen man häufig Mirakel und Wunder außergewöhnlicher Art geschehen sieht. In einem Kloster, das den Mittelpunkt des Plateaus einnahm, stand eine Statue Avalokiteśvaras aus Sandelholz, deren göttliche Kraft den allergrößten Respekt einflößt.«

Die Statue war einer der Gegenstände der Verehrung, die sich in diesem Landstrich des größten Zuspruches erfreuten. Sie war durch eine Balustrade geschützt, von der aus die Gläubigen mit Blumen nach dem Bodhisattva warfen. Diejenigen, denen es gelang, daß ihre Girlanden auf den Händen der Statue hängen blieben, betrachteten sich als erhört. Hsüan-tsang sprach drei Wünsche aus, in denen sich die reine Seele unseres Philosophen zeigt: »Erstens wünsche ich, nach Beendigung meiner Studien in Indien in meine Heimat zurückzukehren. Ich würde es als ein Vorzeichen des Gelingens werten, wenn diese Blumen sich auf Euren verehrungswürdigen Händen niederließen. Zweitens wünsche ich, eines Tages im Himmel der Glückseligen Götter wiedergeboren zu werden und Maitreya zu dienen. Wenn dieser Wunsch in Erfüllung gehen soll, so möchte ich, daß sich die Blumen auf Euren beiden ehrwürdigen Armen festsetzen. Drittens hege ich, Hsüan-tsang, Zweifel an mir selbst und weiß nicht, ob ich zu der Zahl derjenigen gehöre, die mit der Buddhanatur versehen sind. Wenn ich diese Natur besitze und wenn ich, indem ich die Tugend praktiziere, meinerseits Buddha werden kann, macht, daß sich diese Girlanden um Euren ehrwürdigen Hals schlingen.« Sprachs und warf seine Girlanden, die zu seiner Freude entsprechend seinem Wunsche hängenblieben.

Den Sommer des Jahres 638 über hielt sich Hsüan-tsang im Königreich Īraṇa(parvata) in Westbengalen auf. Der Überlieferung nach war dort die Geschichte von der Bekehrung eines menschenfressenden *yakṣa* durch Buddha angesiedelt, der von diesem Zeitpunkt an ein

Heiliger wurde. Zur Zeit Hsüan-tsangs zählte man dort an die zehn Klöster mit etwa 4000 Religiosen, die alle dem Kleinen Fahrzeug angehörten und innerhalb des Kleinen Fahrzeuges dem realistischen System der Sarvāstivādin huldigten. Ihre Lehre stand im stärksten Gegensatz zu dem idealistischen System, zu dem Hsüan-tsang sich bekannte. Ungeachtet dessen ging er bei den Doctores des Landes in die Lehre, um tiefer in ihre Texte einzudringen. Die Zeit, die er der Unterweisung durch sie widmete, zeigt uns, wie sehr seine dogmatischen Präferenzen sich durch Liberalismus zu mäßigen wußten.

Der chinesische Reisende drang sodann tief in das Herz des jetzigen Bengalen, in die Gegend der alten Stadt Campā [heute Bhagalpur] ein. Tropisches Gebiet, das im Süden von einer Zone tiefer und dunkler Wälder umgeben war, in denen zu Hunderten Herden wilder, durch ihre Kraft und Größe bemerkenswerter Elefanten, Nashörner und Raubtiere jeglicher Art umherzogen. Hsüan-tsang vermerkte, daß die Könige von Bengalen eine ungeheure Zahl von Kriegselefanten besaßen, und Elefantenjäger zu jeder Jahreszeit die Wälder durchstreiften, um die königlichen Stallungen zu versorgen.

Anschließend überquerte Hsüan-tsang den Ganges und machte einen Abstecher nach Ostbengalen (Puṇḍravardhana und Karṇasuvarṇa), ehe er sich nach Süden, nach Samataṭa im Gangesdelta, wandte, »einem tiefgelegenen, feuchten Land, in dem das Korn in Überfülle gedeiht, Blumen und Früchte in ungeheurer Menge wachsen und die Menschen von schwarzer Hautfarbe sowie von einem harten und grausamen Naturell sind«. Schließlich reiste er zum Golf von Bengalen und erreichte den Hafen von Tāmraliptī, das heutige Tamluk, von wo aus er sich nach Ceylon einzuschiffen gedachte.

Reise durch den Dekhan

Tāmraliptī war das große Handelszentrum Indiens für Inselindien und Indochina. Hsüan-tsang muß die bengalischen Seefahrer oder malaiischen Seeleute, die dort im Hafen vor Anker gingen, eingehend befragt haben; denn er nennt mit großer Genauigkeit die Länder, nach denen man sich dort einschiffte: »Bricht man in nordöstliche Richtung auf, gelangt man auf dem Seewege in das Königreich Śrīkṣetra« – Name einer früheren Hauptstadt von Birma. »Weiter im Osten befindet sich das Königreich Dvāravatī« – dies der Name eines früheren Königreichs der Mon, im heutigen Thailand gelegen und im frühen 20. Jahrhundert von Coedès und seinen Schülern wiederentdeckt. »Noch weiter östlich liegt das Königreich Īśānapura«: Īśānapura kann vor der Gründung von Angkor durchaus als eine der Hauptstädte Kambodschas bezeichnet werden, möglicherweise bei den Ruinen von Sambor Pre Kuk gelegen, die von Victor Golubev freigelegt wurden. »Weiter gen Osten gelangt man zum Königreich Mahācampā«, das »große Königreich« Campā, das, wie der Reisende angibt, damals in seiner ganzen Pracht sehr wohl die gesamte Süd- und Zentralküste des heutigen Vietnam einnahm.

Aber lediglich Ceylon, die heilige Insel, war es, die Hsüan-tsang von allen Königreichen, zu denen Schiffe von Tāmraliptī segelten, interessierte – die Heimstatt des Hīnayāna, namentlich der Realistischen Schule der Sarvāstivādin; diese Insel kennenzulernen, war unerläßlich, um das Bild über den indischen Buddhismus zu vervollkommnen.

Sein Biograph zeigt uns Hsüan-tsang, wie er am Ufer des Bengalischen Meeres von den Reliquien der alten singhalesischen Heiligtümer träumt. In der Milde tropischer Nächte läßt er seine Gedanken über die unermeßliche Weite des Ozeans schweifen. Schon glaubt er, jenseits des Horizontes über dem Meer den Zahn Buddhas wie einen

Stern über diesen Fluten strahlen zu sehen. »Zweihundert Lieues im Süden von Ceylon wirft in all den Nächten, in denen der Himmel klar und wolkenlos ist, der auf der Spitze des Stūpa des Zahnes eingelassene kostbare Diamant ein gleißendes Licht, das man von weit her sehen kann, und mit seiner strahlenden Form ähnelt er einem Planeten, der inmitten der Lüfte schwebt.« Gleichwohl brachten einige Religiose aus dem Süden, die auf der Durchreise in Tāmraliptī weilten, Hsüan-tsang davon ab, ein Schiff zu besteigen. Sie legten ihm dar, daß absolut keine Notwendigkeit bestünde, sich den Gefahren einer langen Seereise auszusetzen, um von Bengalen nach Ceylon zu reisen; vielmehr sei es weit besser, auf dem Landwege die südöstliche Spitze der Karnatik zu erreichen, von der aus man in drei Tagen auf dem Meer zur Insel gelangte.
Hsüan-tsang schloß sich dieser Meinung an und machte sich auf, den Dekhan von Nord nach Süd entlang der Ostküste der Halbinsel zu durchqueren. So reiste er durch Oḍradeśa, den heutigen Bundesstaat Orissa, und durch das Kaliṅga-Land (Circar-Küṣte), dessen glühend heißes Klima, tropische Fruchtbarkeit und üppige Vegetation er vermerkt. Die Wälder bargen namentlich eine Rasse tiefschwarzer Wildelefanten, die vor allem von den indischen Radschas sehr geschätzt wurden. Die Einheimischen beschreibt Hsüan-tsang als dunkelhäutig und hochgewachsen, von derbem und wildem Charakter, bei denen grausame Sitten herrschen: Noch heute setzt sich der Hauptteil der Bevölkerung aus Eingeborenenstämmen der Muṇḍa und Telugu zusammen, die oberflächlich hinduisiert sind.
Trotz der Existenz mehrerer kleiner buddhistischer Eilande war diese Region durchweg stark mit den diversen Sekten des Hinduismus verbunden. Hsüan-tsang weist auf die vielen hinduistischen Tempel in Orissa und Kaliṅga hin, die von einer Unmenge Einheimischer aufgesucht wurden. Die viṣṇuitischen und śivaitischen Heiligtümer in Bhuvaneśvar, Koṇārka (Konarak) und der Jagannātha-Tempel in Purī bestätigen mit ihrem Wald von krummlinigen und gewölbten, mit kräftigen Rippen versehenen Türmen, die sich in einem Zuge steil in den Himmel erheben, die Richtigkeit der Eintragungen Hsüan-tsangs. Auch wenn die meisten dieser Tempel Orissas zwischen dem neunten und zwölften Jahrhundert erbaut wurden, scheint der Mukteśvara-Tempel in Bhuvaneśvar durchaus schon zur Zeit der Reise Hsüan-tsangs existiert zu haben. Ahnte der Pilger, daß dieses üppige

Aufblühen, plötzlich aus tropischem Boden zum Vorschein gekommen, eines Tages den Samen des indischen Buddhismus ersticken würde?

Hsüan-tsangs Reiseroute nahm alsdann eine Wendung in südwestliche Richtung. Er besuchte Mahākośala, eine an Wäldern und Grünland reiche Region, im Herzen des Dekhan gelegen und von den primitiven Stämmen der Gond bewohnt, Eingeborenen »mit schwarzer Haut und von hoher Gestalt, hart und gewalttätig in ihren Sitten, kühn und heftig in ihrem Naturell«. Ein wilder Landstrich, den Rudyard Kipling zum Schauplatz seines *Dschungelbuches* machen sollte. Indessen hatte die zukünftige Heimat Mowglis im 2. und 3. Jahrhundert unserer Zeit die Blüte von zwei der größten Metaphysiker des Buddhismus, Nārgājuna und Āryadeva, erlebt. Der erste stammte aus einem benachbarten Distrikt (Berār), der zweite war singhalesischer Herkunft; beide waren sie Begründer des mächtigen und subtilen Kritizismus der Mādhyamika. Durchaus gewöhnliche Kontraste für dieses so mannigfaltige und doch zugleich so homogene indische Land, das uns auf gleicher Ebene die brutale Barbarei und das Genie eines Kant enthüllt.

Durch die immensen Wälder, welche von dem Flußnetz der Godāvarī bewässert wurden, erreichte der Pilger das einstige Königreich Āndhra, das in etwa dem Teil des heutigen Bundesstaates Andhra Pradesh entspricht, der zwischen dem Flußlauf der Godāvarī und dem der Kṛṣṇā (Kistna) liegt. Erst wenige Jahre vor seinem Besuch war dieses Land von einem Klan der Cālukya erobert worden, die aus dem Marāthenland gekommen waren und ihre Hauptstadt in Veṅgipura errichtet hatten. Genau um diesen Cālukya-Staat Veṅgipura handelt es sich, wenn Hsüan-tsang von dem Königreich Āndhra spricht. Der Südosten des einstigen Āndhra mit den auf beiden Ufern der unteren Kṛṣṇā gelegenen Städten Bezwada und Amarāvatī bildete im 7. Jahrhundert das eigenständige Königreich Dhanakaṭaka. Stromaufwärts von Amarāvatī, gleichfalls auf dem Südufer der Kṛṣṇā, lagen zwei weitere, in der Geschichte der Archäologie berühmte Stätten, Goli und Nāgārjunikoṇḍa. Der Historiker Jouveau-Dubreuil, Spezialist für Südindien, hat nachgewiesen, daß sich zur Zeit Hsüantsangs ein Cola- (=Tamilen-) Klan in diesem, im wesentlichen Telugu-Distrikt zwischen den Flüssen Kṛṣṇā und Pennār angesiedelt hatte, so daß dort das alte Königreich Cola zu suchen ist.

Auch wenn die Sanskritkultur in den höheren Klassen allgemein verbreitet war, betrat Hsüan-tsang dort die Domäne der Telugu-Sprache, deren Unterschied zu den indoarischen Dialekten er eigens notiert. Āndhra hatte nichtsdestotrotz eine beachtliche Rolle in der Geschichte des Buddhismus gespielt. In den ersten Jahrhunderten unserer Zeit, als Nordindien in künstlerischer wie politischer Hinsicht unter griechischer und skythischer Herrschaft stand, hatte Āndhra zugleich mit seiner Unabhängigkeit die Tradition der indischen Ästhetik bewahrt: Amarāvatī, Goli und Nāgārjunikoṇḍa hatten sich vom 2. bis zum 4. Jahrhundert mit Stūpas bedeckt, deren Skulpturen als Bindeglied zwischen der ›primitiven‹ buddhistischen Kunst von Sāñcī und den Gupta-Werkstätten des 4. bis 7. Jahrhunderts dienen.

Die große Bildhauerschule ist uns bereits durch die Stücke, die sich im Besitz des Museums von Madras und des British Museum befinden, wohlbekannt. Sie ist uns noch vertrauter geworden, seitdem 1928 eine wundervolle Sammlung von Reliefs, die aus dieser Gegend von Amarāvatī stammen und aus dem zweiten bis fünften Jahrhundert datieren, im Musée Guimet untergebracht worden ist. Es genügt, wenn wir auf diesen Stücken aus reinem Marmor die von den alten Meistern von Āndhra liebevoll ausgemeißelten Szenen aus dem buddhistischen Legendarium erblicken, um die herausragende Stellung zu begreifen, die diese Schule bei der Herausbildung der indischen Ästhetik einnahm. Aufgrund der Zartheit ihrer Inspiration gewiß buddhistische Werke, aber von einer derart anmutigen heidnischen Ausführung, daß man hier die ewige Jugendlichkeit der Hindunatur vorüberziehen fühlt. Welch eine Frische, welch frühlingshafte Kraft, welch Gefühl für das Spiel lebendiger Formen, welch naive Lebensfreude, welche Weichheit auch in der Szene von des Bodhisattvas Leben der Sinnenlust im Frauengemach, getreu nach dem Text des *Lalitavistara* selbst gestaltet! »Träumereien eines mystischen Heiden«, die uns zeigen, in welchem Maße die buddhistische Lehre von der Entsagung sich in der Praxis einer Mentalität anzupassen wußte, die der des antiken Hellas ganz nahe stand – und nicht des Hellas der Tragiker und Philosophen, sondern des Hellas der Anthologie. Überdies war die griechisch-römische Kunst selbst nicht ganz ohne Einfluß auf Amarāvatī gewesen, wie man aufgrund der Handelsbeziehungen vermuten konnte, die zur Zeit des Plinius zwischen den

»Andarae« und der klassischen Welt bezeugt sind, und wie es die Münzen der Cäsaren sowie der Buddhakopf mit dem Gesicht eines Kaisers belegen, die Jouveau-Dubreuil in eben dieser Gegend gefunden hat.

Auch auf dem Gebiet der Lehre hat das ehemalige Āndhra viel für die buddhistische Kultur getan. In der zweiten Hälfte des 5. Jahrhunderts hatte der illustre Philosoph Dignāga einen Teil seiner Abhandlungen über die Logik und die Erkenntniskritik in Amarāvatī verfaßt, und zur Zeit Hsüan-tsangs traf man dort noch hervorragende Doctores an, die sich ganz den Lehren des Großen Fahrzeuges widmeten. In Amarāvatī oder Bezwada verbrachte der Pilger mit ihnen die Regenzeit des Jahres 639.

Von Amarāvatī aus reiste Hsüan-tsang nach Südwesten über Nāgārjunikoṇḍa und durch den Wald von Karnul, wandte sich dann nach Süden und gelangte durch das Becken des Pennār in die Karnatik, eine tropische Region mit feuchtheißem Klima. Dieses alte Tamilengebiet war das dravidische Land par excellence, der ›Drāviḍa‹, wie es der Pilger nennt. Es gehörte damals der Pallava-Dynastie, deren Hauptstadt Kāñcīpura und deren Haupthafen Māmallapura[1] oder ›Sieben Pagoden‹ war; Städte, die beide auf dem Nordufer des unteren Palār lagen.

Die Pallava-Dynastie ist eine der glorreichsten Dynastien in der indischen Geschichte. Nachdem sie die Könige von Āndhra in der Hegemonie über den östlichen Dekhan abgelöst hatte, mußte sie sich nunmehr gegen ein anderes dekhanisches Haus, das der Cālukya aus dem Marāthenland, behaupten, das ihr gerade das Gebiet zwischen den Unterläufen der Kṛṣṇā und Gondāvarī entrissen hatte. Trotz dieses Verlustes sollten die Pallava noch furchtbare Rache an ihren marāthischen Feinden nehmen. Der Pallava-König mit dem so unmißverständlich viṣṇuitischen Namen Narasiṃhavarman, der zwischen 625 und 645, mithin zur Zeit von Hsüan-tsangs Besuch, herrschte, besiegte und tötete nämlich im Jahre 642 den mächtigen König von Mahārāṣṭra, Pulakeśin II.

---

1 In modernen Atlanten, historischen Arbeiten und allgemeinen Nachschlagewerken gewöhnlich als Mahābal(l)ipuram, Māvalipuram (Grousset) u. a. m. angegeben. Schreibungen, die das Wort *bali/vali* enthalten, basieren auf einer falschen Etymologie. Hierzu wie auch zur Herkunft des Namens Māmallapura(m) siehe Vincent A. Smith: *The Early History of India from 600 B. C. to the Muhammadan Conquest*; Oxford 1957, S. 496. (Anm. d. Übers.)

Gleichzeitig gehören die Pallava zu den Dynastien, die die größten Beiträge zur indischen Kultur geleistet haben. Frühzeitig hatten sie ihren eigenen Baustil geschaffen, aus dem sich alle Stilrichtungen des Südens ableiten sollten. Zur Zeit der Durchreise Hsüan-tsangs füllte sich Māmallapura, ihre Metropole, mit bewunderungswürdigen Werken, die aus ihr eine der Hauptstädte der indischen Kunst gemacht haben. Aufgrund der beachtlichen Arbeiten von Victor Golubev ist uns dieser in Indien vielleicht einzigartige Komplex bekannt: monolithische Tempel, die in dem Ruf nach ihren südvietnamesischen (Campā) und indonesischen Nachbildungen den ganzen Strand bedecken; Felsen, die in Form von Tierstatuen mit wunderbar großzügigem und mächtigem Naturalismus behauen sind; ganze Felswände, zu Steinfresken gearbeitet, zu immensen Tableaus, in ihrer Komposition, ihrer Bewegung und ihrem Lyrismus bis zu dieser Zeit in Indien beispiellos.

Einige dieser Meisterwerke wird Hsüan-tsang wahrscheinlich kennengelernt haben. Denn unter den Skulpturen von Māmallapura stammen zumindest zwei aus dem 7. Jahrhundert, die der Yamapurī- und Valadalandha-Grotten mit ihren schönen Reliefs, die die Inkarnationen Viṣṇus darstellen. Vielleicht sah der Pilger sogar den Beginn der Arbeiten an dem großen Felsrelief, das die Herabkunft der Gaṅgā [Ganges] mit ihren Scharen von Göttern, Genien, Asketen und Tieren in Anbetung der lebensspendenden Wasser festhält. Eine solche Glorifizierung, eine solche Vergöttlichung der Kräfte der Natur, guter wie schlechter – oder vielmehr in ihrer Gesamtheit gut, weil sie der Ausdruck des Lebens selbst und hier zudem relativ vermenschlicht sind, da nun einmal die Inspiration des Werkes durchweg viṣṇuitisch bleibt –, ein solches Aufbranden von vitalem Lyrismus konnte bei dem Pilger der buddhistischen Entsagung gewiß nur Mißfallen erregen. Für uns jedoch ist es nicht ohne Interesse festzustellen, daß die idealistische Spekulation eines Śīlabhadra und eines Hsüan-tsang zeitlich mit dem naturalistischen Überschwang in Māmallapura zusammenfiel – so sehr war dieses große 7. Jahrhundert Indiens auf dem Gebiete der Ästhetik wie in den Bereichen der Metaphysik durch einen Strom kreativer Kräfte von ewigem Wert getragen.

Im Jahre 640 scheint sich Hsüan-tsang längere Zeit im Lande der Pallava aufgehalten zu haben. Dort fand er in Kāñcīpura das Anden-

Szene aus dem Wandbild des predigenden Buddha, Kizil, 7. Jhd. (Museum für Indische Kunst, Staatliche Museen Preußischer Kulturbesitz, Berlin).

ken an einen der illustresten mahāyānistischen Metaphysiker, Dharmapāla, wieder, der, um 560 gestorben, der Meister Śīlabhadras gewesen war. Nun war, wie wir gesehen haben, der heilige, betagte Śīlabhadra als Superior der monastischen Stadt Nālandā selbst Hsüan-tsangs Meister. So besuchte der Pilger mit einer besonderen Ergriffenheit die Heimat des großen Philosophen. Er erzählt uns, wie Dharmapāla einst die Hand einer Prinzessin von Kāñcīpura zurückgewiesen hatte, um den Lebensweg eines Religiosen einzuschlagen; eine Entscheidung, die der mahāyānistischen Literatur zu einigen ihrer berühmtesten Werke verhelfen sollte.

Jedoch war Hsüan-tsang nur deshalb so weit nach Süden vorgedrungen, weil er die Hoffnung gehegt hatte, sich von dort aus nach Ceylon einschiffen zu können. Aber eine schwere Enttäuschung erwartete ihn. Infolge einer Reihe von Palastrevolutionen war die heilige Insel Bürgerkrieg und Hungersnot preisgegeben. Weit davon entfernt, dort in Ruhe und Frieden geistlichen Übungen nachgehen zu können, traf er in Kāñcīpura auf singhalesische Mönche, die zur Flucht gezwungen gewesen waren und ihm anscheinend von der Reise abgeraten haben.

Hsüan-tsang verzichtete darauf, die Insel zu besuchen, und nahm wieder die Reise um den Dekhan auf. Er bereiste das Land, das er Malakūṭa (Malakottai) nennt, das heißt das Tamilengebiet von Tanjore und Madurā, das einstmals das mächtige Reich der Cola gebildet hatte und es eines Tages wieder aufrichten sollte. Das Klima war brennendheiß und feucht; die tropische Vegetation brachte kostbare Hölzer hervor, und das Gebiet war durch die Perlenfischerei und den Gewürzhandel mit Insulinde reich geworden. Zur vollen Entfaltung sollte das Reich der Cola gleichwohl erst sehr viel später, im 10. Jahrhundert, gelangen. Die Bevölkerung sprach Tamil und war von schwarzer Hautfarbe. Einst vom Buddhismus durchdrungen, war sie jedoch beinahe sofort zu den hinduistischen Kulten, besonders zum Śivaismus, zurückgekehrt; auch gab es zahlreiche Jainagruppierungen.

Entlang der Küste des Golfs von Bengalen war Hsüan-tsang den Dekhan hinabgestiegen. Entlang der Küste des Arabischen Meeres durchquerte er ihn nun in entgegengesetzter Richtung, wobei er das Land Koṅkan und Mahārāṣṭra, das heutige Marāthenland, durchquerte. Dieses Gebiet machte damals das Reich der Cālukya aus.

Die Cālukya, die in der Geschichte jener Zeit eine Rolle ersten Ranges spielen, waren ein starker Kriegerklan rājputischen Ursprunges, der am Ende des 6. Jahrhunderts die marāthischen Völkerschaften organisiert hatte. Zum Zeitpunkt der Reise Hsüan-tsangs beherrschten sie den gesamten Nordwesten des Dekhan. Die Beschreibung, die Hsüan-tsang uns von ihrem Land gibt, ist von einer bemerkenswerten Genauigkeit. Er vermerkt ein Klima, das dank der Nähe des Meeres und der Höhe der Ghāts relativ mild und gemäßigt ist. Er erwähnt den kriegerischen Charakter der marāthischen Volksstämme, und seine diesbezüglichen Hinweise besitzen dauerhafte Gültigkeit, angefangen mit dem Cālukya-Herrscher Pulakeśin, dem Bezwinger Kaiser Harṣas, bis zu Śivajī [1627–80] der Bergratte: »Die Einwohner sind von hohem Wuchs und haben trotz einfacher und ehrlicher Sitten einen stolzen und hitzigen Charakter. (Vor allem anderen) schätzen sie Ehre und Pflicht und mißachten den Tod. Wer immer ihnen Gutes getan hat, kann auf ihre Dankbarkeit zählen; doch wer sie beleidigt hat, wird ihrer Rache niemals entgehen. Wenn jemand sie beleidigt, riskieren sie sogleich ihr Leben, um die Schmach zu tilgen. Aber wenn jemand in seiner Not zu ihnen kommt und sie um Hilfe anfleht, vergessen sie die Sorge um ihr eigenes Leben, um ihm Unterstützung zuteil werden zu lassen. Haben sie eine Beleidigung zu rächen, so versäumen sie es niemals, ihren Feind vorher zu warnen. Danach richtet ein jeder Mann seine Waffen her und kämpft mit der Lanze in der Hand. Im Kampf verfolgen sie die Fliehenden, töten jedoch niemals diejenigen, die sich ergeben haben. Wenn einer ihrer eigenen Generäle eine Niederlage hinnehmen mußte, belegen sie ihn mit keinerlei Strafe, sondern putzen ihn lediglich mit Frauenkleidern auf, so daß er sich häufig selbst den Tod gibt, um der Schmach zu entgehen.« – Kurz und gut, dies war einer der stärksten Kriegerstämme Indiens und einer der ritterlichsten dazu. Das knappe Bild Hsüan-tsangs kündigt bereits an, was das rājputische Epos des Mittelalters und das marāthische Epos des 18. Jahrhunderts einstmals beinhalten werden.

Der König von Mahārāṣṭra war besagter Pulakeśin II., der alle Angriffe des nordindischen Kaisers Harṣa siegreich zurückgeschlagen hatte. Er, der um 608 den Thron bestiegen hatte, befand sich damals auf dem Gipfel seines Ruhmes und in den letzten Jahren seiner Herrschaft, die 642 ihr Ende finden sollte. Trotz der Bewunderung, die Hsüan-tsang für Harṣa, seinen Glaubensbruder und späteren Protektor und Freund, empfand, läßt er den Verdiensten des marāthischen Souveräns volle Gerechtigkeit wiederfahren. So schreibt Hui-li[1]: »Seine Ansichten zeugen von Weitblick und Tiefgründigkeit, und er verbreitet seine Menschlichkeit und seine Wohltaten in weite Fernen. Seine Untertanen dienen ihm mit unbedingter Ergebenheit... Er findet Gefallen an kriegerischen Handlungen und räumt dem Ruhm der Waffen die höchste Stellung ein. Aus diesem Grunde werden in seinem Königreich Infanterie und Kavallerie mit der größten Sorgfalt ausgerüstet und die militärischen Vorschriften strikt befolgt.« Hsüan-tsang selbst hält fest: »Der Staat unterhält eine Abteilung furchtloser Kämpen, die mehrere hundert Mann stark ist. Wenn sie sich auf den Kampf vorbereiten, trinken sie derart viel Wein, daß sie in einen Rausch versetzt werden; alsdann ist ein einziger dieser Männer in der Lage, mit der Lanze in der Faust zehntausend Feinden die Stirn zu bieten. Wenn er in diesem Zustand einen Mann tötet, der sich ihm in den Weg stellt, wird er dem herrschenden Gesetz zufolge nicht bestraft. Wenn die Armee zu Felde zieht, marschieren die Recken an der Spitze zum Schlag der Trommel.« Darüber hinaus hielt der König von Mahārāṣṭra in seinen Ställen mehrere hundert Kriegselefanten der wildesten Art. Im Augenblick der Schlacht tränkte man auch sie mit starkem Gebräu, bis der Rausch sie rasend machte. Dann hetzte man sie wie einen Wirbelwind auf den Feind, und ihr massiver Angriff trampelte alles nieder, was sich ihnen in den Weg stellte.

Mit einer solchen militärischen Organisation war König Pulakeśin der gefürchtetste Fürst der indischen Halbinsel. Harṣa, der andere indische Potentat, Kaiser der Welt am Ganges, vermochte nichts gegen ihn auszurichten. »Gegenwärtig«, schreibt Hsüan-tsang, »trägt Kaiser Harṣa seine siegreichen Waffen von Ost nach West. Er unterjocht weit entfernte Völker und läßt die Nachbarvölker erzittern;

1 Schüler und Freund Hsüan-tsangs, der bereits zu dessen Lebzeiten mit der Abfassung einer Biographie seines Meisters begann, welche von einem weiteren Schüler Hsüan-tsangs, Yen-ts'ung, revidiert, erweitert und 688 mit einem Vorwort versehen, in 10 Bänden fertiggestellt wurde. Ihr vollständiger Titel lautet *Ta-t'ang ta-tz'u-ên-szu san-tsang-fa-shih chuan* (Chronik des Meisters des Gesetzes der drei Körbe [tripiṭaka], residierend im Kloster der Großen Wohltätigkeit zur Zeit der Großen T'ang-Dynastie). Zu Übersetzungen dieses Werkes in europäischen Sprachen siehe die Bibliographie am Ende dieses Buches. (Anm. d. Übers.)

doch die Männer dieses Königreiches sind die einzigen, die sich ihm nicht unterworfen haben. Obwohl er sich mehrere Male an die Spitze sämtlicher Truppen der Fünf Indien[1] gestellt hat, ist es ihm niemals gelungen, ihren Widerstand zu überwinden.«

Möglicherweise hat Hsüan-tsang die Regenzeit des Jahres 641 in Nāsik, der Hauptstadt Pulakeśin II., verbracht. Nachdem er sich über die politischen Verhältnisse des Landes ausgelassen hat, vermerkt er mit Sachkenntnis die intellektuellen Fähigkeiten der marāthischen Rasse: »Die Einwohner begeistern sich für das Studium.« Die Cālukya-Dynastie bekannte sich übrigens zum Hinduismus und war insbesondere den śivaitischen Sekten zugetan; aber die beiden Religionen lebten noch friedlich nebeneinander. Zugleich weist Hsüan-tsang darauf hin, daß in Koṅkan und Mahārāṣṭra ungefähr 200 buddhistische Klöster und mehrere hundert brahmanische Tempel existierten.

Die Fortschritte der indischen Archäologie gestatten es uns heute, Namen für die verkürzten Angaben Hsüan-tsangs zu nennen. Und welche Namen! War die Hauptstadt von Mahārāṣṭra nicht Vātāpī (heute Bādāmi), deren Tempel wie der Mālegitti Śivālaya in ihrer Mehrzahl genau aus der Zeit Hsüan-tsangs stammen (um 625)? Reichen die frühesten Meisterwerke von Ellora weiter im Norden, wie die Höhle der Inkarnationen *(avatāra)*, Ravāṇa ka Khai, Dhumar Lenā und der Tempel Rāmeśvara, nicht auch ins 7. Jahrhundert zurück? Zweifellos handelte es sich dort um ein Ideal, das mehr noch als im weiter oben angesprochenen Falle von Māmallapura dem Denken Hsüan-tsangs ungemein fremd war. Denn nichts konnte dem transzendenten Idealismus des Mahāyāna entgegengesetzter sein als diese śivaitischen Glaubensvorstellungen – eine tosende Woge, die jegliche Art von Monstrosität und Grausamkeit ebenso mit sich riß wie alle Arten der Lieblichkeit des Seins; eine verzweifelte, übermenschliche, beinahe unmenschliche Anstrengung, durch eine totale und freudige Bejahung des Lebens die allerhöchste Mystizität zu erreichen.

War es aber für ein unbefangenes Auge ein so großer Sprung von der

1 Umfaßte laut V. A. Smith, *op. cit.*, S. 353, Anm. 2, die Gebiete Svārasvata (Pandschab), Kanyākubja (in etwa heutiger Bundesstaat Uttar Pradesh), Gauḍa (Bengalen), Mithilā (Nord-Bihār) und Utkala (Orissa). Allerdings gehörte Utkala bzw. das Königreich Oḍra niemals zum Herrschaftsbereich Harṣas. (Anm. d. Übers.)

buddhistischen Kunst der Gupta-Werkstätten bis zu den hinduistischen Werken des Marāthenlandes? Ist der triumphierende Śiva der Höhlen von Ellora und Elephanta nicht doch einer dieser Bodhisattvas, mit denen uns die Maler von Ajaṇṭā wie die Bildhauer von Borobudur bekannt gemacht hatten? Die Körper sind ebenso harmonisch, ebenso rein und anmutig wie die früher entstandenen, jedoch von nun an von jeglicher Idee von Entsagung befreit, zurückgekehrt aus ihrer gedankenversunkenen Desillusion, um sich direkt in die Dinge selbst, in den bald mystischen, bald sinnlichen Rausch des Lebens zu stürzen.

Reisende stießen übrigens auch im Marāthenland auf einige Meisterwerke buddhistischer Kunst. In der Nähe von Kalyāṇī, einer der wichtigsten Städte der Region, konnte man die Monumente der frühen Śuṅga- und Āndhra-Schulen wie das Kloster *(vihāra)* von Bhājā und das Heiligtum *(caitya)* von Bedsā bewundern, die ins 2. Jahrhundert vor unserer Zeit zurückreichen, oder wie den großen *caitya* von Kārlī, der wahrscheinlich um die Zeitwende datiert. Vor allem aber befanden sich im Reiche des Königs Pulakeśin, im Herzen von Mahārāṣṭra, die berühmten Katakomben von Ajaṇṭā mit ihren unterirdischen Klöstern und unsterblichen Fresken. Es ist bemerkenswert, daß Hsüan-tsang nichts über diese Heiligtümer verlauten läßt. Und doch war es zu seiner Zeit, in der ersten Hälfte des 7. Jahrhunderts, daß die schönsten Fresken von Ajaṇṭā, die der Höhlen I und II, ausgeführt wurden. Aber was bedeutet denn schon sein Schweigen? Das Wichtigste ist die tiefe Harmonie, die zwischen dem leidenschaftlichen Idealismus, für den sein Werk Zeugnis ablegt, und den übernatürlichen Erscheinungen besteht, von denen die Wände von Ajaṇṭā erstrahlen. Gleicht die Vision, welche der Bodhisattva Mañjuśrī wenig später dem Pilger zuteil werden ließ, nicht jener, die den Besuchern von Ajaṇṭā der ›Bodhisattva mit blauem Lotus‹ bereitet – vielleicht tatsächlich Mañjuśrī selbst –, jene Figur, die in ihrer leicht geneigten Haltung unter ihrer Tiara aus reinem Gold eine derart inbrünstige Mystizität ausstrahlt, daß man sie mit Leonardos Skizze für den Christus des Abendmahles verglichen hat? Wenn wir die getreuen Reproduktionen Victor Golubevs von diesen zarten und wunderbaren Bildern betrachten, die in den Tagen, da der indische Buddhismus im Niedergang begriffen war, an einer mitten im Marāthenland verlorenen Stätte zum Leben erweckt worden sind, werden wir uns am ehesten das Ideal der Zeitgenossen Hsüan-tsangs, das Objekt ihres Glaubenseifers und die Seele ihres Traumes vor Augen führen können.

Mahārāṣṭra verlassend, überquerte Hsüan-tsang die Narmadā (Nerbudda) und machte einige Tage am Arabischen Meer in Bharukaccha (Bharuch), von den griechischen Geographen Barygaza genannt, Station, dessen Bedeutung als Handelshafen er vermerkt. Barygaza wird von griechischen und byzantinischen Schriftstellern als der große Umschlaghafen zwischen der indischen Welt und der Provinz Ägypten beschrieben.
Auch versäumte es Hsüan-tsang nicht, weiter im Norden Mālava, eines der zivilisiertesten und kultiviertesten Länder Indiens, zu besuchen, das einen Ehrenplatz in der Geschichte der Sanskritliteratur einnimmt. In dieser Hinsicht vergleicht Hsüan-tsang es zu Recht mit Magadha. Mālava war die Heimat Kālidāsas, des vielleicht größten Sanskritdichters sowie Autors des Dramas ›Die Anerkennung der Śakuntalā‹ *[Abhijñānaśakuntala]* und weiterer unsterblicher Theaterstücke, dessen Renommee noch äußerst lebendig gewesen sein muß, hatte er doch im 5. Jahrhundert, einhundertfünfzig Jahre vor Hsüantsang, gelebt.
Im Westen grenzte Mālava an das Königreich Valabhī auf der Halbinsel des Gujarāt. Valabhī wie auch die benachbarte Provinz Surāṣṭra (Surat) lebten vom Seehandel mit dem Persischen Golf und dem mittelmeerischen Orient. »Man findet in diesem Königreich«, schreibt Hui-li, »Berge kostbarer Waren aus fremden Ländern. Es gibt über einhundert Familien, deren Vermögen sich auf mehr als eine Million Silberunzen beläuft.« Vom Beginn des 6. Jahrhunderts bis zum letzten Viertel des 8. Jahrhunderts gehörte diese reiche Landschaft der tatkräftigen Maitraka-Dynastie, deren Andenken aufgrund ihrer schönen Münzen für immer fortbestehen wird. Zwischen 633 und 640 hatte der König von Valabhī die Oberherrschaft des nordindischen Kaisers Harṣa anerkennen müssen. Zur Zeit der Durchreise Hsüan-tsangs war der regierende Fürst, Dhruvasena, offen dem politischen System Harṣas beigetreten, indem er sein Schwiegersohn wurde. Obgleich die Valabhī-Dynastie bis dahin hinduistisch gewesen war, hatte sich Dhruvasena nach dem Vorbild Harṣas persönlich dem buddhistischen Glauben angeschlossen. »Jedes Jahr«, schreibt

Hsüan-tsang, »hält er eine siebentägige große Versammlung ab, auf der er an die Menge der Religiosen auserlesene Speisen, die Drei Kleidungsstücke, Medikamente, die Sieben Kostbaren Dinge und Edelsteine von höchstem Wert verteilt. Er schätzt die Tugend und verehrt die Weisen. Die Religiosen aus fernen Landen empfangen von ihm besondere Ehrerbietungen und Huldigungen.«

In dieser maritimen Provinz konnte Hsüan-tsang einige Informationen über Persien sammeln. Obwohl er sich niemals dem Wagnis einer Reise in den Iran ausgesetzt hat, sind seine Aufzeichnungen darüber sehr interessant, wenn wir den Zeitpunkt ihrer Niederschrift in Betracht ziehen, den Vorabend des Zusammenbruchs des Sassanidenreiches selbst. Hsüan-tsang weist auf die Bedeutung des Kanalbaus für das Leben auf diesem teilweise wüstenartigen Hochplateau hin, und alle, die entlang den persischen Wegen von Teheran nach Ispahan und nach Schiras den unterirdischen Kanälen gefolgt sind, die in Abständen durch eine Reihe alter königlicher Brunnen markiert sind, werden über die Genauigkeit seiner Aussage überrascht sein. Zählt nicht außerdem das *Avesta*, das heilige Buch des alten Persien, die Instandhaltung der Bewässerungskanäle zu den frommen Werken? Hsüan-tsang erwähnt ebenfalls die ausgezeichnete Qualität der iranischen Stoffe: »Sie verstehen sich darauf, brochierte Seide, Stoffe und verschiedene Arten von Teppichen zu weben.« Von den Sassaniden bis in unser Jahrhundert ist dies sehr wohl die Hauptindustrie Persiens geblieben.
Darüber hinaus konnten den chinesischen Pilgern, auch wenn sie an den Grenzen des persischen Reiches Halt machten, auf ihren Reisen durch Zentralasien kaum jene reichen iranischen Gewebe verborgen geblieben sein, deren Reste, wiedergefunden durch die Expedition von Le Coqs, so offenkundig aus sassanidischer Zeit stammen. Wenn ihnen plötzlich in den Sinn gekommen wäre, bis in das Herz des Iran weiterzureisen, hätten sie dort den Ursprung der dekorativen Sujets entdecken können, wie sie im Gebiet von Kutscha üblich waren. Auf dem Gewand Choraus II., zu Pferde auf den Felsreliefs von Taq-i Bostan unweit von Kirmanschah dargestellt, hätten sie den heraldischen Vogel wiedergefunden, der den Brokaten von Kutscha und Turfan teuer war.
Wie nach ihm alle Reisenden vermerkt Hsüan-tsang für den Handel

die Qualität der iranischen Pferde und Kamele. Weil er mit Sicherheit einige von ihnen gesehen hat, erwähnt er die Schönheit der sassanidischen Silbermünzen, und es gibt keinen Numismatiker, keinen Reisenden, durch dessen Hände die bewunderungswürdigen Stücke der Chosraus und Schapurs jemals gegangen sind, der nicht bereit wäre, ihm recht zu geben. Heiraten zwischen Bruder und Schwester, wie sie vom Parsismus empfohlen wurden, veranlassen ihn natürlich zu einigen harschen Bemerkungen. Nicht weniger schockiert ist er über den parsischen Brauch, die Leichen der Verstorbenen den Geiern auf den ›Türmen des Schweigens‹ auszusetzen: »Wenn ein Mensch gestorben ist, wird sein Körper auf den Abfallplatz geworfen.« Gleiches wird die *Geschichte der T'ang* festhalten: »Jeder Mensch, der stirbt, wird in den Bergen zurückgelassen«, wobei sie hinzufügt, daß »die Geier des Iran so riesig sind, daß sie Schafe verschlingen können.«

Obwohl der Parsismus Staatsreligion war, zeigte sich das Sassanidenreich dem Buddhismus gegenüber recht tolerant – zumindest in den afghanischen Grenzgebieten – wie auch gegenüber dem Nestorianismus in der mesopotamischen Region. Hsüan-tsang notiert, daß man zwei oder drei buddhistische Klöster in Persien mit mehreren hundert Religiosen zählte, die der hīnayānistischen Schule der Sarvāstivādin anhingen. Neuere Funde in Afghanistan bestätigen diese Behauptung. Die Fresken von Bāmiyān, die von André Godard und seiner Frau freigelegt wurden und aus dem 3. bis 5. Jahrhundert stammen, weisen in ihrer allgemeinen buddhistischen Eingebung Züge auf, die rein sassanidisch sind. Mußte man nicht angesichts der erstaunlichen Enthüllung eines bärtigen und mit einer Tiara bekrönten sassanidischen Königs – ein wahrer Schapur, ein authentischer Chosrau –, der auf diesen Fresken Seite an Seite mit buddhistischen Mönchen und einem gandhārischen Buddha steht, nach den gräko-buddhistischen Schulen der Vergangenheit hier das Entstehen einer gleichsam sassanidisch-buddhistischen Schule in Betracht ziehen? Tatsächlich sollte Joseph Hackin etwas weiter entfernt in Dokhtar-i Noschirwan andere, diesesmal rein sassanidische Fresken finden, königliche Fresken von der Hand irgendeines indischen Buddhisten. Ein unanfechtbarer Beweis für das gute Einvernehmen zwischen dem mazdaistischen Reich und den indischen Gemeinden in diesen, der sassanidischen Monarchie erst relativ spät angegliederten afghanischen Grenzmarken. Und sollte nicht außerdem dieser nämliche indische Einfluß bis hinein in den Westen des sassanidischen Persien sogar auf den Abbildungen der Jagdelefanten Chosraus II. in Taq-i Bostan wiedergefunden werden?

In politischer Hinsicht war das sassanidische Persien zur Zeit der Pilgerfahrt Hsüan-tsangs der Schauplatz tiefgreifender Umwälzungen.

Während im Fernen Osten die T'ang-Dynastie das große chinesische Reich der alten Han-Kaiser bis zum T'ienshan und Pamir wiederherstellte, war die Dynastie der Sassaniden in Persien unter Chosrau II. (590–628) einen Moment lang nahe daran gewesen, das große Achämenidenreich von einst wiederaufzubauen. Zwischen 611 und 616 hatten die persischen Armeen Syrien, Ägypten und Kleinasien erobert; 626 waren sie nach Konstantinopel gezogen, um die Stadt zu belagern. Aber der Gegenangriff des byzantinischen Kaisers Herakleios im Kaukasus und in Assyrien hatte im folgenden Jahr die Macht Chosraus gebrochen. Nun brach über das erschöpfte Reich an seiner südwestlichen Flanke die arabische Invasion herein. Ein erster Sieg 636 bei Qadisiya hatte den Arabern die Ebenen Mesopotamiens ebenso preisgegeben wie die persische Hauptstadt Ktesiphon, die sie im folgenden Jahr besetzten. Ein zweiter Sieg 642 bei Nehawend lieferte ihnen das iranische Hochland vom Zagros-Gebirge bis nach Chorasan aus. Der letzte, nach Merw (Mary) an die Grenzen Transoxaniens geflüchtete Sassanide, Yezdegerd III., sollte China vergeblich um Hilfe anflehen. Er starb 652, ohne daß ihm die erhoffte Hilfe zuteil wurde: für die Armeen der T'ang war Persien zu weit entfernt, als daß sie ihre Standarten dorthin hätten tragen können. Immerhin aber nahm der Hof der T'ang die exilierten Sassaniden bei sich auf. So sollte eine Dynastie auf melancholische Weise im Schutze der chinesischen Gastfreundschaft enden, die vier Jahrhunderte lang die Geschicke Roms ins Wanken gebracht und einen Moment lang den Ruhm der Dareios und Artaxerxes wiederhergestellt hatte.

Der Islam! Seine mit der Gewalt eines Blitzes alles niederschmetternde Invasion sollte alle kulturellen Gegebenheiten in Mittelasien verändern. Schätzen wir uns glücklich, daß ein so bedeutender Zeuge wie Hsüan-tsang für uns am Vorabend der großen Umwälzung diese bedrohte Zivilisation beobachten konnte.

Nālandā, die Klosterstadt

In westlicher Richtung drang Hsüan-tsang bis zum mittleren Indus vor. Nachdem er Sindhu (Sind) und Mūlasthānapura (Multan) besucht hatte, kehrte er nach Magadha zurück, wo er erneut in Nālandā Aufenthalt nahm, der sich als ebenso fruchtbar wie der erste erweisen sollte. Sein Besuch der Heiligen Stätten war beendet, so daß er den Rest seiner Zeit darauf verwenden konnte, sich um Unterweisung durch Meister der indischen Philosophie zu bemühen. Als er erfahren hatte, daß ein gelehrter Mönch der Sekte der Sarvāstivāda namens Prajñābhadra in einem anderen Kloster etwa 40 Kilometer von Nālandā entfernt wohnte, begab er sich zu ihm und verbrachte zwei Monate in dessen Gesellschaft. Noch berühmter war ein buddhistischer Eremit mit Namen Jayasena, der sich auf dem Berge Yaṣṭivana in der Nähe von Nālandā niedergelassen hatte. Er war einer der bemerkenswertesten Philosophen des Mahāyāna. Aber obwohl er von den Unterweisungen durch Śīlabhadra profitiert hatte, hatte Jayasena seine Ausbildung durch Sthiramati erhalten, das Haupt eines anderen Zweiges der Idealistischen Schule, die näher am Kritizismus der Mādhyamika geblieben war. In den Aufzeichnungen Hsüan-tsangs und seines Biographen erscheint er uns als ein Philosoph von wahrhaft eklektischem Wissen, als ein Enzyklopädist, für den die *Veda-Schriften*, die indischen Wissenschaften und selbst die Lehren des Hinduismus keine Geheimnisse bargen. Seine Einsiedelei, um die sich mehrere hundert Schüler scharten, war eine der ›Weisheitsschulen‹, die Indien zu allen Zeiten gekannt hat. Bei ihm brachte Hsüan-tsang viele Monate damit zu, seine Kenntnisse der Texte der Idealistischen Schule zu vertiefen.

Dem Bericht zufolge, den uns die Schüler Hsüan-tsangs hinterlassen haben, fand an diesem Ort eine merkwürdige ›Offenbarung‹ statt. Der Meister des Gesetzes wurde im Traum in das Kloster von

Nālandā entrückt. »Die Zellen waren leer und verlassen, und die Höfe, dreckig und widerlich, waren voller Büffel, die man dort angebunden hatte. Weder Mönche noch Novizen waren irgendwo zu sehen... Als der Meister des Gesetzes eingetreten war, erblickte er auf dem vierten Stockwerk eines Hofes eine Gestalt von goldener Farbe, deren Antlitz, ernst und streng, ein gleißendes Licht verbreitete.« Der Bodhisattva Mañjuśrī – denn kein anderer war die Gestalt – wies mit dem Finger auf den Horizont, an dem der Pilger eine gewaltige Feuersbrunst erblickte, die Städte und Dörfer verschlang. Mit erhobener Stimme sagte er den baldigen Tod Kaiser Harṣas wie auch die Revolutionen voraus, in welche diese Katastrophe das Land stürzen sollte.

Wenig später wurde Hsüan-tsang eine weitere Vision zuteil. Eines Nachts – er war als Pilger nach Gayā zum Stamme des Bodhi-Baumes zurückgekehrt, um das Fest der Buddhareliquien zu feiern – sah er den Stūpa, in dem die Reliquien zur Schau gestellt waren, im Licht erstrahlen. Von seiner Spitze loderte eine gewaltige Flamme bis ins Firmament empor. »Himmel und Erde waren taghell; Mond und Sterne waren nicht mehr zu sehen, und ein sanfter, wohlriechender Dufthauch erfüllte die Einfriedung des Klosters. Nach wenigen Augenblicken wurde dieses strahlende Licht nach und nach schwächer, dann versanken Himmel und Erde in der Dunkelheit, und die Sterne erstrahlten wieder in ihrem alten Glanz.«

In dieser mystizitätsschwangeren Atmosphäre führte der Pilger seine metaphysischen Studien fort. Von dieser höheren Ebene erschienen ihm die fortwährenden Streitgespräche der Schulen mitunter ziemlich leer. Wie wir wissen, trennten zwei Systeme die mahāyānistischen Denker: einerseits die zugleich idealistische und mystische Schule (*vijñānavāda* und *yogācāra*), der Śīlabhadra angehörte und die sich auf die beiden großen Mystiker des 5. Jahrhunderts, Asaṅga und Vasubandhu, berief, andererseits die Schule Nāgārjunas, ›Mādhyamika-Schule‹ oder ›Schule des Mittleren Weges‹ genannt, die trotz dieser modesten Bezeichnung einen sehr viel radikaleren Kritizismus vertrat. Zweifellos gingen die beiden Systeme von denselben Prinzipien aus, der Vor-Kritik der Gegebenheiten der reinen Vernunft und der Gegebenheiten der Erfahrung, verbunden mit einer affektiven Mystik der tröstlichsten Wirksamkeit zum Ausgleich für die spekulativen Negationen. Aber während Nāgārjuna und seine Schüler es bei

dieser Haltung bewenden ließen und sich eine Art buddhistischen Kantianismus aneigneten, gelang es den Schülern Asaṅgas und Vasubandhus, unter dem Deckmantel des absoluten Idealismus die Prolegomena des alten Meisters zu umgehen und die Metaphysik nahezu vollständig zu rehabilitieren.
Folgt man seinem Biographen, so konnte sich Hsüan-tsang diesen Diskussionen nicht entziehen; vielmehr mußte er sogar Partei ergreifen. Allerdings hat es den Anschein, als ob er in diesem Stadium seines Werdegangs den Wunsch gehegt hätte, die beiden großen Systeme innerhalb eines umfassenderen mahāyānistischen Eklektizismus miteinander in Einklang zu bringen. Jedenfalls nahm er diese Haltung gegenüber einem heiligen Mönch namens Siṃharaśmi ein, der sich offen zu den Lehren Nāgārjunas bekannte und den Idealismus des Yogācāra bekämpfte. Insbesondere wies Siṃharaśmi den Begriff der Absoluten Natur *(bhūtatathatā)* zurück, auf den wir weiter unten eingehen werden und den die Idealisten dem Kritizismus der Mādhyamika gleich einem krönenden Abschluß übergestülpt hatten. »Der Meister des Gesetzes«, schreibt sein Biograph, »hatte die Abhandlungen Nāgārjunas gründlich studiert und besaß ein ausgezeichnetes Verständnis des *yogācāra*. Er war der Ansicht, daß die Heiligen, die diese verschiedenen Werke verfaßt haben, jeweils ihren eigenen Ideen gefolgt waren, ohne allerdings in Opposition zueinander zu stehen. Wenn man sie nicht, so meinte er, vollkommen in Einklang miteinander bringen kann, so hat man noch nicht das Recht, sie als einander widersprechend anzusehen. Die Schuld daran muß den Kommentatoren dieser Schriften angelastet werden. Diese unterschiedlichen Auffassungen sind für den Glauben ohne Bedeutung.« Hsüan-tsang verfaßte auf der Stelle eine Abhandlung ›Über die Übereinstimmung der Prinzipien‹ *(Hui-tsung-lun)*, die die Zustimmung der Meister von Nālandā fand.
Seine polemischen Spitzen behielt der Meister des Gesetzes den Buddhisten des Kleinen Fahrzeuges, des Beschränkten Weges vor, wie die Männer des Mahāyāna jene etwas rückständigen Pietisten bezeichneten, die sich weigerten, den Buddhismus mit einer grundlegenden Philosophie zu krönen, und statt dessen all ihr Streben auf das Studium der monastischen Disziplin beschränkten. Letztere sparten ohnehin nicht mit Angriffen gegen die Getreuen des Mahāyāna. So wandten sich die Hīnayānisten von Orissa an König Harṣa und

klagten die Mönche von Nālandā rundweg an, Nihilisten und Verfechter der universalen Leere zu sein, die mit Buddhisten nur noch den Namen gemein hätten. Wie wir weiter unten sehen werden, bestanden die Bemühungen der idealistischen Metaphysiker der Schule Hsüan-tsangs gerade darin, das Mahāyāna von diesem Vorwurf reinzuwaschen, indem sie unmerklich das, was es im Kritizismus der Mādhyamika an Negativem gab, durch metaphysische und mystische Grundelemente korrigierten, die geeignet waren, Geist und Herz zu befriedigen.

Hsüan-tsang bekämpfte in Nālandā vor allem die verschiedenen brahmanischen Schulen.

Die beiden Hauptsysteme der Hinduphilosophie, die in Opposition zum Buddhismus standen, waren damals das Vaiśeṣika und das Sāṃkhya. Das Vaiśeṣika war ein realistisches System, direkt und unmittelbar in seinem Realismus, das auf dem Akzeptieren der Gegebenheiten der Erfahrung und des Bewußtseins beruhte, kurzum ein Atomismus und zugleich eine Monadenlehre. Das Sāṃkhya, ein weit mächtigeres metaphysisches Poem, das außerdem auf weit sorgfältiger herausgearbeiteten Grundelementen fußte, beinhaltete ebenfalls den Dualismus Geist und Natur. Solche Lehren standen in absolutem Gegensatz zum akosmischen Idealismus des Yogācāra-Buddhismus, der die objektive Existenz der Materie nicht weniger verwarf als die substantielle Entität des Ich. Daher bekämpfte Hsüan-tsang sie ohne Gnade und Erbarmen, wie er das System des Jinismus bekämpfte.

Auch im Falle der Jainas war kein größerer Gegensatz zum phänomenalistischen und monistischen Idealismus Hsüan-tsangs denkbar als ihre atheistische Monadenlehre. Was jedoch den Pilger am meisten erboste, war die Karikierung des Buddhismus, die in seinen Augen der Jinismus darstellte. Tatsächlich waren seit den Tagen Buddhas selbst Buddhismus und Jinismus zwei verfeindete Brüder. »Diese Sektierer«, schreibt Hsüan-tsang, »unterwerfen sich strengen Kasteiungen. Tag und Nacht entwickeln sie den glühendsten Eifer, ohne sich auch nur einen Augenblick Ruhe zu gönnen. Das Gesetz, das ihr Stifter (Mahāvīra) dargelegt hat, ist zum großen Teil aus den Büchern Buddhas abgeschrieben worden, von denen er sich hat leiten lassen, um seine Vorschriften und Regeln aufzustellen. In ihrer Observanz und ihren religiösen Übungen folgen sie fast vollständig der Regel der buddhistischen Mönche, nur daß sie einige Haare auf dem Kopf behalten und außerdem nackt gehen. Wenn sie zufällig einmal Kleider tragen, so zeichnen sich diese durch ihre weiße Farbe aus. Das Standbild ihres Meisters ähnelt aufgrund einer Art Usurpation dem des Buddha.«

Hsüan-tsangs Biographie hat uns die Erinnerung an eine Diskussion bewahrt, in welcher der Pilger alle feindlichen Lehren, sowohl hinduistische als auch jinistische, im ganzen zu vernichten suchte, indem er sie einander gegenüberstellte. Mit der ihm eigenen dialektischen Virtuosität zeigte er namentlich die Divergenzen zwischen dem Sāṃkhya und dem Vaiśeṣika auf, den beiden großen Systemen der brahmanischen Philosophie, die damals Gültigkeit besaßen. Alsdann verspottete er die überspannte Askese bei diesen verschiedenen Sekten, welche die Religion auf Eigenheiten der Kleidung und Praktiken reduzierten. »Einige Asketen reiben sich den Körper mit Asche ein und bilden sich ein, damit eine sehr verdienstvolle Tat zu vollbringen. Ihre Haut ist von einem aschfahlen Weiß wie bei einer Katze, die im Kamin geschlafen hat. Die Jainas glauben, sich dadurch hervorzutun, daß sie ihren Körper völlig unbekleidet lassen, und betrachten es als eine Tugend, sich die Haare auszureißen. Ihre Haut ist ganz rissig, und ihre Füße sind schwielig und schrundig, so daß man sie mit morschen Bäumen vergleichen könnte, wie sie sich nahe bei den Flüssen finden.« Hier nun die Eigenheiten der eigentlich brahmanischen Askese, dem Spott des chinesischen Positivismus ausgeliefert: »Einige tragen eine Pfauenschwanzfeder, andere bedecken ihren Körper mit Scheiben aus geflochtenem Gras; andere wiederum reißen sich die Haare aus und schneiden sich den Schnurrbart ab, oder aber sie lassen sich buschige Backenbärte stehen und binden ihre Haare auf dem Scheitel zusammen.« Und schließlich die Exzesse und Verrücktheiten des Śivaismus: »Andere fertigen Ketten aus Schädelknochen, schmücken damit ihren Kopf und hängen sie sich um den Hals; sie hausen in Felshöhlungen, ähnlich den *yakṣa*, die bei den Gräbern umgehen. Manche gehen sogar so weit, kotbefleckte Kleider zu tragen und sich von verfaulten Speisen und verdorbenem Fleisch zu ernähren. Sie sind ebenso widerlich und ekelerregend wie ein Schwein mitten im Pfuhl. Und dennoch haltet Ihr Hinduisten das für Akte der Tugend! Ist das nicht der Gipfel der Dummheit und Verrücktheit?!«

Dies ist eine bemerkenswerte Rede, zeigt sie uns doch in vollem Licht

die Haltung der buddhistischen Weisheit – so moderat, so heiter, so menschlich, daß sie bisweilen die Sinnesart eines Sokrates oder Plutarch heraufbeschwört – im Angesicht der Überspanntheiten des brahmanischen Yogatums. Hatte Buddha nicht selbst in der Predigt von Benares die Kasteiungen und Sinnenfreuden ebenso mißbilligt? Man braucht in der Tat nur an all die Exzesse, an all die Abscheulichkeiten, an die asketische und sinnliche Unausgewogenheit zu denken, denen das Verschwinden des Buddhismus bald Tür und Tor in Indien öffnen sollte, um zu verstehen, welche Einbußen die indische Vernunft durch seinen Verlust hinnehmen sollte. Aber die Hsüan-tsang zugeschriebene Rede läßt noch etwas anderes erkennen. Auch wenn sich der Pilger völlig der Religion Śākyamunis verschrieben hatte, hatte er sich nichtsdestoweniger die Denkweisen der chinesischen Erziehung bewahrt: einen angeborenen Positivismus, soliden gesunden Menschenverstand und die Religion der gesellschaftlichen Konventionen. Zweifelsohne war es dieser alte konfuzianische Fundus, der sich angesichts der Exzesse der Hindumystik in ihm auflehnte.
Eine andere Passage aus *Hsüan-tsangs Biographie* zeigt uns noch deutlicher, in welchem Maße der Meister des Gesetzes im Zentrum des indischen Buddhismus seinen konfuzianistischen Zivismus bewahrte. Die Mönche von Nālandā hielten ihn bereits so sehr für einen der ihren, daß sie ihn davon abbringen wollten, nach China zurückzukehren: »Indien«, sagten sie zu ihm, »ist das Land, in dem Buddha geboren wurde, und obwohl Er die Erde verlassen hat, bestehen hier Seine heiligen Spuren fort. Sie nacheinander zu besuchen, sie zu verehren und ein Loblied auf sie anzustimmen, sollte das Glück Eures Lebens sein. Warum verlaßt Ihr uns mit einem Male, nachdem Ihr doch hierher gekommen seid? Außerdem müßt Ihr berücksichtigen, daß China ein Land von Barbaren ist, in dem man die Religiosen und den Glauben verachtet. Deshalb wollte Buddha dort nicht geboren werden. Weil die Ansichten der Bewohner engstirnig sind und ihre Befleckungen tief reichen, sind die Weisen und Heiligen (Indiens) nicht dorthin gegangen ...«
Die Antwort Hsüan-tsangs, aus dem Pinsel seines Biographen geflossen, ist ein Auflodern nationalen Stolzes. Zuallererst protestiert er zu Recht im Namen der buddhistischen Barmherzigkeit: »Buddha hat seine Lehre gestiftet, auf daß sie sich allerorten verbreite. Was wäre das für ein Mann, der allein ausgiebig davon trinken und diejenigen

Avalokiteśvara (Musée Guimet).

im Stich lassen wollte, die sie noch nicht erhalten haben?« Dann folgt bei diesem Untertan der großen T'ang-Dynastie eine Demonstration kaiserlichen Stolzes, der das ›ego sum civis sinicus‹ eines Untertanen T'ai-tsungs darstellt: »In unserem Reich sind die Magistraten streng und die Gesetze werden mit Respekt befolgt. Der Souverän zeichnet sich durch seine hohe Tugend aus, und die Untertanen tun sich durch ihre Loyalität hervor: die Väter durch ihre Zuneigung, die Söhne duch ihren Gehorsam.« Das ist die reine konfuzianische Lehre, die Staatsreligion der Kindespflicht der Pietät. Eine Lobeshymne auf den konfuzianischen Traditionalismus, Philanthropismus und Humanismus schließt sich an: »(Bei uns) achtet man Humanität und Gerechtigkeit und räumt den Alten und Weisen den höchsten Rang ein. Und das ist nicht alles: die Wissenschaft birgt für sie keine Geheimnisse. Ihr Scharfblick kommt dem der Geister gleich; der Himmel dient ihnen als Vorbild, und sie wissen die Bewegung der Fünf Helligkeiten zu berechnen. Sie haben alle möglichen Instrumente erfunden, das Jahr in Zeiten eingeteilt und die verborgenen Eigenschaften der sechs Töne und der Musik entdeckt. Das hat sie in die Lage versetzt, die wilden Tiere zu vertreiben oder zu bändigen, in Fühlung mit Dämonen und Geistern zu treten und sie herabzuholen, die konträren Einflüsse des *Yin* und *Yang* zu mildern und allen Lebewesen zu Frieden und Glück zu verhelfen.«
Zweifellos enthält diese Apostrophe, die erst einige Zeit später von einem offiziellen Panegyriker verfaßt wurde, alle Merkmale, die geeignet waren, den chinesischen Stolz zu befriedigen. Und doch zeugt diese Stelle von einem prachtvollen Gedankenflug. Mit welcher Kraft werden in ihm die chinesische Präzision, die Wissenschaftsgläubigkeit und Organisation der politischen Unfähigkeit und der pragmatischen Gleichgültigkeit des indischen Volkes gegenübergestellt!
Zum Gebiet der Religion zurückkehrend, zeigt Hsüan-tsang anschließend die immensen Fortschritte auf, die der chinesische Buddhismus erzielt hatte: »Seitdem das von Buddha hinterlassene Gesetz in China Eingang gefunden hat, wird das Mahāyāna von allen Menschen hochgeschätzt, und ihre Einsicht ist so rein wie klares Wasser; ihre Tugend verbreitet sich wie eine Wolke aus Wohlgerüchen; mit Liebe widmen sie sich der Praktizierung des Guten und haben keinen anderen Wunsch, als durch verdienstvolle Taten die Zehn Stadien der Vollkommenheit zu erlangen. Die Hände überein-

anderlegend und in tiefer Meditation versunken, suchen sie die Drei Leiber der Buddhanatur zu erreichen. Wenn der Heilige einstmals auf die Erde herabgestiegen ist, dann einzig und allein deshalb, um selbst die glücklichen Einflüsse des Gesetzes zu verbreiten. Mir wurde das Glück zuteil, seine wunderbare Sprache zu hören und sein goldenes Antlitz mit eigenen Augen zu schauen. Wie könnt Ihr da sagen, daß man dieses Land verachten müsse, nur weil Buddha nicht dorthin gegangen ist?«

Die Hsüan-tsang zugeschriebenen Rede endet mit einer Art platonischer Allegorie: »Warum durchläuft die Sonne die Welt? Um die Finsternis zu vertreiben. Nun, genau zu diesem Zweck will ich in mein Land zurückkehren!«

Der Dichterkönig Harṣa

Unterdessen hatten die von Hsüan-tsang bei seinen philosophischen und religiösen Kontroversen erzielten Erfolge die Aufmerksamkeit mehrerer indischer Potentaten auf ihn gelenkt. Es ist bekannt, wie sehr die Hindus, vom stolzesten Radscha bis zum letzten Unberührbaren, in lehrmäßige Subtilitäten und in religiöse Spekulationen vernarrt sind. Der König von Kāmarūpa (Assam) bat ihn zu sich, um vor seiner Rückkehr nach China einige Wochen an seinem Hof zu verbringen.

Der König von Assam, Bhāskaravarman, auch unter dem Namen Kumāra bekant, war ein äußerst kultivierter Herrscher. Obgleich selbst Hinduist, hätte er es nicht verschmerzt, wenn er einen buddhistischen Gelehrten von der Bedeutung Hsüan-tsangs wieder hätte zurückreisen lassen, ohne sich vorher mit ihm zu unterhalten. Mehr noch: Als er einige Jahre später die Gelegenheit hatte, mit dem chinesischen Gesandten Li I-piao zusammenzutreffen, sollte ihn sein philosophischer Wissensdrang so weit treiben, ihn um eine Sanskritübersetzung des taoistischen Kanons zu bitten. Nichts vermag den religiösen Synkretismus dieser Zeit und die Offenheit gegenüber philosophischen Fragen all dieser indischen Geister vor dem Triumph des Hinduismus und der Invasion des Islams besser zu illustrieren.

Die Aufzeichnungen Hsüan-tsangs über Assam sind von einer bemerkenswerten Genauigkeit. Es ist ein Land der Wasser und Flüsse, das reichlich durch den Brahmaputra, dessen breite Talaue die Monsune verschlingt, bewässert wird und das physikalisch-geographisch und ethnographisch weniger zu Indien als zum nicht weit entfernten Indochina gehört. »Das Gebiet liegt tief und ist feucht. Die Städte sind von Flüssen, Seen und Teichen umgeben. Der Brotbaum und die Kokospalme gedeihen prächtig. Die Menschen sind von kleinem Wuchs und haben eine schwarze Hautfarbe; ihr Naturell ist ungestüm und wild. Sie beten die Geister an und glauben nicht an das Gesetz Buddhas. Deshalb hat man seit seiner Entstehung bis auf den heutigen Tag in diesem Königreich noch kein einziges Kloster für die Religiosen errichtet. Finden sich zufällig einige wahre Gläubige, so beschränken sie sich darauf, insgeheim in ihrem tiefsten Herzen an Buddha zu denken. Man zählt in diesem Land an die hundert brahmanische Tempel. Der gegenwärtige König stammt vom Gotte Viṣṇu (Nārāyaṇa) ab; er gehört zur Kaste der Brahmanen, und sein Name lautet Bhāskaravarman, (›Harnisch der Sonne‹). Er hat eine Passion für das Studium. Talentierte Männer aus fernen Ländern werden von seinem Renommee angezogen und bereisen gern seine Länder. Auch wenn er nicht an das Gesetz Buddhas glaubt, bringt er den Religiosen große Achtung entgegen.«

Weiter östlich, fährt Hsüan-tsang fort, bestand das Land nur noch aus einer Abfolge von Bergen und Hügeln ohne irgendeine Stadt von Bedeutung. Es grenzte an die Regionen, die von den Ureinwohnern Südwestchinas, den Man und Lolo, bewohnt waren. Von Einheimischen erfuhr der Pilger, daß die Grenzen der chinesischen Provinz Szuch'uan nur eine Zweimonatsreise weit entfernt waren. Er mag daran gedacht haben, diesen Weg zu benutzen, um in seine Heimat zurückzukehren; aber dieses von Norden nach Süden durch die Engtäler der oberen Saluen und die Zuflüsse des oberen Yangtze tief zerklüftete Gebirgsnetz machte eine Überquerung allzu schwierig. Außerdem war das Land vom Wechselfieber verseucht und auf seinem südöstlichen Hang durch Herden von Wildelefanten verwüstet. Daher gab Hsüan-tsang nicht der Versuchung nach, auf diesem gefahrvollen Wege in das nahe gelegene China zurückzukehren, sondern leistete dem Ruf Kaiser Harṣas Folge, den dieser vom Ganges aus an ihn gerichtet hatte.

Harṣa, der den Beinamen Śīlāditya oder ›Sonne der Tugend‹ trug, herrschte, wie wir gesehen haben, über fast ganz Nordindien, vom Brahmaputra bis Gujarāt und an die Kette der Vindhya-Berge. Nach der Verlegung seiner Hauptstadt von Thānēsar nach Kanauj war es ihm durch Kriegführung oder das bloße Prestige seiner Macht gelungen, die ältesten Dynastien wie die von Assam, die letzten Gupta und die Maukhari von Magadha sowie die Maitraka von Valabhī dazu zu bringen, seine Suzeränität anzuerkennen. Gleichzeitig war Harṣa einer der brillantesten Gebildeten seiner Zeit. In der Sanskritliteratur nimmt sein Name einen Ehrenplatz ein. Er hatte eine ganze Pléiade von Schriftstellern wie den Dichter Mayūra und den Romancier Bāṇa an seinen Hof gezogen. Letzterer hat uns eine epische und romantische Geschichte über seinen Herrn, das *Harṣacarita* [Die Taten Harṣavardhanas] hinterlassen, das leider unvollendet geblieben ist. Harṣa selbst war ein Dichter, und ihm werden gemeinhin mehrere Sanskritdramen zugeschrieben, namentlich das *Priyadarśikā* [Die anmutige Dame], das *Ratnāvalī* [Die Perlenkette] und das *Nāgānanda* [Die Wonne der Schlangen]. Vor allem aber ist Harṣa der letzte der großen buddhistischen Herrscher in Indien. Trotz des materiellen Wohlstandes und der intellektuellen Blüte, von denen Hsüan-tsangs Bericht Zeugnis ablegt, war der Buddhismus in Indien angesichts eines noch friedlichen, aber kontinuierlichen Wiederauflebens des Brahmanismus unbestreitbar im Niedergang begriffen. Die bengalischen Kaiser der Gupta-Dynastie, die während des 4. und 5. Jahrhunderts über fast ganz Indien geherrscht hatten, waren bereits eher hinduistisch orientiert; ungeachtet ihrer Toleranz gegenüber dem Buddhismus oder sogar ihrer Sympathien für ihn hatten sich die meisten unter ihnen vorzugsweise viṣṇuitischen Sekten angeschlossen. Damals war dies lediglich eine Frage persönlicher Neigungen gewesen, die durch den philosophischen Synkretismus und die eklektische Religiosität der Zeit noch neutralisiert wurden.

Im Nordwesten hatte schon im ersten Viertel des 6. Jahrhunderts der Hunnenführer Mihirakula die Institution Śākyamunis einer furchtbaren Verfolgung ausgesetzt, und die Klöster des Pandschab wiesen noch die Spuren seiner Raserei auf. In den ersten Jahren des 7. Jahrhunderts war ein König von Gauṛ oder Karṇasuvarṇa in Bengalen namens Śaśāṅka, Śivait von barbarischer Grausamkeit, so weit gegangen, in frevlerischer Weise Hand an den Bodhi-Baum in Gayā zu legen.[1] Auf dieser für alle Zeiten verehrungswürdigen Stätte hatte er

1 Th. Bloch meint, daß der Anschlag Śaśāṅkas gegen den Bodhi-Baum nicht notwendigerweise Verfolgungsabsichten impliziert, ebenso wie Pūrṇavarman dem Bodhi-Baum zu neuem Wuchs verholfen haben kann, ohne selbst Buddhist gewesen zu sein. Da die Pilgerstätte von Gayā eine Einnahmequelle für den König darstellte, versuchte der bengalische Fürst, ein Feind Pūrṇavarmans, möglicherweise, letzterem zu schaden, indem er die Pilgerfahrten unterband, wie Pūrṇavarman bestrebt war, sie wieder in Gang zu bringen, indem er den Baum rettete. Vgl. Th. Bloch: *Notes on Bodh Gayā. The Bodhi Tree*; in: Archaeological Survey of India, Report 1908–09, S. 140f.

es gewagt, die Statue Buddhas durch die Śivas zu ersetzen, und nur unter großen Mühen gelang es dem König von Magadha, Pūrṇavarman, die durch sein Sakrileg verursachten Schäden zu beheben. Angesichts solcher Symptome, die nur allzu deutlich den großen Sturm ankündigten, unter dessen Wucht der Buddhismus eineinhalb Jahrhunderte später zusammenbrechen sollte, war der Schutz eines Siegers wie Harṣa für die Institution Śākyamunis von unschätzbarem Wert.

Gewiß, Harṣa brach nicht mehr als irgendein anderer indischer Fürst seiner Zeit mit dem offiziellen Brahmanismus, noch gar mit den hinduistischen Sekten. Hsüan-tsang zeigt ihn uns, wie er die Brahmanen mit Geschenken überhäuft, und in seinen eigenen Werken bekennt er sich eindeutig zu seiner Verehrung Śivas. Außerdem war sein Vertrauter und Freund, der Romanschriftsteller Bāṇa, Angehöriger der Brahmanenkaste und hinduistischen Glaubens. Aber die persönlichen Empfindungen des Monarchen galten eindeutig dem Buddhismus und innerhalb des Buddhismus dem Mahāyāna. Innerhalb des Mahāyāna wiederum scheinen seine Sympathien dem Yogācāra-Idealismus gehört zu haben, wie er in den Klöstern von Nālandā gelehrt wurde und wie ihn Hsüan-tsang offen bekannte. Dies zeigt, wie gut er sich mit ihm verstehen sollte. Tatsächlich entstand in den wenigen Wochen, die sie zusammen verbrachten, eine enge Freundschaft zwischen dem indischen Maharadscha und dem chinesischen Pilger.

Auf Verlangen Harṣas, der ob der Saumseligkeit seines Vasallen bereits die Geduld verlor, begleitete der König von Assam Hsüan-tsang zu ihm. Mit 20000 Elefanten und 30000 Booten reiste das Gefolge des Königs von Assam den Ganges stromaufwärts bis ›Kajūghira‹ (Kankjol?), wo sich das Lager Harṣas befand. Als das assamesische Gefolge den Treffpunkt erreichte, war die Nacht gerade hereingebrochen. Doch Harṣa wollte nicht bis zum nächsten Tage warten, um dem Meister des Gesetzes seine Aufwartung zu machen. »Boten kamen, um Hsüan-tsang und dem König von Assam, seinem Begleiter, zu melden, daß man Tausende von Fackeln mitten auf dem Fluß erblickt und das Dröhnen von Trommeln vernommen hätte. Sogleich befahl der König von Assam, die Fackeln zur Hand zu nehmen, und ging (Harṣa) mit seinen Großwürdenträgern ein gutes Stück Wegs entgegen.« In der Tat war es der indische Kaiser, der sich näherte; denn wann immer er sich fortbewegte, ließ er, wie uns Hsüan-tsang erzählt, einhundert Männer mit Trommeln aus Metall vor sich hergehen, die den Takt seines Schrittes schlugen. Dieses Privileg war Harṣa vorbehalten, und keiner der Vasallenkönige hatte das Recht zur Nachahmung.

Im Augenblick seiner Ankunft verneigte sich Harṣa vor dem Meister des Gesetzes bis auf den Boden und küßte ihm respektvoll die Füße. Dann streute er Blumen vor ihm aus und bedachte ihn in einer Art Ekstase mit endlosen Lobeshymnen. Als der Monarch ihn fragte, warum er seiner Einladung nicht früher Folge geleistet hätte, antwortete ihm Hsüan-tsang mit der vornehmen Freiheit des Weisen, daß es ihm unmöglich gewesen wäre, da er zu jener Zeit mit dem Studium einer Abhandlung über die Yogācāra-Philosophie beschäftigt gewesen wäre. Als Antwort auf eine Frage Harṣas legt der Historiograph alsdann Hsüan-tsang eine mitreißende Eloge auf den Kaiser von China, T'ai-tsung, in den Mund: »Zur Zeit seiner Erhebung [zum Prinzen von Ch'in] befanden sich Himmel und Erde in größtem Aufruhr. Das Volk hatte keinen Herrn mehr, die Felder waren mit Leichen übersät, die Flüsse und Kanäle führten Ströme von Blut mit sich. Während der Nacht verbreiteten seltsame Sterne ein unheilvolles Licht; am Tage sah man totbringende Dünste sich verdichten. Die Ufer der Drei Flüsse waren von der gefräßigen Gier der Wildschweine verheert, und die Vier Meere (das Reich des Himmels) waren von Giftschlangen heimgesucht. Da nun gehorchte der kaiserliche Prinz (Li Shih-min, der künftige T'ai-tsung) den Befehlen des Himmels. Von erhabenem Eifer erfüllt, entfaltete er seine unüberwindliche Kraft; mit Axt und Lanze kämpfend, befreite er die Provinzen vom Aufruhr und gab der Welt den Frieden zurück...«

Begierig nahm Harṣa Einblick in die Abhandlungen, die Hsüan-tsang erst kürzlich geschrieben hatte, um die Gegner des Mahāyāna, Hīnayānisten wie Hinduisten, zu bekämpfen. Die Schwester des Monarchen, zweifellos die frühere Königin von Kanauj, Rājyaśrī, die der Verrat Śaśāṅkas ihres Gemahles beraubt hatte, war dem Mahāyāna nicht minder ergeben. Diese Prinzessin, die sich die Macht mit Harṣa in einem solchen Maße teilte, daß sie bei der zweiten Hsüan-tsang gewährten Audienz hinter dem Monarchen saß, beglückwünschte den Meister des Gesetzes lebhaft, das Kleine Fahrzeug bekämpft zu haben. Harṣa beschloß sodann, einen großen

philosophischen Wettstreit abzuhalten, in dessen Verlauf Hsüan-tsang »die Blindheit der Häretiker« des Hīnayāna »zerstreuen« und den »unbändigen Hochmut« der Brahmanen und hinduistischen Sektierer »brechen« könnte.
Diese Versammlung wurde in Kanauj, Harṣas Hauptstadt, einberufen. Harṣa und Hsüan-tsang reisten den Ganges »inmitten eines großen Waldes blühender Bäume« in den ersten Tagen des Jahres 643 stromaufwärts.
Der Zug wurde von den beiden Königen angeführt. Ihre vier Armeekorps bildeten eine imposante Eskorte. Die einen kamen auf dem Ganges auf Booten daher, die anderen folgten dem Ufer, auf Elefanten sitzend; alle bewegten sich zum Klang der Trommeln, Tritonshörner, Flöten und Lauten dahin. Das ganze Land, alle Vasallenkönigreiche eilten zum Treffen mit dem Lehnsfürsten herbei. »Man sah dort 18 Könige Zentralindiens, 3000 Religiose, die im Kleinen und Großen Fahrzeug bewandert waren, 2000 Brahmanen und Jainas sowie an die 1000 Religiose aus dem Kloster von Nālandā eintreffen. All diese Weisen, ebenso berühmt für ihr umfassendes Wissen wie für den Reichtum und die Gewandtheit ihrer Rhetorik, hatten sich eilfertig an den Versammlungsort begeben. Sie alle waren in Begleitung eines großen Gefolges. Die einen saßen auf Elefanten, die anderen wurden in Palankinen getragen, und jede Gruppe war von Bannern und Standarten umgeben. Nach und nach schwoll die Menge gleich den Wolken an, die sich zusammenballen, um sich über den Himmel auszubreiten, und füllte einen Raum von mehreren Lieues. Bereits zuvor hatte der König den Befehl gegeben, auf dem Versammlungsplatz zwei weiträumige, strohgedeckte Gebäude zu errichten, um dort die Buddhastatue aufzustellen und die Menge der Religiosen zu empfangen.« Das Reisezelt Harṣas wurde 5 *li* westlich dieser Stelle aufgeschlagen.
Am ersten Tag ließ Harṣa eine Goldstatue Buddhas auf einem großen, mit einem kostbaren Baldachin geschmückten Elefanten quer durch die Ebene führen. Er selbst, einen Fliegenwedel in der Hand haltend und als Gott Indra gekleidet, ging zur Rechten der Statue, während der König von Assam, einen Sonnenschirm aus kostbarem Stoff tragend, im Gewande Brahmās zu seiner Linken schritt. »Beide trugen göttliche Tiaren auf ihrem Haupt, von denen Blumengirlanden und mit kostbaren Steinen besetzte Bänder herabhingen. Zwei wei-

Kuan Yin, der chinesische Avalokiteśvara, Gott der Barmherzigkeit mit weiblichen Zügen. Chinesische Steinabreibung.

tere große Elefanten, die dem Buddha folgten, waren prachtvoll hergerichtet und mit Körben voll seltener Blumen beladen, die man bei jedem Schritt ausstreute.« Auf einhundert Elefanten vor und hinter der Statue saßen Musiker, die die Trommel schlugen.

Der Meister des Gesetzes nahm in der ersten Reihe des königlichen Zuges Aufstellung. »Er und die Beamten des Palastes«, schreibt sein Biograph, »wurden aufgefordert, jeweils auf einen großen Elefanten zu steigen und sich in Reih' und Glied hinter dem König zu halten. Alsdann wurden dreihundert große Elefanten den Radschas, Ministern und Religiosen der anderen Königreiche zugewiesen, die, zu beiden Seiten des Weges aufgereiht, unter Lobgesängen marschieren sollten. Die Vorbereitungen begannen im Morgengrauen. Der König (Harṣa) führte die Prozession persönlich von seinem Reisezelt zum Versammlungsplatz. Als man beim Tor des Versammlungsgebäudes angelangt war, befahl er jedermann abzusteigen, um die Buddhastatue in den Palast zu tragen, der für sie bestimmt war, und sie auf einen kostbaren Thron zu stellen.« »König Harṣa«, so berichtet Hsüan-tsang selbst, »verstreute bei jedem Schritt zu Ehren der drei buddhistischen Kleinodien [Buddha, sein Gesetz, seine Gemeinde] echte Perlen, alle Art Edelsteine sowie Gold- und Silberblumen. Zunächst stieg er auf den aus kostbaren Materialien gefertigten Altar und wusch die Statue mit wohlduftendem Wasser. Dann nahm er sie selbst auf seine Schultern und trug sie den Turm hinauf.« Nachdem er der Statue in Begleitung Hsüan-tsangs seine Huldigungen erwiesen hatte, gebot Harṣa den 18 Radschas, die illustresten und gelehrtesten Religiosen, eintausend an der Zahl, die ob ihrer Werke berühmten Brahmanen und ›häretischen‹ Doctores, fünfhundert an der Zahl, sowie die Minister und Großwürdenträger der verschiedenen Königreiche, zweihundert an der Zahl, hereinzuführen. Den Religiosen und Laien, die man nicht hatte hereinbitten können, befahl er, sich in getrennten Gruppen außerhalb des Tores des Versammlungsgebäudes aufzustellen. Anschließend ordnete er an, jedermann, drinnen wie draußen, Speisen zu reichen. Hsüan-tsang und den anderen Religiosen überreichte er wertvolle Geschenke: eine goldene Schüssel für den Dienst an Buddha, eine goldene Tasse, sieben Goldkrüge und 3000 Kleidungsstücke aus feiner Baumwolle.

»Im Anschluß an diese Verteilung ließ Harṣa abseits von den anderen einen kostbaren Sitz aufstellen und bat den Meister des Gesetzes, auf ihm Platz zu nehmen, um den Vorsitz in der feierlichen Versammlung zu führen, das Mahāyāna zu preisen und das Thema der Diskussion zu entwickeln.« Ein Mönch aus Nālandā machte die Menge mit Hsüan-tsangs Propositionen bekannt. Harṣa ließ eine Abschrift davon anfertigen, die außen am Tor des Versammlungsgebäudes angeschlagen wurde, um allen Anwesenden die Möglichkeit zur Einsichtnahme zu gewähren. Er selbst fügte der Abschrift hinzu, daß, »wenn jemand ein einziges fehlerhaftes Wort in ihr fände und sich als fähig erwiese, es zu widerlegen, er seinen Kopf hingäbe, um ihm seine Dankbarkeit zu bezeigen«. Es erübrigt sich zu erwähnen, daß sich niemand meldete, um einen Text zu widerlegen, für den sich der Kaiser mit seinem Kopf verbürgt hatte.

Mithin konnte Hsüan-tsang zugunsten des Mahāyāna argumentieren, ohne auf ernsthaften Widerspruch zu stoßen. Gleichwohl wurde die Einmischung des Monarchen von den Gegnern des Mahāyāna nicht ohne Erregung aufgenommen. Hsüan-tsangs eigener Biographie entnehmen wir, daß am fünften Tage der Versammlung »die Häretiker des Kleinen Fahrzeuges, als sie sahen, daß der Meister des Gesetzes die Prinzipien ihrer Lehre umgestoßen hatte, darob von einem tiefen Haß ergriffen wurden und ein Komplott gegen sein Leben schmiedeten«. Welch traurige Folge der Sektenstreitigkeiten bei den Schülern des universalen Erbarmens! Der chinesische Pilger, der derart viele Lieues zurückgelegt hatte, um seinen Glauben in der Heimat Śākyamunis selbst zu vertiefen, hatte also nur so vielen Gefahren getrotzt, so viel Glauben und Eifer an den Tag gelegt, um nun Gefahr zu laufen, durch die Hand seiner eigenen Glaubensbrüder umzukommen! Kaiser Harṣa sah sich gezwungen, eine Proklamation drohenden Inhaltes verbreiten zu lassen: »Wenn sich in der Menge ein einziger Mann findet, der den Meister des Gesetzes angreift oder ihn verletzt, werde ich ihm den Kopf abschlagen, und ich werde jedem die Zunge herausschneiden lassen, der sich ihm gegenüber der Verleumdung oder Beleidigung schuldig macht. Alle diejenigen hingegen, die sich im Vertrauen auf meine Gerechtigkeit äußern wollen, wie es sich gehört, werden sich völliger Freiheit erfreuen.« – »Von da an«, fügt Hui-li treuherzig hinzu, »stahlen sich die Anhänger des Irrtums fort und verschwanden, so daß achtzehn Tage verstrichen, in denen es niemand wagte, den Mund zu öffnen und zu diskutieren.«

Nach Aussage des Biographen sollen die Predigten Hsüan-tsangs vor der Versammlung von Kanauj eine Massenbekehrung von Hīnayānisten zur Folge gehabt haben. »Sie verließen die Pfade des Irrtums, um den rechten Weg zu betreten, und gaben die beschränkten Ansichten des Kleinen Fahrzeuges auf, um die hehren Prinzipien des Großen Fahrzeuges anzunehmen.«

Es stimmt etwas wehmütig, wenn man die Kluft bemerkt, welche stets die reinen Ideen von der Wirklichkeit menschlicher Leidenschaften trennt. Kaum war Buddha gestorben, da wären die Könige Indiens, seine Belehrungen über Frieden und Güte vergessend, die immer wieder aus seinem Munde gekommen waren, um ein Haar in der Frage der Verteilung der Reliquien miteinander handgemein geworden. Und hier nun lief einer der größten Metaphysiker des mittelalterlichen Buddhismus, indem er vor Buddhisten die Lehren ihres Glaubens erläuterte, Gefahr, unter ihren Händen um genauso haarspalterischer Auseinandersetzungen willen wie der über die ›Drei Reinen Speisen‹ ums Leben zu kommen...

Die gegen Hsüan-tsang gerichteten Drohungen hatten Harṣa alarmiert und aufgebracht. Die Gesandtschaften, die er regelmäßig mit dem Hof der T'ang austauschte, zeigen uns, wie sehr der indische Monarch Wert auf die Freundschaft mit China legte. So sollte er 644–645 zwei Abgesandte T'ai-tsungs, Li I-piao und Wang Hsüan-ts'ê, empfangen, die ihre Reise nutzten, um eine Gedenkinschrift im Bodhi-Tempel von Gayā anzubringen. Gewiß war Hsüan-tsang alles andere als ein offizieller Gesandter, hatte er doch China gegen den Willen des Hofes verlassen. Aber seine Ermordung hätte den ausgezeichneten Beziehungen, die zwischen Kanauj und Ch'ang'an bestanden, nur schaden können. Überdies bestand für derlei Überlegungen keine Notwendigkeit mehr, hatte sich Harṣa doch offensichtlich schnell für die hohe Intelligenz des Pilgers begeistert. »Er gab dem Meister des Gesetzes 10000 Goldstücke, 30000 Silberstücke und 100 Kleider aus feiner Baumwolle. Er beauftragte einen seiner Beamten damit, einen großen Elefanten prächtig auszurüsten und ihn mit kostbaren Stoffen zu bedecken. Dann bat er den Meister des Gesetzes, auf ihm zu reiten. Schließlich befahl er den bedeutendsten Würdenträgern, seine Begleitung zu bilden, so die Runde durch die Menge zu machen und mit lauter Stimme zu verkünden, daß er die Prinzipien der Wahrheit dargelegt und sie fest begründet hätte, ohne von irgend jemandem besiegt worden zu sein.« Dies war die traditionelle Form des Triumphes in Indien, der »jedem bereitet wurde, der den Sieg davongetragen hatte«. Vergeblich wollte Hsüan-tsang sich einer solchen Ehrung entziehen. Der Wunsch des Königs war ein Befehl. »Den Meister des Gesetzes an seinem Mönchsgewand festhaltend, wandte er sich an die Menge und rief: ›Der chinesische Meister hat in glänzender Weise die Lehre des Mahāyāna aufgestellt und alle Irrtümer der Sektierer umgestoßen. Seit achtzehn Tagen hat sich niemand gefunden, der es gewagt hätte, mit ihm zu debattieren. Ein solcher Triumph muß allen kundgetan werden!‹« Alle Anwesenden überschütteten Hsüan-tsang folglich mit Lobpreisungen, verbrannten Weihrauch vor ihm, streuten Blumen aus und entfernten sich respektvoll.

So erzählt Hui-li in seinem Bericht, den er uns vom Leben seines Meisters hinterlassen hat. Hsüan-tsang selbst jedoch erwähnt in seinem *Hsi-yü-chi* [Aufzeichnungen über die Westlande] gewisse, ziemlich beunruhigende Details über diese Versammlung. Darin lesen wir, daß das von Harṣa hergerichtete Heiligtum von verbrecherischer Hand in Brand gesetzt wurde und daß der König selbst beinahe einem Mordanschlag zum Opfer gefalle wäre.

Wie wir gesehen haben, hatte Harṣa in Kanauj einen Turm errichten lassen, um in ihm die Buddhastatue aufzustellen. »Am letzten Tage der Versammlung brach in diesem Turm ein Feuer aus, und der zweistöckige Pavillon, der sich über dem Tor des Klosters erhob, wurde ein Raub der Flammen.« Hsüan-tsang legt seinem Helden alsdann folgende melancholische Betrachtung in den Mund: »Ich habe die Reichtümer meines Königreiches für Almosen erschöpft. Nach dem Beispiel früherer Könige habe ich dieses Kloster erbaut und habe mich durch verdienstvolle Werke hervortun wollen. Aber meine schwache Tugend hat keinen Halt gefunden. Angesichts solcher Unglücke und solch düsterer Vorzeichen, warum sollte ich da noch länger leben?« Ganz ähnlichen Schmerz teilte seine Umgebung: »Wir haben gehofft, daß das heilige Monument, das Ihr soeben erst vollendet habt, noch unter künftigen Generationen Bestand haben würde. Wer hätte gedacht, daß es am ersten Tag in Schutt und Asche gelegt würde? Hinzu kommt noch, daß sich die Brahmanen im Grunde ihres Herzens darüber freuen und einander beglückwünschen ...« Der Brand konnte freilich gelöscht werden, worin Hsüantsang ein Wunder Buddhas erblickte. Harṣa scheint sich im übrigen

schnell wieder gefangen zu haben: »Aus dem, was soeben geschehen ist, läßt sich die Wahrheit der Worte Buddhas ablesen. Die Brahmanen beharren hartnäckig darauf, daß alles ewig ist. Aber Buddha hat uns die Unbeständigkeit aller Dinge gelehrt. Ich für meinen Teil habe mein Werk der Mildtätigkeit vollendet, habe das Gelübde meines Herzens erfüllt.« Die Brahmanen – denn sie waren gewiß die Urheber der Brandkatastrophe – sollten ihre Dreistigkeit allerdings noch weiter treiben. Harṣa, noch ganz erschüttert über dieses Desaster, war, gefolgt von den Vasallenkönigen, auf die Spitze des großen Stūpa gestiegen. »Oben angekommen, ließ er seine Blicke in alle Richtungen schweifen und stieg dann wieder die Stufen hinab. Plötzlich rannte ein Fremder mit einem Dolch in der Hand auf ihn zu. Der König, arg bedrängt, wich einige Stufen die Treppe hinauf zurück. Dann, sich niederbeugend, gelang es ihm, den Mann zu fassen und ihn seinen Beamten zu übergeben.« All das hatte sich so schnell abgespielt, daß die Männer aus dem königlichen Gefolge keine Zeit gehabt hatten, ihrem Herrn zu Hilfe zu kommen.
Ohne sich die geringste Spur von Zorn anmerken zu lassen, verhörte Harṣa den Meuchelmörder. Dieser gestand, von den Brahmanen gedungen worden zu sein. Es handelte sich tatsächlich um ein Komplott der Priesterkaste, die über die Gunstbeweise des Königs gegenüber den buddhistischen Religiosen erbost war. Nachdem sie Feuer an den Turm gelegt hatten, hofften sie, den König im anschließenden Durcheinander umbringen zu können. Als ihr Vorhaben gescheitert war, hatten sie einen Mörder gedungen, Harṣa zu erdolchen.
Das Komplott wurde ziemlich streng geahndet. »Der König bestrafte die Anführer, begnadigte aber ihre Anhänger. 500 Brahmanen wurden außerhalb der Landesgrenzen Indiens verbannt.«
Ist diese Szene nicht seltsam symptomatisch? Harṣa, der Dichterkönig, war wirklich eine anachronistische Gestalt. Trotz seiner persönlichen Neigungen, welche die Tage Aśokas zu neuem Leben zu erwecken schienen, wurde die brahmanische Reaktion mit jedem Tag bedrohlicher. Der Triumph des Hinduismus war nahe. Die Stunde sollte kommen, da die Mönche von Ajaṇṭā, aus ihren Zellen verjagt, durch śivaitische oder viṣṇuitische Sektierer ersetzt würden. Noch eineinhalb Jahrhunderte und alles sollte zu Ende sein...
Harṣa lud Hsüan-tsang noch zu einer anderen Versammlung ein, die auf der großen Ebene von Prayāga, dem heutigen Allāhābād, am

Zusammenfluß von Ganges und Jumnā stattfand. Nach altem Brauch nahm der indische Monarch dort eine allgemeine Verteilung von Almosen vor. »Dreißig Jahre sind es nun«, läßt ihn *Hsüan-tsangs Biographie* nicht ohne Melancholie sprechen, »daß ich über Indien herrsche. Es bereitete mir Sorge, feststellen zu müssen, daß ich keine hinreichenden Fortschritte in der Tugend machte. Untröstlich über die Vergeblichkeit meiner Bemühungen um das Gute habe ich in Prayāga unermeßliche Reichtümer angehäuft, und alle fünf Jahre verteile ich sie...« Der Zeitpunkt für die ›Verteilung der Befreiung‹ des Jahres 643 war gerade gekommen, so daß es Hsüan-tsang vergönnt war, an dieser so spezifisch indischen Zeremonie teilzunehmen, von der er uns ein farbenprächtiges Tableau hinterlassen hat.
»Westlich der Stelle, an welcher der Ganges und die Jumnā zusammenfließen«, schreibt sein Biograph, »erstreckt sich eine weite Ebene, die, flach wie ein Spiegel, einen Umfang von 14 bis 15 *li* besitzt. Seit alten Zeiten begeben sich die Radschas des Landes dorthin, um Almosen zu verteilen. Der Überlieferung nach ist es verdienstvoller, ein Geldstück an diesem Orte als Almosen zu geben denn hunderttausend anderswo. Der König (Harṣa) ließ dort ein rechteckiges Areal von tausend Fuß Länge auf jeder Seite mit Schilfrohrhecken umgeben und in der Mitte mehrere Dutzend strohgedeckte Hallen errichten, um in ihnen eine unermeßliche Menge Kostbarkeiten, Gold, Silber, Perlen, rotes Glas, Edelsteine und vieles andere mehr niederzulegen. Außerdem ließ er mehrere hundert Baracken aufstellen, um dort Seiden- und Baumwollstoffe aufzubewahren. Außerhalb der Hecke ließ er etwas abseits eine gewaltige Speisehalle errichten. Vor den Gebäuden, die Reichtümer aller Art enthielten, ließ er an die hundert Baracken aufstellen, in gerader Reihe angeordnet wie die Stände bei uns auf dem Markte in Ch'ang'an. Eine jede von ihnen war lang genug, um 1000 Personen aufzunehmen.«
Als Harṣa in Begleitung Hsüan-tsangs und der 18 Vasallenradschas bei der Ebene der Almosenverteilung eintraf, fand er eine Menge von 500000 Menschen, von seinen Beamten zusammengeführt, vor. Er schlug sein Zelt am Nordufer auf, einer seiner Vasallen aus dem Süden das seine westlich des Zusammenflusses der beiden Flüsse. Der König von Assam richtete sich in einem blühenden Gehölz südlich der Jumnā ein. »Am anderen Morgen bewegten sich die Armeekorps

Harṣas und des Königs von Assam auf Schiffen und das Korps des Fürsten aus dem Süden auf Elefanten in imponierender Ordnung auf die Almosenebene zu, um sich in ihrer Nähe zu vereinigen. Die Radschas der 18 Vasallenstaaten schlossen sich ihnen an und reihten sich jeweils an der Stelle ein, die ihnen zugewiesen worden war.
Am ersten Tage wurde die Buddhastatue in einem der strohgedeckten Tempel aufgestellt, und kostbare Dinge sowie Kleidungsstücke von allergrößtem Wert wurden ihr dargebracht; man trug auserlesene Speisen auf und streute Blumen zu den Klängen einer harmonischen Musik; am Abend zog sich jeder in sein Zelt zurück.
Am zweiten Tage stellte man dort die Statue des Sonnengottes (der brahmanische Gott Āditya, identisch mit Viṣṇu) auf und verteilte kostbare Dinge und Kleidungsstücke, allerdings um die Hälfte weniger als am ersten Tage.
Am dritten Tage wurde die Statue des Gottes Īśvara (d.h. Śiva) aufgestellt, und man verteilte dieselben Almosen wie für Āditya.
Am vierten Tage wurden Almosen an ungefähr zehntausend buddhistische Religiose gegeben, die in Reihen saßen und etwa hundert voneinander getrennte Linien bildeten. Ein jeder von ihnen erhielt einhundert Goldstücke, ein Gewand aus Baumwolle, diverse Getränke und Nahrungsmittel sowie Räucherwerk und Blumen.
Beim fünften Male fand die Verteilung an die Brahmanen statt, die zwanzig Tage dauerte.
Das sechste Mal wurden zehn Tage lang Almosen an die ›Häretiker‹ ausgeteilt.
Dann erfolgte für weitere zehn Tage die Verteilung der Almosen an die jinistischen Bettelmönche, die aus fernen Landen gekommen waren.
Schließlich wurden Almosen an die Armen, Waisen und Personen ohne Familien verteilt; dies nahm einen vollen Monat in Anspruch. Nach Ablauf dieser Zeit waren alle Reichtümer, die während fünf Jahren in den königlichen Schatzkammern angehäuft worden waren, vollkommen erschöpft. Dem König blieben nur noch die Pferde, Elefanten und das Kriegsgerät, deren er bedurfte, um Ordnung im Staate zu schaffen.«
In dieser Szenerie eines indischen Märchenspieles endete das Almosenfest – das ›Fest des Heiles‹, wie es die Buddhisten nannten – mit einer sonderbaren Begebenheit. Eine Art Wohltätigkeitsrausch

erfaßte Harṣa, den Dichterkönig. Wie der Viśvaṃtara der buddhistischen Legende, eine Präfiguration des Buddha Śākyamuni, der sein Hab und Gut sowie seine Familie als Almosen hingegeben hatte, wollte sich der Kaiser von Kanauj vollständig entäußern: »Die Gewänder, die er trug, seine Halsbänder, seine Ohrgehänge, seine Armbänder, die Girlanden seines Diadems, die Perlen, die seinen Hals schmückten, und den Karfunkel, der auf seinem Haarschopf strahlte, all das gab Harṣa als Almosen hin, ohne davon etwas zu behalten...

Als all seine Reichtümer erschöpft waren, erbat er von seiner Schwester ein gewöhnliches, bereits getragenes Gewand und verehrte, nachdem er sich damit bedeckt hatte, die Buddhas der Zehn Richtungen.« Dann überließ er sich mit gefalteten Händen ganz seinem Freudentaumel: »Einst,« rief er aus, »während ich all diese Reichtümer anhäufte, lebte ich in ständiger Furcht, sie nicht in einem hinreichend soliden Lagerhaus verbergen zu können. Jetzt aber, da ich sie durch die Hingabe als Almosen auf dem Felde religiöser Verdienste niedergelegt habe, betrachte ich sie als für alle Zeiten bewahrt! Ach, könnte ich so in meinen zukünftigen Existenzen unermeßliche Reichtümer anhäufen, um sie den Menschen als Almosen zu geben, und hierdurch die zehn göttlichen Kräfte in all ihrer Fülle erlangen!«

Zweifellos muß Harṣa in einer ähnlichen Aufwallung das Gedicht verfaßt haben, mit dem sein *Suprabhātastotra* [Morgenhymnus] beginnt:

»Ich grüße den Buddha! Ich grüße das Gesetz! Ich grüße die Gemeinde! Ihn, der gepriesen wird von der Menge der Götter, von den Siddha, von den Gandharva, von den Yakṣa im Himmel und auf Erden, von den bedeutendsten Asketen mit zahlreichen und mannigfaltigen Lobgesängen, auch ich grüße Ihn, mir die Macht anmaßend, Ihn, den Edlen, den Erleuchteten. Aber die Bienen, fliegen nicht auch sie zum Firmament, das von Garuḍa durchquert wird?«

Diese buddhistische Litanei nimmt in irisierenden Bildern wie eine Strophe aus dem *Lalitavistara* ihren Fortgang. Buddha wird verkündet als »Er, in dem jede Neigung zum Bösen vernichtet ist, aus dem jede Verfehlung verschwunden ist, der die Farbe von geschmolzenem Golde besitzt, dessen Augen so lang wie der aufgeblühte Lotus sind, der schimmernde Gewänder und den Glanz einer strahlenden Sphäre

besitzt; Er, der der Bezwinger der Macht Māras ist, der Zerstörer der Wege des Bösen, der Vollbringer des Guten in den Drei Welten; Er, der uns aus den Verschlingungen der Lianen (der Versuchung) befreit und der die Früchte der Glückseligkeit gibt.«
Als die mystische Schwärmerei erst einmal nachgelassen hatte, galt es, wieder auf die Erde hinabzusteigen. Hsüan-tsangs Biograph erzählt uns selbst, daß die 18 Vasallenkönige »abermals kostbare Dinge und große Summen Geldes unter den Völkern ihrer Staaten einsammelten, das kostbare Halsband, den Karfunkel aus der Haartracht des Königs und die königlichen Gewänder, die Harṣa als Almosen weggegeben hatte, auslösten, zurückbrachten und ihm überreichten.« Derselbe Zyklus wiederholte sich mehrere Male. Möglicherweise liegt in einer solchen religiösen Romantik die Erklärung für den ephemeren Charakter von Harṣas Reich, das nur zu seinen Lebzeiten Bestand hatte. Auf jeden Fall ist der Kontrast zwischen dem Dichterkönig, dem lyrischen und leidenschaftlichen Inder, und seinem chinesischen Zeitgenossen, dem robusten T'ai-tsung, frappierend, der ganz von konfuzianischer Umsicht und positiver Weisheit durchdrungen war...
Es ist nicht schwierig, sich vorzustellen, wie gerne Harṣa einen Mann wie Hsüan-tsang bei sich behalten hätte. Er drängte so hartnäckig darauf, daß sich der Pilger, um von ihm fortzukommen, genötigt sah, »Worte an ihn zu richten, in denen die Bitterkeit seines Herzens mitschwang«. »China«, rief er aus, »ist von Indien durch einen immensen Zwischenraum getrennt und hat erst sehr spät vom Gesetz des Buddha sprechen hören. Auch wenn es elementare Kenntnisse davon besitzt, ist es doch nicht in der Lage, es in seiner Gesamtheit zu erfassen. Deswegen bin ich gekommen, mich in fernen Landen darüber zu unterrichten. Wenn ich heute gerne wieder dorthin zurückkehren möchte, so deshalb, weil die Weisen meines Vaterlandes sehnsüchtig auf mich warten und mich mit jeder Faser ihres Herzens rufen.« Und er erinnerte den frommen Monarchen an die Worte der Schrift: »Wer auch immer das Gesetz vor den Menschen verbirgt, wird in all seinen Existenzen blind geboren werden.« Harṣa gab nach. Er bot Hsüan-tsang an, ihn von offiziellen Gesandten begleiten zu lassen, falls er über den Indischen Ozean und die chinesischen Meere heimkehren würde. Der Pilger hatte jedoch beschlossen, über Zentralasien zurückzukehren, mit dem ihn wertvolle Bande der Freundschaft verknüpften. Vor allem aber durfte er

sein Versprechen gegenüber dem König von Turfan nicht vergessen, auf der Rückreise noch einmal den Weg durch sein Reich zu nehmen. Dies war wie eine Ehrenschuld, wenn man sich besinnt, was der König von Turfan alles für den Pilger getan hatte, um ihm die Reise durch tocharisches Land und das Reich der Türken zu erleichtern.

Harṣa überhäufte Hsüan-tsang mit Geschenken und ließ ihn dann seiner Wege ziehen, nicht ohne ihm eine Eskorte anvertraut zu haben, die den Auftrag hatte, ihn bis an die Grenzen Indiens zu geleiten. Diese Eskorte sollte sich bei der Durchquerung der von Räubern unsicher gemachten subhimalayischen Zone für den Pilger als außerordentlich nützlich erweisen. Außerdem hatte Harṣa Hsüan-tsang einen seiner besten Elefanten als Reittier gegeben. Schließlich hatte er noch laufende Boten mit königlichen Patenten, die »auf Stücken aus weißer Baumwolle geschrieben und mit rotem Wachs versiegelt« waren, auf den Weg geschickt, auf daß die Fürsten der Länder, durch die der Reisende käme, diesen freundlich empfingen. Die Schriften und Statuen, die Hsüan-tsang mit zurücknahm, waren einem Radscha aus Nordindien anvertraut worden, der die Aufgabe übernahm, sie in kleinen Etappen auf Pferderücken oder Wagen der Armee transportieren zu lassen. Der König von Assam seinerseits hatte Hsüan-tsang ein Kleidungsstück aus feinen Daunen geschenkt, das ihn in den Bergen gegen die Feuchtigkeit und den Regen schützen sollte. »Mit zahlreichem Gefolge begleiteten die beiden Könige den Meister des Gesetzes mehrere Dutzend *li* durch das Gelände von Prayāga, und als es galt, voneinander Abschied zu nehmen, vergossen beide Tränen und stießen tiefe Seufzer aus.«

Drei Tage nach der Abreise des Pilgers bereiteten ihm Harṣa und der König von Assam eine neue, rührende Überraschung. Sie saßen mit einigen hundert Kavalleristen auf, setzten ihm im Galopp nach und holten ihn ein, um ihn noch ein letztes Mal zu sehen und ihm für einige Lieues das Geleit zu geben, bevor sie sich endgültig trennten. In all den Aufzeichnungen über das Leben Hsüan-tsangs spürt man seine Ergriffenheit, als er – dieses Mal für immer – Abschied von den beiden Königen nahm.

Und auch wir trennen uns nur ungern von dem indischen Monarchen. Wir schreiben den April des Jahres 643. Vier Jahre später wird Harṣa nicht mehr sein. Ihm folgte ein Thronräuber, der solch schwere Plünderungen beging, daß die chinesisch-nepalesische

Armee Wang Hsüan-ts'ês kommen mußte, um ihn gefangenzunehmen. Fortan wird Nordindien im Chaos versinken. Die rājputische Feudalherrschaft wird sich der Throne von Mālava und des Ganges bemächtigen, ohne allerdings in der Lage zu sein, das geeinte Reich wieder aufzurichten, dessen letzter Verteidiger Harṣa gewesen war. Mit ihr werden alle Reaktionen des nichtarischen Elementes, alle śivaitischen und tantrischen Vergeltungen triumphieren. Dann wird die muselmanische Lawine, vom Khaiber-Paß herabdonnernd, mit ihren Schwadronen ikonoklastischer Mamelucken kommen.
Mit dem Tode Harṣas endet die wahrhaftig schönste und glorreichste Periode der indischen Geschichte. Dieser letzte Fürst aus dem Hause von Thānēsar, der bekanntlich keinen Nachfolger hatte, ist wirklich der letzte der Ārya, der Männer unserer eigenen Rasse in einer wieder fremd gewordenen Welt.

Über Kauśāmbī (Kosam) an der Jumnā gelangte Hsüan-tsang in die Gegend von Bilsar (Etah) nördlich von Kanauj, wo er zwei Monate der Regenzeit des Jahres 643 verbrachte. Auf dem Wege über Jālandhara und Taxila reiste er durch den Pandschab und legte so in umgekehrter Richtung die Strecke noch einmal zurück, die er zehn Jahre zuvor hinter sich gebracht hatte. Man hatte Hsüan-tsang davor gewarnt, daß die Engpässe des oberen Pandschab von Räubern heimgesucht wurden. Mit der Seele eines Heiligen fand er jedoch die Worte, deren es bedurfte, um sie zu entwaffnen. Einen seiner Mönche schickte er mit dem Auftrag voraus, den Räubern folgendes zu sagen: »Wir sind Religiose, die von sehr weit her gekommen sind, um uns über das Gesetz zu unterrichten. Wir führen lediglich heilige Schriften, Reliquien und Statuen mit uns. Wir bitten Euch, hochherzige Männer, um Eure Hilfe und Euren Schutz.« Von weitem folgte der Meister des Gesetzes mit seinen Schülern und Reisegefährten. Sein Appell erreichte das Herz der Räuber, deren Banden, sooft er auch auf sie traf, ihm nichts zuleide taten.
Zu Beginn des Jahres 644 überquerte Hsüan-tsang den Indus, eine Fahrt voller Zwischenfälle: »Die Schriften, Statuetten und Reisenden wurden an Bord eines großen Bootes genommen, während der Meister des Gesetzes den Fluß auf seinem Elefanten überquerte. Er hatte einen seiner Männer beauftragt, auf dem Boot ein wachsames Auge auf die Schriften und die Samen seltener indischer Blumen zu

haben. Als sie aber die Mitte des Stromes erreichten, wurde das Boot, von einem Strudel erfaßt, heftig hin und her geschüttelt und beinahe in die Tiefe gerissen. Der Mann, der die Schriften bewachen sollte, wurde von Entsetzen gepackt und fiel mitten in die Fluten. Zwar zogen ihn seine Gefährten heraus, aber er verlor fünfzig Manuskripte und die Blumensamen; nur unter großen Mühen gelang es, alles übrige zu retten.«

Dies war zweifellos eines der schmerzlichsten Erlebnisse Hsüan-tsangs im Verlaufe seiner Reise. Zu seinem großen Glück schickte der König von Kapiśa, dessen Reich er jetzt betrat und der nach Udabhāṇḍa (Uṇḍ) am Indus gekommen war, um ihn zu erwarten, eigens Boten bis nach Uḍḍiyāna, um für ihn Abschriften der verlorenen Manuskripte anfertigen zu lassen. Der König von Kaschmir, der erfahren hatte, daß der Pilger auf seinem Heimweg nicht durch Kaschmir kommen würde, begab sich ebenfalls in die Gegend von Udabhāṇḍa, um ihm Lebewohl zu sagen.

Hsüan-tsang brach anschließend in Begleitung des Königs von Kapiśa nach Nagarahāra und Lampāka auf, der hier unmißverständlich als der Oberherr all dieser kleinen gandhārischen Fürstentümer auftritt. Die Einwohner kamen herbei, um die Karawane in feierlichem Zuge mit Bannern und Fahnen zu erwarten. In Nagarahāra, dem heutigen Jalālābād, nahm der König des Landes ihm zu Ehren eine Almosenverteilung vor. Dort wurde Hsüan-tsang in einem Kloster des Großen Fahrzeuges untergebracht, wahrscheinlich in der Nähe des Stūpa gelegen, der von dem Ehepaar Godard und von Barthoux ausgegraben wurde. Der König von Kapiśa, der ihn vom Indus an begleitete, bereitete ihm auch in der Hauptstadt seines Patrimonialstaates, in Kāpiśī (Begram), einen besonders freundschaftlichen Empfang mit dem erneuten Schauspiel einer Almosenverteilung.

Das Interesse, das die kleinen Fürsten der gandhārischen Region dem großen Chinesen entgegenbrachten, läßt sich nicht allein durch die Religion, sondern auch durch die Politik erklären. Um uns davon zu überzeugen, brauchen wir nur die Diplome der Kanzlei der T'ang zu Rate zu ziehen. Diese Könige von Kaschmir und Kapiśa suchten die Hilfe des chinesischen Hofes gegen die von allen benachbarten Barbarenvölkern, allen Horden Zentralasiens ausgehende Bedrohung. Konnten sie ahnen, daß ihnen eine weit furchtbarere Gefahr aus dem tiefsten Arabien drohte? Die turko-mongolischen Invasionen zogen lediglich gegen ihr materielles Leben zu Felde. Außerdem bekehrten sich in jener Zeit die türkischen Horden zu guter Letzt stets zum Gesetz des Buddha. Der Islam hingegen sollte sogar die Seele des Landes verändern und auf diesem geschichtsträchtigen Boden die Erinnerung an die gräko-buddhistische Kultur auslöschen...

Vom Pamir nach Tunhuang

Nachdem Hsüan-tsang vom König von Kapiśa Abschied genommen hatte, folgte er der Karawanenstraße, die über den Hindukusch und den Pamir nach Kaschgar führte.

Die Überquerung des Hindukusch war vom König von Kapiśa sorgfältig vorbereitet worden. Er hatte einen seiner Beamten mit etwa einhundert Mann losgeschickt, um den Meister des Gesetzes durch die Berge zu begleiten und für ihn Futter, Proviant und sonstigen Reisebedarf zu tragen. Gleichwohl gestaltete sich die Überquerung, die im Juli 644 begonnen haben muß, mühselig. »Nach einem Marsch von sieben Tagen kamen sie auf einem hohen Berge an, der dem Blick eine Aneinanderreihung gefährlicher Gipfel und beängstigender Bergspitzen darbot, die in den seltsamsten und mannigfaltigsten Formen wild durcheinander emporragten. Bald erblickten sie ein Plateau, bald eine hoch aufragende Spitze; die Szenerie wechselte mit jedem Schritt. Es wäre schwierig, all die Mühsal und Gefahren aufzuzählen, denen sie bei der Überquerung dieser Höhen ausgesetzt waren. Von nun an wurde es unmöglich zu reiten, so daß der Meister des Gesetzes, sich auf seinen Stab stützend, voranschritt.

Nach weiteren sieben Tagen gelangten sie an einen Paß, unterhalb dessen ein Dorf von rund einhundert Familien lag, die Schafe groß wie Esel züchteten. Am ersten Tage schlief er in diesem Dorf und brach mitten in der Nacht auf, nachdem er einen der Bewohner beauftragt hatte, ihm mit einem Bergkamel als Führer zu dienen. In diesem Landstrich stieß man auf eine Menge schneebedeckter Rinnsale und vereister Flüsse, in die der Reisende stürzen und darin umkommen könnte, würde er nicht Schritt für Schritt von Einheimischen geführt. Sie marschierten von morgens bis abends, um all diese eisbedeckten Abgründe zu überqueren. Zu diesem Zeitpunkt bestand die Reisegruppe nur noch aus sieben Religiosen, zwanzig Dienern,

einem Elefanten, zehn Eseln und vier Pferden. Am nächsten Morgen erreichten sie den Fuß des Passes. Anschließend gelang es ihnen, nachdem sie verschlungenen Pfaden gefolgt waren, einen Gipfel zu erklimmen, der aus der Ferne wie Schnee ausgesehen hatte; doch als sie ihn fast erreicht hatten, erkannten sie, daß er nur aus weißen Steinen bestand.
Dieser Gipfel war so hoch, daß die erstarrten Wolken und der Schnee, den der Wind fortwehte, nicht einmal seine äußerste Spitze erreichten. Als die Reisenden an der Spitze ankamen, brach die Dunkelheit herein; von eisigem Wind durchdrungen, hatten sie nicht mehr die Kraft, sich aufrecht zu halten.
Der Berg zeigte keine Spur von Vegetation. Wohin man auch blickte, nichts war zu sehen außer wirr übereinanderliegenden Steinen und Gruppen kahler Bergspitzen, die, soweit das Auge reichte, wie ein Wald von entlaubten Bäumen in die Höhe ragten. Er war so hoch und der Wind so heftig, daß selbst die Vögel ihn nicht im Fluge überqueren konnten; erst einige hundert Schritt südlich und nördlich von diesem Gipfel waren sie in der Lage, sich emporzuschwingen. Nachdem der Meister des Gesetzes mehrere Kilometer in nordwestlicher Richtung hinabgestiegen war, fand er ein ebenes Fleckchen, auf dem er sein Zelt aufschlug und die Nacht verbrachte. Am folgenden Tage machte er sich wieder auf den Weg.«
Nördlich des Hindukusch den Weg über Andarab und Kundus (chinesisch An-ta-lo-fu und Huo) nehmend, wandte sich Hsüan-tsang nach Nordosten quer durch Tocharistan und Badachschan (Tu-huo-lo und Po-to-ch'uang-na bzw. Pa-ta-k'ê-shan). Diese Provinzen bildeten, wie der Leser sich erinnern wird, das Lehen eines *yabgu* oder türkischen Prinzen aus der Familie des Khans der Westtürken. Hsüan-tsang blieb einen Monat im Lager dieses Häuptlings, der ihm anschließend eine Eskorte für die Überquerung des Pamir mitgab. Unter diesem Schutz reiste er das Tal des Pjandsch, der nichts anderes als der Oberlauf des Oxus (Amu-darja) ist, auf einer Straße hinauf, die zwischen dem Schugnan-Massiv im Norden und dem Wachan-Massiv im Süden (dem ›Shih-ch'i-ni‹ und ›Hu-mi‹ der chinesischen Geographen) von Abgründen gesäumt war. »Diese dunklen Täler und gefährlichen Kämme«, schreibt Hsüan-tsang, »sind von ewigem Schnee und Eis bedeckt, über die ein kalter Wind tobt.« In diesen Höhen verkümmerte jede Vegetation: »Die Wälder weisen nur noch

einen spärlichen Baumbestand auf; Blumen und Früchte sind selten.«[1] Dagegen brachte der Boden eine Unmenge Zwiebeln hervor, woher auch die chinesische Bezeichnung für den Pamir, nämlich Ts'ung-ling, ›Zwiebelberge‹, rührt. Eine Beschreibung, die durch den Pilger Sung-yün über den Wachan erhärtet wird: »Das Land ist so kalt, daß die Eingeborenen in Höhlen wohnen. Um sich vor Wind und Schnee zu schützen, leben Tiere und Menschen in ihnen eng beieinander. Hohe, schneebedeckte Berge versperren den Horizont. Der Schnee schmilzt am Morgen und gefriert gegen Abend; von weitem sehen diese Berge wie Jadespitzen aus... Sie selbst dienen der Zitadelle des Königs als Schutzwehr...«

Auf der Durchreise notiert Hsüan-tsang, daß die Einwohner einiger dieser Pamirtäler Augen von blaugrüner Farbe besitzen. Sollte es sich dabei um einen Stamm der ›Yoaghnobī‹, jener nahen Verwandten der alten Sogdier, gehandelt haben, deren Sprache Gauthiot seit 1913 an Ort und Stelle erforscht hat? In Schugnan hatte Hsüan-tsang die Freude, eine wundertätige Buddhastatue zu finden.

Weiter östlich begann das eigentliche Pamirtal, das Po-mi-lo unseres Pilgers, welches das Tal des oberen Pjandsch bis zu seiner Quelle ist. »Dieses Tal«, lesen wir bei Hui-li, »ist zwischen zwei schneebedeckten Bergketten gelegen und bildet das Zentrum der Berge des Pamir (Ts'ung-ling-shan). Unablässig wird man dort von Windböen geplagt, und die Schneegestöber lassen selbst im Frühling und Som-

1 In den Aufzeichnungen eines anderen chinesischen Pilgers, Wu-k'ung (751–790), findet sich ein romantischer Bericht über einen Sturm in diesen Regionen. Schauplatz der Handlung ist der Kutu-Distrikt, das heutige Chottal. Wu-k'ung befand sich auf dem Rückweg von Indien nach China und brachte neben heiligen Schriften einen Zahn Buddhas zurück, den ihm der Superior eines Klosters von Gandhāra gegeben hatte: »Als er an einem tiefen See entlangging, erfuhr der *nāga* oder Wasserdrachen, daß er eine Reliquie bei sich trug. Die Erde bebte, schwarze Wolken ballten sich zusammen, Blitze zuckten auf und Donner grollte, Hagel und Regen stürzten hernieder. Nicht weit vom Ufer des Sees stand ein großer Baum, unter dem Wu-k'ung und die ganze Karawane Schutz suchten. Die Zweige und Blätter fielen ab. Aus dem Herzen des Baumes flammte Feuer auf. Da sagte der Führer der Karawane zu seinen Begleitern: ›Einer von Euch muß eine Reliquie bei sich haben, warum sonst würde der Wasserdrachen wohl so erzürnen, um sie zu erhalten? Soll derjenige, der sie bewahrt, sie doch in den See werfen, um uns alle zu retten!‹ Wu-k'ung jedoch begann zu beten und konnte das Herz des Wassergenius rühren. Das Unwetter legte sich, und die Reliquie wurde gerettet...« (Sylvain Lévi und Edouard Chavannes: *Itinéraire d'Ou-k'ong*; in: Journal Asiatique, Bd. II [1895], S. 361.)

mer nicht nach. Da der Boden fast ständig gefroren ist, findet man nur wenige und kümmerliche Pflanzen; die ganze Landschaft ist eine einzige Einöde ohne jede Spur menschlichen Lebens.« Nahezu gleichlautend, doch wie gewöhnlich viel präziser, notiert Hsüan-tsang selbst: »Das Tal des Pamir erstreckt sich etwa tausend *li* von Ost nach West und hundert *li* von Süd nach Nord. An seinen engsten Stellen ist es nicht mehr als zehn *li* breit. Es liegt zwischen zwei schneebedeckten Bergketten. Dort herrschen Eiseskälte und heftiger Wind. Selbst im Frühling und Sommer fällt Schnee; Tag und Nacht wütet der Wind. Der Boden ist von Salz durchtränkt und mit einer Vielzahl kleiner Steine bedeckt. Korn und Früchte können dort nicht gedeihen, Pflanzen und Bäume sind selten und spärlich. Bald gelangt man in öde Wüsten ohne jede Spur von Bewohnern.«
Es sei daran erinnert, daß das Wachan-Massiv, durch das sich das Pamirtal windet, in einer mittleren Höhe von 4000 bis 4265 Metern über dem Meeresspiegel liegt. »Inmitten dieses Tales«, erzählt uns Hsüan-tsang, »befindet sich ein großer See – (der Sarikul oder Viktoria-See) –, der im Zentrum der Welt (wörtlich des ›Jambudvīpa‹) auf einem ungemein hohen Plateau liegt«. Ist es nicht interessant, unter dem Pinsel des chinesischen Reisenden so das Äquivalent für unseren Begriff ›Dach der Welt‹ zu finden?
»Das Becken dieses Sees, inmitten der Berge des Pamir gelegen«, fährt Hsüan-tsang fort, »liegt außerordentlich hoch. Seine Wasser sind rein und klar wie ein Spiegel; niemand hat jemals ihre Tiefe ausloten können. Sie sind von schwarzblauer Farbe und haben einen süßen und angenehmen Geschmack. In ihren Tiefen leben Haifische, Drachen und Schildkröten. Auf ihrer Oberfläche tummeln sich Enten, Wildgänse, Kraniche und anderes Gefieder. In den wilden Ebenen dieser Gegend, manchmal auch in sumpfigen Feldern oder auf sandigen Inseln, liegen Eier von gewaltigem Umfang.« Hsüan-tsang hat sehr richtig festgehalten, daß der Sarikul als Wasserscheide zwischen Kaschgarien und Transoxanien dient, wobei die Wasser, die aus ihm nach Westen fließen, die Flüsse des oberen Oxus bilden und die, welche sich nach Osten bewegen, zum Jarkand-darja und Tarim strömen.
Es ist nicht uninteressant, den Bericht Hsüan-tsangs der Beschreibung eines anderen chinesischen Pilgers, Sung-yün, gegenüberzustellen, der den Pamir einhundertzwanzig Jahre früher (522), allerdings

von Osten her, überquert hatte. »Von dem Augenblick an, da man die Berge des Pamir betreten hat, bringt einen jeder Schritt allmählich höher. Nach vier Tagen erreicht man den Gipfel. Verglichen mit der Ebene will es einem scheinen, als befände man sich tatsächlich auf halbem Wege zum Himmel. Auf der einen Seite fließen die Flüsse alle nach Osten, auf der anderen alle nach Westen. Gemeinhin heißt es, daß dies der Mittelpunkt des Himmels und der Erde ist. Weder Gräser noch Bäume wachsen dort. Im achten Monat des Jahres war es bereits kalt geworden; der Nordwind vertrieb die Wildgänse, und der Schnee wirbelte über eine Fläche von eintausend *li*.«

Nachdem Hsüan-tsang weiter östlich Gebirgskämme voll jäher Abgründe erklommen hatte und schnee- und eisbedeckten Pfaden gefolgt war, fand er günstiger gelegene Täler vor, von denen einige leidlich sonnenbeschienen waren und trotz der Höhe bereits etwas Korn und einige Obstbäume hervorbrachten. Er nennt diese Distrikte des östlichen Pamir ›Chieh/K'ê-p'an-t'o‹ und ›Wu-sha‹. Es handelt sich wahrscheinlich, wie Thomas Watters vorgeschlagen hat, um die Gegend des Istigh, Bozai und Wakhjir. Bald befand er sich erneut in den Einöden. »An den Berghängen wie in den Tälern kann man noch im Frühling und Sommer enorme Schneemassen sehen, und Wirbelwinde und Eiseskälte herrschen vor. Der Boden ist vom Salz gesättigt, so daß kein Korn gedeiht. An Bäumen fehlt es völlig; nur einige kümmerliche Gräser wachsen hier. Selbst im Hochsommer gibt es viel Wind und Schnee. Kaum haben die Reisenden diese Gebiete betreten, finden sie sich in Dunst und Wolken gehüllt.« Man erzählte Hsüan-tsang die Geschichte einer Karawane von mehreren tausend Kaufleuten und Kamelen, die mit Mann und Maus in den Schneestürmen umgekommen war.

Seltsame Erscheinungen bevölkerten diese hochgelegenen Einöden. Als sie an einem Felsen vorbeikamen, der wie eine Wand in den Pfad hineinragte, erzählten die Karawanenführer den Reisenden, daß dort oben in zwei in diesen Felsen gehauenen Kammern seit 700 Jahren zwei *arhat* oder buddhistische Heilige lebten. »Seitdem sie jeden konkreten Gedanken ausgelöscht und das Stadium der vollkommenen Ekstase erreicht haben, sitzen sie dort ohne die geringste Bewegung in aufrechter Haltung. Man würde sie für vom Fasten entkräftete Männer halten, aber obwohl sie seit 700 Jahren dort sind, zeigen ihre Haut und ihre Knochen keine Zeichen von Verwesung.«

Etwas weiter entfernt ließ eine ähnliche Legende die Profanen erschauern und die Mystiker träumen. »In einer Entfernung von zweihundert *li* westlich von Ch'ieh-p'an-t'o gelangt man zu einem Berg, der in Dunst gehüllt und wolkenverhangen ist. Seine Hänge sind äußerst hoch. Sie vermitteln den Eindruck, als wollten sie jeden Moment in sich zusammenstürzen, und verharren in einer Art Schwebezustand. Vor einigen Jahren grollte der Donner und brachte eine Seite des Berges zum Einsturz. In den Höhlen, die auf diese Weise ans Tageslicht kamen, saß ein Religioser mit geschlossenen Augen. Er war von riesigem Wuchs, sein Körper war vertrocknet, sein Bart und seine wirren Haare fielen auf seine Schultern und warfen Schatten auf sein Gesicht.« Jäger und Holzfäller, die ihn gefunden hatten, rannten zum König, um ihn über das Gesehene zu informieren. Dieser eilte unverzüglich an den besagten Ort, und dann strömte, da sich die Neuigkeit verbreitet hatte, auch die gesamte Bevölkerung dort zusammen. Ein Mönch erklärte, was getan werden sollte: »Wer wie dieser Mann in Ekstase versunken ist, kann auf unbestimmte Zeit in diesem Zustand verharren. Sein Körper wird durch die mystische Macht gestützt und ist gegen Zerstörung und Tod gefeit. Wenn er, entkräftet durch ein derart langes Fasten, unversehens aus der Ekstase erwachte, würde er im nämlichen Augenblick sterben und sein Körper Gefahr laufen, zu Staub zu zerfallen. Zuvor müssen seine Glieder mit Butter und Öl befeuchtet werden, um sie wieder geschmeidig zu machen. Dann erst darf der Gong geschlagen werden, um ihn aufzuwecken.« Also geschah es. Als der Gong ertönte, öffnete der Heilige schließlich die Augen und schaute um sich. Dann, nach einer langen Pause, fragte er die Umstehenden: »Ihr da, die Ihr von kleiner Statur seid, wer seid Ihr?« Auf die Anwort eines der anwesenden Mönche hin erkundigte er sich nach seinem Meister, dem Buddha Kāśyapa, Śākyamunis Vorgänger, der vor Hunderttausenden von Jahren verschieden war. Die Mönche antworteten ihm: »Schon vor sehr, sehr langer Zeit ist er in das große *nirvāṇa* eingegangen.« »Als er diese Worte hörte«, fährt Hsüan-tsang fort, »schloß der Heilige die Augen wie ein verzweifelter Mensch. Dann fragte er plötzlich aufs neue: ›Und Śākyamuni, ist er in der Welt erschienen?‹ ›Er ist Fleisch geworden‹, entgegneten die Umstehenden, ›er hat der Welt den rechten Weg gewiesen und ist seinerseits in das *nirvāṇa* eingegangen.‹ Bei diesen Worten senkte der Heilige

erneut das Haupt. Dann nahm er mit einer Hand seine langen Haare hoch und erhob sich majestätisch in die Lüfte. Durch ein göttliches Wunder verwandelte er sich in eine Feuerkugel, die seinen Körper verzehrte, und ließ seine verkohlten Gebeine auf die Erde fallen.« Der König des Landes ließ ihm mitten in den Bergen einen Stūpa errichten.
Auf der Reise des Pilgers wechselten solche Wundererzählungen mit gefahrvollen Situationen. In einer vereisten Schlucht zwischen dem Pamir und dem Mustagh stieß seine Karawane auf einen Trupp Räuber. Die Kaufleute, die ihn begleiteten, flüchteten sich in die Berge. Mehrere Elefanten der Karawane stürzten, von den Räubern verfolgt, in Schluchten und verendeten. Als die Gefahr gebannt war, stiegen Hsüan-tsang und seine Begleiter den Berg auf einer anderen Seite hinunter und setzten ihren Weg mühsam fort.
Hsüan-tsang folgte jetzt einem Weg, der in nordwestlicher Richtung verlief. Sehr wahrscheinlich führte dieser Pfad über den Posten von Taschkurghan (diejenige der Stätten gleichen Namens, die heute auf chinesischem Territorium liegt) und zog sich dann an den Westhängen des Mustagh-Massivs entlang. Auf diese Weise muß er in der Nähe des ›Kleinen Karakul‹ zum Gez, einem Nebenfluß des Kizildarja oder Kaschgar-Flusses, gelangt sein. Dem Lauf des Gez in nordöstlicher Richtung folgend, erreichte er schließlich Kaschgar, das ›Shu-lê‹ der *Geschichte der T'ang*, das er entsprechend dem Sanskritnamen, den die Inder der Stadt gaben (Khāsa), Ch'ü/Chia-sha nennt. Hsüan-tsang zufolge war der überwiegende Teil des eigentlichen Kaschgarien bereits zu dieser Zeit nichts weiter als eine Wüste aus Sand und Steinen. Aber dank des milden Klimas und regelmäßiger Regenfälle brachte das Land, das noch bestellt wurde – die Oase selbst –, immer noch Korn in Hülle und Fülle sowie eine gewaltige Menge Blumen und Früchte hervor. »Man stellt in diesem Land Filz und Tuch von ausgezeichneter Qualität ebenso wie schöne Wollstoffe her. Darüber hinaus verstehen sich die Einwohner auf das Weben verschiedener Arten von feinen und weichen Teppichen.« Wie übrigens auch die *Geschichte der T'ang* vermerkt Hsüan-tsang, daß die Leute von Kaschgar grüne Augen haben – ein, wie es scheint, wertvolles Zeugnis für die sakische oder sogdische, das heißt ›ostiranische‹ Herkunft eines Teiles der Bevölkerung. Ebenfalls erwähnt er

den indischen Ursprung der einheimischen Schrift (wahrscheinlich eine Ableitung aus der Kharoṣṭī-Schrift). In religiöser Hinsicht bekannte sich das ganze Land zum Buddhismus, zu Hsüan-tsangs großem Bedauern allerdings zum Hīnayāna-Buddhismus, und auch wenn der Landstrich an die hundert Klöster barg, so war die Lehre, für welche diese Mönche offen eintraten, die der Realistischen Schule der Sarvāstivādin. Aus diesem Grunde handelten sie sich auch den knappen, abschließenden Urteilsspruch des Pilgers ein: »Sie lesen die Texte, ohne deren Prinzipien zu ergründen!« Da uns die *Geschichte der T'ang* versichert, daß man dort den ›himmlischen Gott‹, das heißt den zoroastrischen Ormazd, verehrte, möchten wir noch hinzufügen, daß neben dem Buddhismus des Kleinen Fahrzeuges der iranische Mazdaismus zahlreiche Anhänger in Kaschgar gehabt haben muß.

Als Hsüan-tsang Kaschgar verließ, überquerte er den Kizil-darja und seine südlichen Nebenflüsse und gelangte in das Königreich Jarkand. Die Hauptstadt des Landes war nicht die Oase selbst, die gegenwärtig diesen Namen trägt, sondern die etwas südlicher gelegene Stadt Cho-chü-chia, welche die *Geschichte der T'ang* So-chü nennt und heute als Karghalik bekannt ist. Das war, wie uns mitgeteilt wird, eine Oase, die durch bogenförmige, stufig ansteigende Bergketten geschützt war und deren Fluß, ein Nebenfluß des Jarkand-darja, ihr eine bemerkenswerte landwirtschaftliche Blüte sicherte: ein Land des Korns, der Weintrauben und Obstbäume. Die Einwohner gehörten im Gegensatz zu denen von Kaschgar dem Mahāyāna-Buddhismus an. Reichlich sonderbar schildert Hsüan-tsang sie als Menschen, die »gewalttätig und leicht aufbrausend sind, zu Ränken und Betrug neigen und offen Räuberei betreiben«, ansonsten aber »einen aufrichtigen Glauben in die Religion besitzen und gerne gute Werke tun«.

Darüber hinaus war das Land durch die Präsenz übernatürlicher Wesen geheiligt. »An den südlichen Grenzen des Landes (das heißt am Fuße der Chung-kur-Berge, welche die Fortsetzung des K'un-lun-Gebirges bilden) liegt ein Massiv mit sehr hohen Pässen und Gipfeln, die sich dicht zusammendrängen. Die Kälte hat Pflanzen und Bäume zusammenschrumpfen lassen. Die Sturzbäche der Täler und die Quellen der Berghöhen ergießen sich vom Frühling bis zum Herbst von allen Seiten. An den Bergflanken befinden sich Nischen und Zellen in den Felsen, die gleichmäßig über die Höhlen und

Vajrapāṇi, Kizil um 500 (Museum für Indische Kunst, Staatliche Museen Preußischer Kulturbesitz, Berlin).

Gehölze verteilt sind. Viele heilige Männer Indiens, die die Arhatschaft erlangt haben, schwingen sich mittels ihrer übernatürlichen Kräfte in die Lüfte empor und versetzen sich an diesen Ort, um dort ihre Wohnstatt zu nehmen. So sind dort auch viele von ihnen in die Ruhe und das Verlöschen eingegangen. Gegenwärtig gibt es noch drei *arhat*, die sich in diesen steilen Höhlen niedergelassen haben und in den Zustand vollständiger Ekstase eingetreten sind, nachdem sie das Prinzip des Denkens ausgelöscht haben. Da ihnen Haare und Bart nach und nach wachsen, kommen die Religiosen des Landes von Zeit zu Zeit herbei, um sie zu schneiden.« Hier taucht vor unseren Augen jener Typus von alterslosen und weltvergessenen, seit Jahren und vielleicht Jahrhunderten an der Flanke der Berge des Himalaya verlorenen Asketen auf, der sich im tibetischen Buddhismus vermehren wird und für den unseres Erachtens in den schönen Übersetzungen von Bacot und Laufer ein Milaraspa das beeindruckendste Beispiel bleibt.

Den üblichen Relais der Karawanenstraße in der südlichen Zone von Chinesisch-Turkestan (Tarimbecken) folgend, kam Hsüan-tsang anschließend durch Chotan (Khotan), das er nach dem Sanskritnamen Kustana korrekt Chü-sa-ta-na nennt. Die von ihm so bezeichnete Stätte entspricht der heutigen Ortschaft Yotkan (im T'ang-Chinesisch Yü-t'ien), einige Kilometer nordwestlich des jetzigen Chotan gelegen.

Das ›Königreich Chotan‹ war ebenfalls eine fruchtbare Oase inmitten einer Wüste aus Sand und Stein. Einer der Reichtümer des Landes bestand in der Anpflanzung von Maulbeerbäumen, über deren Ursprung uns die *Geschichte der T'ang* Auskunft gibt. Es war die Zeit, da China das Geheimnis der Seide eifersüchtig hütete. Aber eine chinesische Prinzessin, die der König von Chotan zur Frau bekommen hatte, brachte ihm Maulbeersamen und Seidenraupen mit, die sie in der Auspolsterung ihrer Haartracht verborgen hatte. Hsüan-tsang wurden einige altehrwürdige Stämme, Zeugen der ersten Anpflanzung von Maulbeerbäumen, gezeigt. Seither war die Seidenraupenzucht zu einer nationalen Industrie in Chotan geworden, von wo aus sie 552 nach Byzanz gebracht wurde. Zu Reichtümern gelangte Chotan außerdem durch die Herstellung von Wollteppichen, feinen Filzen und Taften wie auch durch die Gewinnung von weißer und schwarzer Jade. Dazu fügt die *Geschichte der T'ang* die Legende an, die besagt, daß die Jade von Chotan kristallisiertes Mondlicht war: »Während der Nacht halten die Einwohner nach den Stellen Ausschau, wo der Widerschein des Mondes am stärksten ist; dort finden sie die schönste Jade.« Fügen wir noch hinzu, daß alle diese Karawanenstationen östlich des Pamir ob ihres Luxus und ihrer Vergnügungen berühmt waren. Die *Geschichte der T'ang* erwähnt die Kurtisanen von Chotan als denen von Kutscha ebenbürtig, und ebenso wurden chotanische Musik und Tänze gerühmt.

Die Bevölkerung von Chotan oder zumindest eines ihrer Elemente gehörte, wie wir gesehen haben, zur östlichen Gruppe der iranischen Völker. Zur gleichen Zeit war das gesamte Land zutiefst buddhistisch, und das Sanskrit hatte die Funktion der religiösen und literarischen Sprache. Das Land besaß an die hundert Klöster, welche etwa fünftausend Religiose in sich bargen, die durchweg dem Mahāyāna ergeben waren. Die Chotaner führten ihre Bekehrung auf den mahāyānistischen Bodhisattva Vairocana zurück, der zu diesem Zweck eigens aus Kaschmir gekommen war. Die chotanische Dynastie selbst erhob den Anspruch, vom Himmelsgott Vaiśravaṇa abzustammen, dem buddhistischen Genius der nördlichen Region. Gleichwohl bekannte man sich in Chotan dem *T'ang-shu* zufolge auch zum Mazdaismus. So bestätigt sich einmal mehr, daß alle diese Oasen Zentralasiens an der indoiranischen Mischkultur teilhatten. Unter allen Völkern, die er besuchte, räumt Hsüan-tsang der chotanischen Kultur einen besonderen Platz ein. Es handelte sich ganz offensichtlich um ein altes, zivilisiertes Land, der Bewunderung konfuzianischer Gelehrter würdig. »Die Einwohner«, lesen wir in seiner Biographie, »achten auf Gerechtigkeit und befolgen die Riten; sie schätzen das Studium und lieben die Musik. Ihre Sitten atmen Redlichkeit und Ehrlichkeit, und in dieser Hinsicht unterscheiden sie sich sehr von den anderen Barbaren. Obwohl ihre Sprache sehr verschieden ist, sind die Elemente ihrer Schrift bis auf einige geringfügige Änderungen mit denen Indiens identisch.«

Die *Geschichte der T'ang* preist ebenso wie der Bericht des Pilgers die Urbanität der Chotaner. Sie erinnert auch an die Bedeutung, welche die Könige von Chotan seit der Zeit der Han stets der traditionellen Freundschaft mit China beimaßen. Indessen war das herrschende Geschlecht in der Oase – in chinesischer Transkription die Dynastie Wei-ch'ê – nicht ohne Besorgnis, als die T'ang zur Herrschaft gelangten. Wie alle Oasen Kaschgariens hatte Chotan die Oberherrschaft des mächtigen Khanates der Westtürken akzeptieren müssen. Dennoch hatte der König von Chotan, als er sah, wie sich Kaiser T'ai-tsungs Macht in China festigte, 632 eine Gesandtschaft mit Geschenken an den Hof von Ch'ang'an geschickt. Drei Jahre später entsandte er seinen eigenen Sohn, der in die kaiserliche Garde eintrat. Aber würde T'ai-tsung sich lange mit diesen Bekundungen des Vasallentums zufriedengeben? In dem Maße, wie die Türken geschlagen und entzweit wurden, legte sich die Hand des großen Kaisers immer schwerer auf die indoeuropäischen Oasen, die einst die Allianz mit den Türken akzeptiert hatten. Der Sturm sollte im Jahre 648 losbrechen. Der kaiserliche General A-shih-na Shê-êrh hatte soeben das andere große Fürstentum der Gobi, Kutscha, zerschlagen, als sein Leutnant Hsieh Wan-pei ihm vorschlug: »Nach diesem Schlag sind alle Landstriche des Westens mit Schrecken erfüllt. Reiten wir mit der leichten Kavallerie, und machen wir uns auf, dem König von Chotan den Halfter um den Nacken zu legen, um ihn auf dem Rückwege dem Kaiser in der Hauptstadt darzubieten!« Gesagt, getan. Hsieh Wan-pei fiel überraschend über Chotan her. König Fu-tu-hsin ward es angst und bange. Die *Geschichte der T'ang* erzählt uns, daß der chinesische Feldherr »ihm das Ansehen und die übernatürliche Macht der T'ang darlegte und ihn mahnte, persönlich vor dem Sohn des Himmels zu erscheinen«. Fu-tu-hsin fügte sich. Für ihn sollte dies übrigens kein Verlust werden, da der chinesische Hof ihm nach einem Aufenthalt von mehreren Monaten die Erlaubnis erteilte, nach Hause zurückzukehren, nicht ohne ihn mit einem Ehrenkleid und 5000 Seidenballen zu bedenken.

Als Hsüan-tsang gegen September 644 in Chotan ankam, hatte dieser Gewaltstreich noch nicht stattgefunden. Da man ihn jedoch bereits befürchtete, begegnete man den durchreisenden Chinesen mit äußerster Aufmerksamkeit und Zuvorkommenheit. So fiel der Empfang, den der König und die Bevölkerung dem Pilger bereiteten, derart herzlich aus, daß er sieben oder acht Monate in der Stadt blieb. Während dieser Zeit wartete er zum einen darauf, für die Manuskripte, die er im Laufe seiner Reise verloren hatte, im tocharischen Land Ersatz zu bekommen, zum anderen, von der chinesischen Regierung die Erlaubnis zu erhalten, in sein Vaterland zurückzukehren. Er nutzte diese Zeit, um dem König und den Religiosen des

Landes die Texte der Idealistischen Schule, die Lehren Asaṅgas und Vasubandhus, zu erläutern.
Anschließend machte Hsüan-tsang sich wieder auf den Weg nach China, wobei er der Reihe von Oasen folgte, die sich im Halbkreis zwischen dem Nordrand des K'unlun und des Akkar Tschekyl Tagh und dem Südrand der Wüste Takla-Makan erstreckt. Von den Angaben, die er uns über diese Gegend hinterlassen hat, ist für uns die große Anzahl Höhlen, Einsiedeleien und buddhistischer Statuen, die er sah oder auf die man ihn hinwies, von besonderem Interesse. Es sei daran erinnert, daß die *Geschichte der T'ang* ihrerseits berichtet, daß der König von Chotan »in einem zur Gänze mit Gemälden ausgeschmückten Hause« wohnte.
Tatsächlich war diese heute so verarmte Gegend einst ein namhaftes Zentrum der Kunst. Nicht ohne Grund entdecken wir in der Nomenklatur der frühen chinesischen Maler mehrere Namen chotanischer Künstler. Dies wird durch die von Sir Aurel Stein in Dandan Uilik östlich von Chotan entdeckten Freskogemälde und auf Seide und Holz ausgeführten Malereien bestätigt, von denen die einen aus dem 7., die anderen aus dem 8. Jahrhundert stammen und die somit im großen und ganzen in die Zeit Hsüan-tsangs gehören. Mehrere der auf ihnen dargestellten Personen wären dazu angetan, den Bericht des Pilgers zu illustrieren. Im Verlaufe seiner Ritte auf den Wegen Zentralasiens haben ihn sicherlich einige dieser seltsamen Edelleute halb türkischen, halb iranischen Typs auf robusten kirgisischen Pferden oder hohen baktrischen Kamelen begleitet. Zudem wird die Erzählung Hsüan-tsangs von der Existenz einiger buddhistischer Gemeinden im persischen Reich interessanterweise durch die Entdekkung eines authentischen Bodhisattva (im vorliegenden Fall Vajrapāṇi) in Dandan Uilik untermauert: dargestellt in der Gestalt eines Sassanidenkönigs mit leicht gebogener, schmaler Adlernase, schwarzem Bart, einer Tiara auf dem Haupte, in einen grünen Überwurf gekleidet und mit schweren Stiefeln an den Füßen, ist er ganz und gar ein buddhistischer Chosrau. Nichts wäre geeigneter uns daran zu erinnern, daß die Gegend von Chotan bis zur Eroberung durch die Türken sowohl hinsichtlich der materiellen Kultur als zweifellos auch unter dem Aspekt der Abstammung der Bevölkerung zu ›Groß-Iran‹ gehörte. Und da Chotan in religiöser Hinsicht auch ein integrierender Bestandteil ›Groß-Indiens‹ war, tritt hier auf eben denselben Werken

der indische Einfluß, etwa in Gestalt einer nackten, aus einem Lotusteich auftauchenden *nāgī*, zutage, einer bezaubernden chotanischen Aphrodite, Schwester der lieblichsten Figuren von Ajaṇṭā.
Etwas weiter östlich konnten die Zeitgenossen Hsüan-tsangs in Nija und Miran vielleicht noch die Werke einer vollkommen anderen, dieses Mal rein griechisch-römischen Inspiration bewundern. Auf erstaunlich gut erhaltenen Fresken in Miran, die spätestens aus dem 4. Jahrhundert datieren, tritt uns ein Buddha entgegen, gefolgt von seinen Mönchen und umgeben von geflügelten Genien, die ebensogut aus Pompeji stammen könnten. Vielleicht sind diese ›römischen‹ Gemälde, in einem Winkel der Gobi – der heute toten Gegend des Lop-nor – vergessen, sogar mediterranen Künstlern zu verdanken; denn Sir Aurel Stein hat in Miran die Signatur eines ›Tita‹ sichergestellt, der sehr wohl Titus geheißen haben könnte.
Als der Pilger in die Umgebung des Lop-nor, in ein Gebiet gelangte, das zu dem Shan-shan genannten Königreich, dem ehemaligen Loulan, gehörte, könnte er einem anderen großen Reisenden, einem Wüstenreiter gleich ihm selbst, begegnet sein. Die Rede ist von dem Sogdier, der uns nur unter seinem chinesischen Namen, K'ang Yentien, bekannt ist, dessen Geschichte Paul Pelliot rekonstruiert hat. Ihm zufolge kam er in den Jahren 627–649 aus dem fernen Samarkand, um an diesem Knotenpunkt der Karawanen eine Handelsniederlassung zu gründen.
Aber das Land östlich von Chotan, das, bezeugt durch alle archäologischen Funde, einstmals eine blühende Region gewesen war, begann, wieder der Wüste anheimzufallen. Hsüan-tsang weist auf die Existenz eines großen Flusses hundert *li* südöstlich von Chotan hin, der vorzeiten nach Nordwesten geflossen und eines Tages versiegt war. Die Geschichte endet übrigens in einem Märchen, demzufolge die Wasser nach der Heirat der *ñagī* des Flusses mit einem chotanischen Edelmann wieder erschienen; aber solche Geschichten von ausgetrockneten Wadis müssen in der Region häufig vorgekommen sein. Bereits seit dem Ende unseres klassischen Altertums mußten, wie Sir Aurel Steins Entdeckungen dokumentieren, mehrere einstmals fruchtbare Stätten aufgegeben werden. So erwähnt Hsüan-tsang eine ehemalige chotanische Stadt, die er in Chinesisch Ho-lao-lo-chia nennt und die vollständig unter dem Sand begraben worden war. Weiter östlich, im Längstal von Nija, in dem Sir Aurel Steins Ausgra-

bungen eine für das Altertum so bemerkenswerte Serie von griechisch-römischen buddhistischen Kunstwerken ans Tageslicht gebracht haben, hatten die Wasser des Nija-darja begonnen, sich in einen Sumpf zu verwandeln, der bald darauf austrocknen sollte. Die antike Stadt Nija, die wegen ihrer Intaglien und ihrer hellenistischen Siegel so interessant für uns ist, hatte aufgegeben werden müssen, da sie am Unterlauf gelegen war und die Wasser sie nicht mehr erreicht hatten. Die mittelalterliche Stadt, drei Tagesmärsche nach Süden am Oberlauf und näher an den Bergen erbaut, war ihrerseits von dem gleichen Schicksal bedroht.

»Die Stadt Ni-jang«, schreibt der Pilger, »liegt in der Mitte eines großen Sumpfes. Dessen Gebiet ist heiß und feucht, bedeckt mit Rieden und wildwachsenden Gräsern, ohne Wege noch Pfade. Es gibt da nur die eine Straße, die in die Stadt führt und annähernd gangbar ist.«

Noch weiter östlich hatte die Gobi alle Wasser versiegen lassen und jegliche Vegetation abgetötet. »Beim Verlassen von Ni-jang«, schreiben sowohl Hsüan-tsang als auch Hui-li, »betritt der Reisende eine unermeßliche Wüste aus Treibsand. Der Sand häuft sich auf oder zerstreut sich je nach der Laune des Windes, der ihn in Wirbeln vor sich hertreibt. Diese Wüste erstreckt sich endlos nach allen Seiten, und niemand weiß sich in ihr zurechtzufinden. Zu ihrer Orientierung haben die Reisenden keine anderen Anhaltspunkte als die menschlichen Gebeine und Knochenreste der Tiere, welche von den Karawanen zurückgelassen wurden, die vor ihnen des Weges gezogen waren. Nirgendwo gibt es eine einzige Wasserstelle oder einen Weideplatz. Häufig wehen die Wüstenwinde brennend heiß; dann fallen Menschen und Tiere benommen zu Boden. Manchmal hört man eine Art Singen und Pfeifen, manchmal schmerzerfüllte Schreie. Hat man sich umgesehen und aufmerksam gelauscht, ist man vollkommen verwirrt und unfähig, sich zurechtzufinden. Oft verlieren Reisende dort ihr Leben.«

Hsüan-tsangs Karawane erreichte dennoch ohne Zwischenfall Chê-mo-t'o-na, das heutige Tschertschen. Auf dem Wege über Tscharchlik und durch den Sand der Wüste Kum-tagh zwischen der Depression des Lop-nor und der Bergkette des Altin-tagh gelangte sie alsdann nach Tunhuang oder Sha-chou, dem ersten chinesischen Posten nach Westen hin.

Hsüan-tsang ruhte sich einige Zeit in Tunhuang aus, bis sein Bittgesuch an Kaiser T'ai-tsung eine wohlwollende Antwort gefunden hätte. Diese Stadt war ein bedeutendes Zentrum, in dem sich die Reisenden aus dem Großen Westen von ihren Strapazen erholen konnten. Sie war gleichfalls ein buddhistisches Zentrum ersten Ranges. Dies beweisen die Serien von Fresken und bemalten Seidenbannern, die Paul Pelliot dem Musée Guimet und Sir Aurel Stein dem British Museum mitbrachten und die aus den etwa 12 Kilometer südöstlich der Stadt gelegenen Höhlen der Tausend Buddhas (Ch'ien-fu-tung) stammen. Wir müssen nur diese ehrwürdigen Werke anschauen, die zum größten Teil aus der Zeit der T'ang oder der unmittelbar daran anschließenden Periode datieren, um die Bedeutung der Reise eines Hsüan-tsang in der Kulturgeschichte zu erkennen. Von dieser in der Geschichte des chinesischen Denkens und der chinesischen Kultur entscheidenden Epoche erfassen wir auf diesem vorgeschobenen Posten, durch den alle Karawanen aus Indien und Iran zogen, lebensnah die Art und Weise, in der das China der T'ang die fremden Einflüsse aufnahm, interpretierte und adaptierte. Neben einem Bodhisattva mit entblößtem Oberkörper und transparentem indischen Schalgewand findet sich ein anderer, der vom Typus und der Kleidung her bereits sinisiert ist. Unter ästhetischen Gesichtspunkten sind viele der besagten Banner nicht minder interessant. Welch ausschweifende Imagination in der Darstellung von ›Māras Angriff‹ mit ihrer Armee vielfarbiger Dämonen, mit ihrer Phantasie, unserer mittelalterlichen Höllen würdig, und ihrer Illuminierung eines naiven ›Vor-Raffaelismus‹! Welche Majestät andererseits in diesen großen mahāyānistischen Paradiesen, wo unter dem Flimmern verblichener Goldtöne, gedämpfter Blaus und flammender Rots der Bodhisattva seine Gebärde des Erbarmens über uns ausstreckt, ebenso wie er sie über die Betenden des Jahres Tausend ausbreitete! Und mit einem Male beginnen wir, uns angesichts dieser Werke die Seiten zu vergegenwärtigen, auf denen Hsüan-tsang die für seine Rückkehr organisierten Prozessionen mit ihren Heiligenbildern und wehenden Bannern beschreibt. Mit welcher Klarheit erstrahlt heute der alte Text, seitdem eben diese Banner den Flammenschein ihrer Bildkunst an den Wänden unserer Museen entfalten ...

Das geistige Band, das zwischen dem mystischen Boden von Magadha und dem großen China der T'ang-Kaiser zu knüpfen

Hsüan-tsang sich aufgemacht hatte, wurde von den Künstlern und Handwerkern Tunhuangs auf ihrem Gebiet für alle Zeiten gefestigt. Durch die Kunst wie durch das Denken war der Ferne Osten mit der indischen Kultur verknüpft.

Als Hsüan-tsang in Tunhuang eintraf, muß er eine gewisse Besorgnis empfunden haben. Welchen Empfang würde ihm die kaiserliche Regierung bereiten, deren Befehlen er mit dem Verlassen des Landes ausdrücklich zuwidergehandelt hatte? Kaiser T'ai-tsung war jedoch ein zu freisinniger Geist, um ihm diese Zuwiderhandlung nachzutragen. Außerdem waren über 15 Jahre verflossen, seitdem sich ein nicht näher bekannter Mönch nächtens über die chinesische Grenze gestohlen hatte. Die Verstimmung des Hofes hatte Zeit gehabt, sich zu legen, und hier kehrte nun nach einer außergewöhnlichen Reise ein ruhmbedeckter Pilger heim, der von den größten ausländischen Herrschern als Freund empfangen worden war und dessen Renommee auf sein Land zurückfiel.
Die Nachricht von der Ankunft Hsüan-tsangs hatte sich im ganzen Reich verbreitet, in dem seine ungewöhnliche Odyssee allgemeine Neugier und Bewunderung hervorrief. Der furchtlose Pilger, der die Gobi, den T'ienshan, den Hindukusch, Indus, Ganges und den Pamir überquert hatte, wurde in diesem so expansionistischen und rezeptiven China der T'ang der Held der Stunde. Als er sich an einem Frühlingstag des Jahres 645 Ch'ang'an, der kaiserlichen Hauptstadt, näherte, »verbreitete sich die Kunde von seiner Ankunft in Windeseile, und die Straßen füllten sich mit einer unermeßlichen Menschenmenge, begierig, einen Blick auf ihn zu werfen. Als er an Land gesetzt wurde, versuchte er vergeblich, sich einen Weg durch die Massen zu bahnen, und entschloß sich, die Nacht auf dem Kanal zu verbringen«.
Auf Befehl des Hofes, der vorübergehend nicht in der Hauptstadt weilte, hatte die Obrigkeit von Ch'ang'an für den Pilger einen Empfang vorbereitet, der seiner Leistungen würdig war. Auf Initiative des Gouverneurs wurden die Religiosen der Stadt eingeladen, sich in der Straße des Roten Vogels zu versammeln, um die Reliquien, Statuen und Manuskripte, die der Pilger mitgebracht hatte, in feierlichem Zuge in das Kloster des Großen Glückes (Hung-fu-szu) zu schaffen.

»Mit noch größerer Begeisterung und verstärktem Eifer gingen alle daran, prachtvolle Vorbereitungen zu treffen. Aus jedem Kloster kamen sie mit Bannern, Teppichen, Baldachinen, kostbaren Tischen und prächtigen Sänften heraus, die sie in Reih und Glied anordneten. Die Mönche und Nonnen trugen ihre Zeremonialgewänder. An der Spitze des Zuges wurden geistliche Lieder gesungen; Träger von Rauchfässern, die mit Räucherwerk gefüllt waren, beschlossen den Zug. Bald gelangte die Prozession in die Straße des Roten Vogels. Die Schriften und Statuen fanden sich über den ganzen Zug verteilt, der sich ruhigen und majestätischen Schrittes vorwärts bewegte. Man hörte das Klimpern der mit kostbaren Steinen besetzten Gürtel und sah eine Unmenge goldener Blumen, die einen schimmernden Glanz verbreiteten. Die Mönche, die an der Spitze marschierten oder das Geleit bildeten, feierten dieses außergewöhnliche Ereignis mit Gesängen, und eine große Zahl Laien teilte ihre Freude und Bewunderung. Die Prozession, die in der Straße des Roten Vogels begann, zog sich über eine Entfernung von mehreren Lieues bis zur Pforte des Klosters des Großen Glückes hin. Die Einwohner der Hauptstadt, die Gelehrten und die Magistraten standen längs der Straße zu beiden Seiten aufgereiht und nahmen eine Haltung ein, die sowohl Liebe als auch Bewunderung ausdrückte. Menschen und Pferde bildeten eine dichtgedrängte Menge von unermeßlichem Ausmaß. Die mit der Durchführung der Zeremonie betrauten Magistraten, die befürchteten, daß viele Leute in der Masse erdrückt werden könnten, ordneten an, daß ein jeder an seinem Platz bleiben, Räucherwerk verbrennen und Blumen streuen sollte. Über der Prozession schwebte eine wohlduftende Wolke, und von einem Ende zum anderen vernahm man die rhythmischen Klänge der geistlichen Gesänge. An jenem Tage sah die ganze Menge gleichzeitig Wolken in fünf verschiedenen Farben, die in der Sonne schimmerten und sich in glitzernden Nebeln über eine Weite von mehreren *li* über den Schriften und Statuen hinzogen, wobei sie ihnen mal vorauszueilen, mal sie zu begleiten schienen.«

Einige Tage nach dieser Feierlichkeit wurde es dem Meister des Gesetzes gestattet, dem Kaiser seine Reverenz zu erweisen. Dieser Empfang fand im Phönixpalast zu Loyang, der zweiten kaiserlichen Hauptstadt, statt, in welcher der Hof damals residierte.

T'ai-tsung fragte Hsüan-tsang, warum er vorzeiten China verlassen hätte, ohne ihn davon zu unterrichten – eine euphemistische

Umschreibung für das übertretene Verbot. Das war die heikle Frage. Hsüan-tsang zog sich aus der Affäre, wie es sich für einen guten chinesischen Gelehrten ziemte, indem er geltend machte, daß er mehrere Eingaben an den Hof gerichtet, man es jedoch infolge der Unbekanntheit seines Namens verabsäumt hätte, sie dem Sohn des Himmels zu unterbreiten. In seiner gewohnten Offenheit setzte er obendrein hinzu, daß er den drängenden Impuls seiner leidenschaftlichen Hingabe an den Buddhismus nicht hätte zügeln können.

Diese Aufrichtigkeit gefiel einem außergewöhnlichen Manne wie T'ai-tsung. Weit davon entfernt, ihm Vorwürfe zu machen, beglückwünschte ihn der Kaiser, sein Leben für das Heil und das Glück aller Menschen aufs Spiel gesetzt zu haben, »und er bekundete ihm gegenüber sein Erstaunen darüber, daß es ihm trotz der Hindernisse, welche ihm die Berge und Flüsse, die Entfernung zwischen den bereisten Orten und die Verschiedenheit der Sitten in den Weg gelegt hätten, gelungen sei, das Ziel seiner Reise glücklich zu erreichen«.

In der Tat mußte die lange, weite Reise, die der Pilger durchgeführt hatte, das Interesse des chinesischen Eroberers erregen. Sie konnte sich hinsichtlich der zusammengetragenen Informationen wie als Präzedenzfall als außerordentlich nützlich für die Ambitionen erweisen, ein Protektorat über die indoiranischen Grenzgebiete zu errichten. An dieser Stelle ist es unabdingbar, auf die letzten Veränderungen in der chinesischen Geschichte zurückzukommen.

Der Ruhm der T'ang

Als Hsüan-tsang zurückkehrt, schreiben wir das Jahr 645. Schwerwiegende Ereignisse haben sich seit der Abreise des Pilgers zugetragen. Der Ferne Osten, den er vorfindet, ist nicht mehr der, den er verlassen hatte. Die Autorität der T'ang, die bei seiner Abreise gerade erst hergestellt war und noch auf ziemlich schwankendem Boden stand, hat sich im Inneren definitiv gefestigt, und auch nach außen hat sie ungemein an Prestige gewonnen. Während der Meister des Gesetzes an den heiligen Stätten des Buddhismus das Erbe der vollkommenen Weisheit zusammentrug, hatte T'ai-tsung der Große Zentralasien erobert. Die Geschichte dieses Epos ist zu eng mit der des Buddhismus verknüpft, um an dieser Stelle nicht wenigstens mit kurzen Worten in ihren wichtigsten Phasen erwähnt zu werden.

Seit 630 hatten, wie der Leser sich erinnern wird, die chinesischen Legionen die Türken des Nordens in der mongolischen Steppe auf den Onon und Kerulen zurückgeworfen und in zwei Gefechten ihr Reich zerschlagen. Hunderttausend Türken waren niedergemacht und die Herden, die den Reichtum der Horden ausmachten, zerstreut oder eingefangen worden. Es war das Ende einer Welt gewesen.

Die indoeuropäischen Städte der Gobi hatten ihrerseits nachgegeben, sei es aus freien Stücken oder aufgrund von Gewalt. Kaschgar hatte sich 632 tributpflichtig bekannt, Jarkand folgte drei Jahre später. Anschließend kam die Reihe an Ch'ü Wên-t'ai, den König von Turfan, denselben Mann, der Hsüan-tsang als Gast aufgenommen hatte. Lange Zeit ein getreuer Vasall Chinas, hatte dieser Fürst 640 die Torheit begangen, sich mit den türkischen Banden zu verbünden, um die Karawanenstraße zwischen China, Indien und Iran zu unterbrechen. Er verließ sich darauf, daß der Sand der Gobi ihm Schutz bieten würde. Aber der kaiserliche General Hou Chün-chi durchquerte die Wüste und erschien unversehens vor Turfan. Als die erste

Nachricht über diesen Vorstoß ihn erreichte, starb Ch'ü Wên-t'ai vor Schreck. Nach einer blutigen Schlacht belagerten die Chinesen Turfan. »Hou Chün-chi ließ die Kriegsmaschinen vorrücken, und die Steingeschosse gingen wie ein Regen nieder.« Der neue König, ein ganz junger Mann, erschien im chinesischen Lager und bat um Unterhandlungen.

»Bevor seine Erklärungen auf der Ebene völliger Unterwürfigkeit angekommen waren«, erhob sich einer der chinesischen Generäle und sagte: »Zuerst muß die Stadt genommen werden. Was bedarf es noch der Diskussion mit diesem Kinde? Gebt das Zeichen, und laßt uns zum Sturm ansetzen!«

›In Schweiß gebadet‹ warf sich der junge König auf den Boden nieder und akzeptierte alles. Die chinesischen Generäle nahmen ihn gefangen und machten sich auf, ihn T'ai-tsung in der Kuan-ti-Halle zu präsentieren. »Das althergebrachte Zechgelage der Rückkehr wurde veranstaltet und drei Tage lang Wein ausgeschenkt.« Das juwelenbesetzte Schwert des Königs von Turfan wurde dem türkischen Kondottiere A-shih-na Shê-êrh vom Kaiser geschenkt.

Einzig die Könige von Karaschahr und Kutscha widersetzten sich noch in tocharischem Land im Nordwesten der Gobi. Durch Hsüantsangs Bericht sind wir mit der hohen Kultur und dem Stolz dieser beiden indoeuropäischen Oasen vertraut, die seit so vielen Jahrhunderten der chinesischen Gewalt und der türkischen Bedrohung getrotzt hatten.

Dennoch hatten die Einwohner von Karaschahr China geholfen, Turfan, ihren Feind, zu zerschlagen. Als Turfan annektiert war, bekamen sie es mit der Angst zu tun. Kurz nach der Katastrophe sehen wir den König von Karaschahr, T'u-ch'i-chih, seine Tochter einem türkischen Häuptling geben und ein enges Bündnis mit den Horden des Westens schließen. Die Angelegenheit war ernst. T'ai-tsung schickte eine neue Armee in die Gobi, die von General Kuo Hsiao-k'o, einem äußerst findigen Krieger, befehligt wurde. »Die Stätte von Karaschahr«, berichtet die *Geschichte der T'ang*, »hatte einen Umfang von 30 *li*. Auf allen vier Seiten befanden sich hohe Berge und das Wasser des Sees (Bagrasch-kul), die Karaschahr vollkommen einschlossen. Daher waren die Einwohner überzeugt, daß sie nicht überrascht werden könnten. Aber Kuo Hsiao-k'o, der in Gewaltmärschen vorrückte, setzte über den Fluß und gelangte des

Nachts an den Fuß der Befestigungsanlage. Er wartete bis Tagesanbruch, bevor er den Sturmangriff unter den Schreien der Menge durchführte. Die Trommeln und Hörner machten einen gewaltigen Lärm, und die Soldaten der T'ang ließen sich freien Lauf. Die Einheimischen wurden von Panik ergriffen. Eintausend Köpfe fielen.« T'ai-tsung hatte alles von seiner Hauptstadt aus geleitet. »Eines Tages sprach der Kaiser zu den Ministern an seiner Seite: ›Kuo-Hsiao-k'o ist am elften Tage des achten Monats nach Karaschahr aufgebrochen; um den zwanzigsten herum hat er dort ankommen können und muß dieses Königreich am zweiundzwanzigsten Tage zerstört haben. Seine Boten werden jeden Moment eintreffen.‹ Plötzlich erschien der Kurier, der den Sieg verkündete« (644).

Doch kaum hatte sich die kaiserliche Armee zurückgezogen, setzte sich die antichinesische Gruppe erneut durch, und ihr Kandidat, Hsieh-p'o A-na-chih, riß die Macht an sich, indem er den von den T'ang eingesetzten Fürsten entthronte.

T'ai-tsung entschloß sich, der Unabhängigkeit der tocharischen Städte ein für allemal ein Ende zu bereiten, galt es doch, neben Karaschahr auch Kutscha zu bestrafen. Der alte König von Kutscha, Swarnatep, einst Gastgeber Hsüan-tsangs, hatte sich zunächst als tadelloser Vasall erwiesen. So hatte er, wie wir weiter oben gesehen haben, im Jahre 630 dem Hof eine Reihe dieser im Fernen Osten so geschätzten kutscharischen Pferde dargeboten, sich jedoch in der Folge, erschreckt über die Macht der T'ang, den Westtürken unterworfen. Im Jahre 644 hatte er den Tribut verweigert und den Leuten von Karaschahr bei ihrer Auflehnung gegen das chinesische Reich geholfen.

Von diesem Moment an hatte T'ai-tsung mit den Vorbereitungen für seine Strafaktion begonnen. Unterdessen starb Swarnatep (646) und wurde von seinem jüngeren Bruder Ho-li Pu-shih-pi, in Sanskrit Haripuṣpa oder ›Göttliche Blume‹, abgelöst. Der neue König, der das Unwetter hereinbrechen sah, beeilte sich, Ergebenheitsbekundungen an den Hof zu schicken. Zu spät. Der türkische Kondottiere im Dienste Chinas, A-shih-na Shê-êrh, brach mit einer Armee aus regulären chinesischen Soldaten und tatarischen Söldnern nach Westen auf.

Die Einwohner der beiden tocharischen Städte erwarteten den Angriff von Südwesten, am Ausgang der Gobi. Er kam jedoch von

Nordwesten. Denn tatsächlich begann A-shih-na Shê-êrh seinen Feldzug damit, zwei mit den Aufständischen verbündete türkische Stämme, von denen der eine nahe bei Kuch'êng, der andere am Manas unweit des heutigen Urumtschi als Nomaden lebten, auf ihrem Weideland und in ihren Bergen niederzuwerfen. Anschließend ritt er den Weg, der von Urumtschi zum Kleinen Yulduz führt, hinab und fiel unversehens über Karaschahr und Kutscha her. In Karaschahr versuchte Hsieh-p'o A-na-chih, der eilends das Land befestigte, Widerstand zu leisten. Aber A-shih-na Shê-êrh wurde seiner habhaft und enthauptete ihn, »um ein Exempel zu statuieren« (648). Alsdann warf er sich auf Kutscha.

Anstelle ihrer Verbündeten aus Karaschahr oder türkischer Verstärkungen, die sie erwarteten, sahen die entsetzten Kutscharer die chinesischen Schwadronen in der steinigen Wüste nördlich der Stadt aufmarschieren. Eine Kriegslist besiegelte ihre Niederlage. Als König Ho-li Pu-shih-pi die Befestigungsmauern verließ, um sich den Eindringlingen entgegenzustellen, täuschten die Chinesen in Anlehnung an die alte Taktik der Mongolenkriege einen Rückzug vor, lockten die kutscharische Ritterschaft in die Wüste und vernichteten sie dort. Es wurde das Crécy-en-Ponthieu und Agincourt [heute Azincourt] der schönen Edelleute auf den Fresken von Kizil. A-shih-na Shê-êrh, der türkische Haudegen im Sold des Reiches, zog als Sieger in Kutscha ein. Da der König ›Göttliche Blume‹ sich mit den Resten seiner Armee in die Stadt Yaka-aryk geflüchtet hatte, setzte er ihm dort hartnäckig zu und erstürmte die Feste nach 40 Tagen Belagerung. Unterdessen versuchte einer der kutscharischen Generäle, der einen Großteil der Flüchtigen wieder um sich versammelt hatte, einen Gegenstoß auf Kutscha zu führen. Ein chinesischer General wurde sogar in dieser alarmierenden Situation getötet. Die nachfolgende Repression gestaltete sich erbarmungslos. A-shih-na Shê-êrh ließ elftausend Köpfe abschlagen. »Er vernichtete fünf große Städte mit mehreren Myriaden Männer und Frauen. Die Lande des Westens wurden von Entsetzen ergriffen...«

Dies war das Ende des tocharischen Landes, das Ende einer anmutigen und verfeinerten Welt – verspäteter Überlebender der Rassen von einst. Die brillante Kultur von Kizil wird sich von dieser Katastrophe nicht wieder erholen. Als China nach einem Jahrhundert direkter Herrschaft in der zweiten Hälfte des 8. Jahrhunderts erneut das

Interesse an Kutscha verlor, wurde die Macht nicht von der einstigen tocharischen Aristokratie übernommen, sondern wie in Turfan von den uigurischen Türken. Das alte Tocharien war zu einem östlichen Turkestan geworden.

Nach Nordkaschgarien kam die Reihe an die Südgobi. Wie wir weiter oben gesehen haben, schwenkte plötzlich ein Detachement der chinesischen Armee A-shih-na Shê-êrhs von Kutscha nach Chotan ab und zwang den König des Landes, dem Hof in Ch'ang'an einen Besuch als Vasall abzustatten, gefolgt von einem mehrmonatigen Zwangsaufenthalt (648).

Noch ehe er mit den tocharischen Städten fertig geworden war, hatte T'ai-tsung mit den Westtürken abgerechnet. Wir erinnern uns an die Macht dieser Herren der Steppe und an den tiefen Eindruck, den Hsüan-tsang von seinem Aufenthalt unter ihren Stämmen zurückgebracht hatte. Solange er gegen die Türken aus der Mongolei zu kämpfen hatte, war T'ai-tsung mit ihnen lange Zeit umsichtig nach der Maxime verfahren, »daß man sich mit denen, die weit entfernt sind, gegen diejenigen verbünden muß, die nahe sind«, und angesichts seiner Avancen hatte sich der Khan der Horden des Westens als dem Sohne des Himmels ebenbürtig halten können. Nachdem die Türken der Mongolei erst einmal außer Gefecht gesetzt waren, fiel die chinesische Macht über die Türken des Westens her. In einer großen Schlacht beim Gebirge Bogdo-ola in der Gegend des heutigen Urumtschi wurden sie 641 durch die Armee der T'ang niedergeworfen. Die imperiale Politik, die das vollendete, was die Waffen begonnen hatten, führte die Spaltung des Westtürkischen Reiches in mehrere rivalisierende Horden herbei, mit denen sie nach eigenem Gusto spielte. Mit der Unterstützung Chinas begann damals eine dieser Horden, die der Uiguren von Barköl, eine führende Rolle in der Gobi zu übernehmen. Zwei Jahrhunderte lang sollten sich die Uiguren, die zivilisiertesten der Turkvölker, als die ergebenen Gehilfen der imperialen Politik erweisen. Zum Lohn wird China in der Mitte des 8. Jahrhunderts ihre Ansiedlung in der Oase von Turfan begünstigen oder dulden, in der ihre Herrschaft durch eine Renaissance der alten tocharischen Malerschulen gekennzeichnet sein wird.

Der König von Tibet, der tatkräftige Srong-btsan sgam-po, war selbst in den Bannkreis des Reiches getreten. Im Jahre 641 hatte er von T'ai-tsung die Hand einer kaiserlichen Prinzessin, der Prinzessin Wen-ch'êng, erhalten, welche die Reisen buddhistischer Pilger so großzügig fördern sollte. Selbst die Staaten der indoiranischen Grenzländer standen unter dem dominierenden Einfluß des großen Kaisers, so daß die turkoiranischen Fürsten von Buchara, Samarkand und Kapiśa fortan ihren Tribut an den Hof von Ch'ang'an schickten.

Durch diesen kurzen Überblick wird uns die Bedeutung verständlich, welche Kaiser T'ai-tsung der Reise Hüsan-tsangs beimaß. Religiöse Expeditionen wie die des Meisters des Gesetzes erweiterten die Zone chinesischen Einflusses in Gegenden, in die die Waffen nicht reichen konnten. Ausführlich befragte T'ai-tsung den Pilger über die von ihm angestellten Beobachtungen, über die klimatischen Bedingungen, die Erzeugnisse und Sitten der Landstriche südlich des Pamir. Der Staatsmann zeigte sich mit den von dem Missionar erteilten Auskünften derart zufrieden, daß er ihm auf der Stelle die Amtsgeschäfte eines Ministers anvertrauen wollte. Wir brauchen uns über einen solchen Vorschlag keineswegs zu wundern, wenn wir in Betracht ziehen, daß T'ai-tsung, dessen Reich von nun an an den Pamir grenzte, zweifellos Nordindien in seine politische Einflußsphäre einbeziehen wollte. Wie wir gesehen haben, hatte er bereits 643 eine erste Gesandtschaft, bestehend aus Li I-piao und Wang Hsüan-ts'ê, an den Hof des indischen Königs Harṣa geschickt, und kurz nach Hsüan-tsangs Rückkehr sollte er 647 Wang Hsüan-ts'ê erneut nach Indien entsenden.
Dem kaiserlichen Angebot, Minister zu werden, hatte der Meister des Gesetzes übrigens eine Absage erteilt. »Seitdem er in seiner Kindheit die Schwarze Pforte (eines Klosters) durchschritten und mit Inbrunst das Gesetz Buddhas angenommen hatte, hatte er niemals von der Lehre des Konfuzius reden hören, welche die Seele der Verwaltung ist. Wenn er die Prinzipien Buddhas aufgäbe, um der Welt zu folgen, gliche er einem Boot unter vollen Segeln, das die See verließe, um auf festem Boden zu fahren: nicht nur, daß ihm dies nicht gelingen würde, sondern er würde ganz bestimmt zerbrechen und zugrunde gehen ...«
Andererseits war es nicht pure höfische Schmeichelei, daß Hsüantsang auf T'ai-tsungs Glückwünsche hin entgegnete, die kaiserlichen Siege hätten seine Reise erleichtert: »Seit Eure Majestät den Thron innehat, hat sie die Vier Meere befriedet, und Ihre Macht hat selbst

die Regionen jenseits des Pamir bewegt. Deshalb stellen sich die Fürsten und die Häuptlinge von Barbarenstämmen, wenn sie einen Vogel aus dem Osten kommen sehen, auf den Schwingen der Wolken getragen, vor, daß er aus Eurem Reich aufgebrochen ist, und grüßen ihn mit Respekt. Hsüan-tsang, den die Himmlische Macht (Eure Majestät) schützte, konnte ebenso ohne Schwierigkeiten kommen und gehen.« Tatsächlich ist es unbestreitbar, daß es in Ländern wie Samarkand durchaus seine Eigenschaft als chinesischer Untertan war, die dem Pilger die Protektion der lokalen Fürsten eingetragen hatte. Auch die Beziehungen, die der nordindische Kaiser Harṣa durch den Austausch von Gesandtschaften mit dem chinesischen Eroberer unterhielt, dürften an dem besonders freundlichen und zuvorkommenden Empfang nicht unbeteiligt gewesen sein, der dem Pilger in Indien zuteil wurde.

Die Aufgabe, welcher der Meister des Gesetzes sich fortan widmen sollte, bestand in der Übersetzung der 600 Sanskritwerke, die er aus Indien mitgebracht hatte. Zu diesem Zwecke hätte er sich gerne in das in ländlicher Umgebung auf dem Südhang der Sung-Berge gelegene Kloster im Kleinen Walde, das Shao-lin-szu, zurückgezogen, ein »Kloster fernab vom Lärm der Märkte und Dörfer, wo man unter Zypressen, Kiefern und Weiden verschwiegene Grotten und klare Quellen fand«. T'ai-tsung jedoch, der ihn ins Herz geschlossen hatte und seine Gesellschaft häufig zu genießen wünschte, zog es vor, ihn sich näher an seiner Person im Kloster der Großen Wohltätigkeit (Ta-tz'u-ên-szu) niederlassen zu sehen, dessen Bau in der Hauptstadt Ch'ang'an gerade vollendet war.

In dieser Residenz[1] bildete Hsüan-tsang einen regelrechten Stab von Übersetzern, die alle im Sanskrit versiert waren. Mehrere Monate lang arbeitete diese fleißige Gruppe schweigend an der Schöpfung korrekter Äquivalente für die komplizierte Terminologie der indischen Metaphysik. Die erste Sammlung wurde im Herbst 648 fertig-

1 Grousset irrt in der Chronologie. Auf kaiserliche Verfügung hin zog Hsüan-tsang 645 in das im vorigen Kapitel erwähnte Kloster Hung-fu-szu in Ch'ang'an, um dort mit Hilfe eines Übersetzerstabes seiner schwierigen Tätigkeit der Textübertragung nachzugehen. Das Kloster Ta-tz'u-ên-szu, vom Kronprinzen zugunsten seiner jung verstorbenen Mutter erbaut, wurde erst im 10. Monat des Jahres 648 fertiggestellt. Hsüan-tsangs Umzug in ein eigens dort errichtetes Amt für die Übersetzung buddhistischer Schriften erfolgte wenig später. (Anm. d. Übers.)

gestellt und sogleich Kaiser T'ai-tsung vorgelegt, der, »seinen göttlichen Pinsel ansetzend, ein Vorwort schrieb, dessen sublime Ideen wie die Sonne und der Mond scheinen werden und dessen Schrift, kostbar wie Silber und Jade, so lange wie Himmel und Erde Bestand haben wird«. Gleichzeitig überreichte Hsüan-tsang T'ai-tsung seinen Reisebericht, den zu schreiben der Kaiser ihm ausdrücklich befohlen hatte. T'ai-tsung hatte Hsüan-tsang so sehr ins Herz geschlossen, daß er auf das Ersuchen des Meisters des Gesetzes hin neue monastische Weihen genehmigte (die Ordinationen wurden noch immer durch den Staat reglementiert). Am Tage ließ der Kaiser ihn häufig zu sich rufen; am Abend kehrte der Mönch in sein Kloster zurück, um dort eine andere Sammlung philosophischer Texte der Yogācāra-Schule zu übersetzen. Wie wir gesehen haben, war gerade ein neues Kloster, das Kloster der Großen Wohltätigkeit, für Hsüan-tsang und seine Gefährten vollendet worden. Ihre dortige Unterbringung gab Anlaß zu einer großen Feierlichkeit, an welcher der Kaiser teilnahm:

»Im zwölften Mond [648], am Tage [mit dem zyklischen Zeichen] *mou-shên*, befahl der Kaiser, die verschiedenen Abteilungen der Musiker zu versammeln, Banner und Teppiche bereitzulegen und sich anderentags am An-fu-mên, dem Tor des Friedlichen Glückes, einzufinden, um dem Mönch entgegenzugehen. Der Zug entfaltete sich in den Straßen der Stadt. Fünfzehnhundert Wagen, mit Baldachinen aus Brokat und mit Bannern geschmückt, die mit Fischen und Drachen bemalt waren, sowie dreihundert Sonnenschirme aus kostbaren Stoffen wurden gezählt. Zweihundert auf Seide gestickte oder gemalte Buddhabilder, zwei Statuen aus Gold und Silber und fünfhundert aus Seide gewebte und golddurchwirkte Banner hatte man herbeigetragen. Die heiligen Schriften, Statuen und Reliquien, die der Meister des Gesetzes aus Indien mitgebracht hatte, waren gleichfalls hinausgebracht und auf Piedestale ausgebreitet worden, die von zahlreichen Wagen in der Mitte des Zuges getragen wurden. Zu beiden Seiten der Statue sah man zwei große Wagen einherziehen, auf denen man jeweils einen Mast aufgestellt hatte, der von einem prachtvollen Banner gekrönt wurde. Hinter den Bannern wehte das Bild des ›Löwen der Śākya‹, das die Prozession anführte. Auf weiteren fünfzig in prunkvoller Weise geschmückten Wagen saßen fünfzig Persönlichkeiten von herausragender Tugend. Es folgten sämtliche Mönche der Hauptstadt, die Blumen trugen und religiöse Lobgesänge anstimm-

ten. Hinter ihnen marschierten alle hohen Zivil- und Militärbeamten in wohlgeordneter Aufstellung, und die neun Abteilungen der kaiserlichen Musik, die sich zu beiden Seiten hielten, beschlossen die Prozession. Man vernahm den Klang der Schellen und Trommeln und sah prächtige Standarten, die im Winde flatterten. Alle Einwohner von Ch'ang'an waren herbeigeeilt. Tausend Gardisten der Palastwache gaben eine imposante Eskorte ab. Der Kaiser war in Begleitung des Kronprinzen und aller Frauen des Harems die Stufen eines Pavillons hinaufgestiegen, der das An-fu-Tor überragte, und verfolgte, ein Räuchergefäß haltend, mit entzücktem Blicke die Entfaltung des unendlich großen Zuges.
Schließlich erreichten die Statuen die Pforte des Klosters, wo sie inmitten einer Wolke aus Weihrauch und zum Klange einer harmonischen Musik abgesetzt wurden. Danach zog sich die ganze Menge schweigend zurück.«
In den folgenden Monaten vertieften sich die freundschaftlichen Gefühle, die Kaiser T'ai-tsung Hsüan-tsang entgegenbrachte. Von entgegengesetzten Ausgangspunkten zu ihrem Lebensweg aufgebrochen – der eine hatte des Lagerleben erfahren, der andere war aus der Welt des Gebetes gekommen, der eine hatte halb Asien unterworfen, der andere hatte die phantastische Reise durch die ›Westlichen Lande‹ vollendet –, sahen sich beide, nachdem sie den Traum ihrer Jugend verwirklicht hatten, nun am Abend ihrer Karriere. T'ai-tsung fand Gefallen daran, dem Mönch zuzuhören, wenn er ihm von der buddhistischen Lehre, der jenseitigen Welt und vor allem von Indien, seinem Erscheinungsbild und seinen Denkmälern erzählte.
Indessen starb nach dreiundzwanzigjähriger Herrschaft, die mit der Unterwerfung der Barbaren und der Wiederherstellung des Reiches ausgefüllt war, T'ai-tsung am 10. Juli 649 in seinem Palast zu Ch'ang'an. Er wurde im Kreis Lich'üan in Shênhsi bestattet. Ein Detail, das den Eroberer trefflich zeichnet: Er ließ sein Grab durch Statuen von vierzehn Vasallenkönigen, von den Khanen Turkestans bis zum König von Campā in Indochina, bewachen. Die Ergebenheit seiner Veteranen ging so weit, daß sich einer von ihnen, das alte türkische Oberhaupt A-shih-na Shê-êrh, über seiner sterblichen Hülle in der althergebrachten skythisch-tatarischen Weise das Leben nehmen wollte, »um die letzte Ruhestätte des Kaisers zu bewachen!«
Nach dem Tode seines Protektors verschloß sich Hsüan-tsang trotz

der Zuneigung, die ihm der neue Kaiser Kao-tsung bezeigte, endgültig im Kloster der Großen Wohltätigkeit, um sich einzig und allein der Übersetzung der heiligen Schriften zu befleißigen. »Jeden Morgen stellte er sich eine neue Aufgabe, und wenn ihn irgendeine Angelegenheit daran gehindert hatte, sie zu vollenden, versäumte er es niemals, sie des Nachts fortzuführen. Wenn er auf eine Schwierigkeit stieß, legte er die Schrift zur Seite, dann, nachdem er zu Buddha gebetet und seine religiösen Pflichten bis zur dritten Nachtwache erfüllt hatte, erhob er sich [zur fünften Nachtwache wieder von seinem Lager], las den indischen Text mit lauter Stimme und strich mit roter Tusche nacheinander die Stellen an, die er bei Sonnenaufgang zu übersetzen beabsichtigte. In der Morgendämmerung eines jeden Tages nahm er eine kärgliche Mahlzeit zu sich und erklärte vier Stunden lang ein neues heiliges Buch. Seine Schüler, die zu ihm kamen, um ihn um seinen Rat und seine Unterweisung zu bitten, füllten die Galerien und angrenzenden Hallen. Trotz seiner vielfältigen Beschäftigungen bewahrte seine Seele immerfort dieselbe Tatkraft, und nichts vermochte sie zu beunruhigen noch aufzuhalten. Oft unterhielt er sich auch mit den Religiosen des langen und breiten über die Weisen und Heiligen Indiens, über die Systeme der verschiedenen Schulen und über die weiten Reisen seiner Jugendzeit.«
So floß das Leben des Meisters des Gesetzes dahin, unglaublich arbeitsam zwischen seinen Übersetzungen und seinen Kommentaren, nur hin und wieder von kurzen Aufenthalten im Palast bei Kaiser Kao-tsung unterbrochen. Er fühlte, wie er alterte, und die Krankheit, die er sich bei der Überquerung des Pamir zugezogen hatte, stellte sich wieder ein. Er hatte den Wunsch, noch einmal sein Heimatdorf, das alte Haus seiner Familie zu sehen. »Er erkundigte sich nach seinen Eltern, aber auch nach seinen alten Freunden, die an der Schwelle des Dahinscheidens standen. Nur eine Schwester war ihm geblieben. Er ging ihr entgegen und verspürte, als er sie wiedersah, ein Gefühl der Trauer und Freude. Er fragte sie, wo die Gräber seines Vaters und seiner Mutter lägen, begab sich mit ihr zu ihnen und riß mit seinen eigenen Händen das Unkraut aus, das dort seit langen Jahren wucherte. Schließlich wählte er einen glücklicher gelegenen Ort aus und richtete einen Doppelsarg für ihre letzte Bleibe her.«
Im Jahre 664, als er gerade die Übersetzung der Sanskritschrift von der *prajñā-pāramitā* (Vollkommenheit der Weisheit) beendet hatte,

Buddha empfängt Hsüan-tsang und überreicht ihm die Tripiṭaka. Frontispiz einer japanischen Holzblock-Ausgabe des ›Vervollkommnung der Weisheit‹-sūtra, 1383 oder früher. Japan, Kōfujuki-Tempel, Nara.

fühlte er seine Kräfte schwinden und begriff, daß sein Ende nahte. »Ich fühle, daß mein Leben sich dem Ende zuneigt. Wenn ich tot bin, werdet Ihr mich zu meiner letzten Bleibe geleiten. Ihr werdet meinen Leib in eine Matte hüllen und ihn im Schoße eines Tales an einer ruhigen und abgeschiedenen Stelle betten.« Er wollte sich auf eine letzte Pilgerfahrt in das Lan-ch'i-Tal begeben, um den Statuen des Buddha und der Bodhisattvas seine Huldigungen darzubieten. Nach seiner Rückkehr ins Kloster stellte er seine Tätigkeit als Übersetzer ein und widmete sich nur noch seinen religiösen Pflichten.
Einige Stunden vor seinem Tode rief er, wie aus einem Traum erwachend, aus: »Vor meinen Augen sehe ich eine riesige Lotusblume von einer bezaubernden Frische und Reinheit.« Außerdem schaute er im Traum Männer von hoher Gestalt, in Brokat gewandet, die mit Blumen von wunderbarer Schönheit bestickte Seidenbehänge und Edelsteine von allergrößtem Werte trugen, mit denen sie den Raum des Meisters des Gesetzes verließen, um damit den Saal, der der Übersetzung der Schriften gewidmet war, innen wie außen festlich zu schmücken. Alsdann forderte er seine Schüler auf, »freudig von diesem unreinen und verachtenswerten Leib Hsüan-tsangs Abschied zu nehmen, der es, da er seine Aufgabe erfüllt hatte, nicht mehr verdiente, noch länger fortzubestehen. Ich wünsche«, setzte er hinzu, »daß die Verdienste, die ich durch meine guten Werke erworben

habe, auf die anderen Menschen übergehen. Ich wünsche, mit ihnen im Himmel der Glückseligen Götter *(tuṣita)* geboren zu werden, in die Familie Maitreyas aufgenommen zu werden und dort diesem Buddha zu dienen, der voller Zärtlichkeit und Zuneigung ist. Wenn ich auf die Erde zurückkehre, um andere Existenzen zu durchlaufen, wünsche ich, bei jeder neuen Geburt mit grenzenlosem Eifer meine Pflichten Buddha gegenüber zu erfüllen und zur transzendentalen Einsicht zu gelangen.« Nachdem er Abschied genommen hatte, verfiel er in Schweigen und versank in Meditation. Er sprach noch ein letztes Gebet, das er die Anwesenden wiederholen ließ: »Verehrung sei Dir, o Maitreya *tathāgata*, der Du mit sublimer Einsicht begabt bist; im Einklang mit allen Menschen wünsche ich, Dein liebevolles Antlitz zu schauen. Verehrung sei Dir, o Maitreya *tathāgata*! Ich wünsche, nachdem ich dieses Leben verlassen habe, in die Menge einzutreten, die Dich umgibt.« Wenig später hauchte er seinen Geist aus. »Sein Gesicht bewahrte eine rosige Färbung, und alle seine Züge brachten Freude und Glück in höchstem Maße zum Ausdruck...« Kaiser Kao-tsung beweinte ihn und ließ ihn mit außergewöhnlichen Ehren im Kloster der Großen Wohltätigkeit bestatten.

Chinesische Pilgermönche auf der Seidenstraße

Ein Nachwort

So außerordentlich der Wagemut und die Wirkung des Hsüan-tsang gewesen sein mögen, er steht mit seiner Unternehmung in einer Tradition. Vor ihm und nach ihm hat es vom Glauben beseelte Mönche immer wieder westwärts gezogen, um den Buddhismus an seinen Quellen zu studieren.

Einer der ersten war der Mönch Fa-hsien (ca. 334–420), der zur Zeit der Östlichen Jin-Dynastie von Ch'ang'an aus die Seidenstraße entlang – über Kutscha, Chotan, die Königreiche am Himalaya, weiter über Kaschmir und Kabul bis zu den am Indus und am Ganges gelegenen heiligen Stätten – gereist war. 399 aufgebrochen, durchquerte Fa-hsien in 13 Jahren 30 Reiche. In Indien ließ er sich mit etlichen Schriftrollen beschenken, zog dann 409 von Tāmraliptī (d. i. Tamluk in Bengalen) aus per Schiff wieder ostwärts über den Golf von Bengalen hin zum ›Löwen-Reich‹ (heute Sri Lanka); dort blieb er für längere Zeit und intensivierte seine buddhistischen Studien.

Fa-hsien muß der erste Pilgermönch gewesen sein, der die Seidenstraße zu Land und auf dem Meer bereist hat. Seine Rückfahrt verlief dramatisch. Das erste Handelsschiff schlug in einem schweren Sturm leck und trieb zwei Wochen steuerlos dahin, bis es auf einer Insel strandete; mühevoll wurde es ausgebessert. Über die Straße von Malakka erreichte er nun zwar nach 90 Tagen das Reich von Yavadvipa, doch auch das nächste Schiff, das Fa-hsien eigentlich in 50 Tagen bis nach Kanton bringen sollte, verlor in einem Orkan jede Orientierung. Als dann nach 80 Tagen Land in Sicht kam, stellte man verblüfft fest, daß es die Halbinsel Shantung war. Nun zog Fa-hsien zu Fuß weiter, bis in die Nähe des heiligen Berges Taishan. Dort machte er sich an die Übersetzung der mitgebrachten Handschriften und schrieb einen Bericht, der zum erstenmal Geographie, Geschichte und Sittenschilderung der südostasiatischen Länder aufeinander bezieht – *Reise durch buddhistische Länder.* Auch zur damaligen Seefahrt lieferte er wertvolles Material, schon deswegen nützlich, weil nach ihm der kombinierte Land- und Seeweg immer beliebter wurde, bis ›die Seidenstraße auf dem Meer‹ der ›zu Lande‹ schließlich den Rang ablief.

Die Generation nach Hsüan-tsang verkörpert der Mönch I-tsing (634–713). Er hat uns ebenfalls einen Bericht über seine Pilgerfahrt nach Westen hinterlassen, und mehr noch: einen Überblick über die Fahrten all der »wahrhaft religiösen Menschen, die ausgezogen sind, das Gesetz in den westlichen Ländern zu suchen«.

Es ist eine düstere Bestandsaufnahme. »Da gab es welche, die die Große Mauer passierten und allein nach Westen liefen; andere, auch sie ohne Begleitung, die den weiten Ozean überquerten. Keiner unter ihnen, der nicht all seine Gedanken auf die heiligen Spuren gerichtet hätte; jeder von dem Glauben getragen, eines Tages im Besitz der Vier Segnungen zurückzukehren. Nur wenige haben ihr Ziel erreicht. Das hinderten die unermeßlichen Steinwüsten im Lande des Elefanten (Indien), das hinderten die reißenden Ströme und die gnadenlose Sonne, die Flutwellen, von Riesenfischen aufgepeitscht, die Wellentäler und -kämme, die bis zum Himmel schäumten. Als einsame Wanderer irrten sie hinter den Eisernen Toren (zwischen Samarkand und Buchara) zwischen zehntausend Bergen umher, stürzten steile Abgründe hinunter und zerschmetterten in den Tiefen. Jenseits der Kupfersäulen (südlich von Tonking), als Segler ganz auf sich gestellt, verloren sie beim Durchqueren der tausend Deltas ihr Leben. Von den Fünfzig, die auszogen, haben nur eine Handvoll überlebt.“

I-tsing kommt zunächst auf den Mönch Hsüan Chao zu sprechen, einer der ersten Nacheiferer des Hsüan-tsang. Von Ch'ang'an aus, wo er seine Sanskritkenntnisse erweitert hatte, ergriff er (ca. 651) »seinen bronzeverzierten Stab und machte sich durch Treibsand (Gobi) und Schneegebirge (Hindukusch) nach Westen auf«. Hsüan Chao blieb vier Jahren in Jālandhara, wo er sein Sanskrit weiter vervollkommnete, dann vier Jahre in Bodh-Gayā, in der Nachbarschaft des Bodhi-Tempels, und schließlich noch drei in Nālandā. Als er 664 nach Loyang – damals die zweite Kaiserresidenz – zurückkehrte, trug ihm der Kaiser auf, wieder nach Indien zu gehen und ihm bestimmte Medikamente wie auch einen berühmten Heiler an den Hof zu holen. Hsüan Chao führte den Auftrag aus, doch sollte er

seine Heimat nicht mehr wiedersehen. Er starb an den Ufern des Ganges.
Der Landweg von China nach Indien wurde im Laufe des 7. Jahrhunderts immer beschwerlicher. Schon Hsüan Chao war mehrfach ein Opfer räuberischer Überfälle geworden; bald wurde die Lage der Reisenden noch unsicherer: einmal wegen der Araber, die sich 642 in Persien niedergelassen hatten und ihre Raubzüge bis nach Kabul ausdehnten, zum anderen durch die marodierenden T'u-fan (Tibeter), die gegen die Chinesen revoltierten und ihnen die Vorherrschaft über Zentralasien streitig zu machen suchten (ab 660). Zehn Jahre später hatten sie Chotan, Jarkand, Kaschgar und Kutscha eingenommen; erst 692 sollte es den Chinesen gelingen, diese wichtigen Stützpunkte zurückzugewinnen. Die beiden Hauptrouten der Seidenstraße waren jetzt praktisch unpassierbar, und so blieb den buddhistischen Pilgern nichts anderes übrig, als auf den Seeweg auszuweichen.
Doch hatte auch das Meer seine Gefahren, was u.a. die fromme Geschichte des Mönches Ch'ang-min vom Dhyāna-Orden belegt (nach der Schilderung von I-tsing): Über Java und Sumatra war er bis zur Küste des Dekhan gelangt, dort aber havarierte das schwerbeladene Schiff und ging in der schweren See unter; die uneigennützigen Gebete des Mönches zum Amida Buddha sollen das Leben seiner Gefährten gerettet haben, während er selbst in den Fluten ertrank.
Die südlichen Länder und ihre Häfen spielten bald eine ähnliche Rolle wie vordem die Kette der Oasensiedlungen entlang der Gobi: Indien – Ceylon, Java – Kambodscha – Champa (Vietnam) – Kanton – dies waren die Stationen im nichtabreißenden Austausch von Gedanken, Schriften und Lehrmeinungen, von Bildern und Skulpturen. Das buddhistische Zentrum Sri Vijaya (Palambang) auf Sumatra war bald von ebenso großer Bedeutung wie früher Kutscha.
Die Chronik des I-tsing erwähnt als einen der ersten Pilger auf der Seeroute den Rechtsgelehrten Ming-yuan. Dieser stach im Golf von Tonking in See, geriet unterwegs in einen Taifun, doch gelangte er glücklich über Java bis nach Ceylon, wo er am Hofe des Königs empfangen wurde. Ming-yuan erwies sich als undankbarer Gast: Er hatte es darauf abgesehen, die heiligste aller Reliquien, den Zahn des Buddha, aus einem Stupa zu entwenden, um sie nach China zu entführen. Dank eines ausgeklügelten Alarmsystems wurde sein

schändliches Vorhaben jedoch entdeckt, und der Dieb mußte sich eine recht ›unsanfte Behandlung‹ gefallen lassen.
Eine ungewöhnliche Entdeckung machte der Mönch Ta-ch'eng-teng. Er segelte von China nach Ceylon und durchquerte den Dekhan von Süden nach Norden. Im Hafen von Tāmraliptī (Bengalen) wurde sein Schiff von Seeräubern geplündert, er kam gerade mit dem nackten Leben davon. Zwölf Jahre verbrachte er im Südosten des Landes, dann brach er auf zu den Heiligen Stätten, nach Gayā, Nālandā, Vaisali und Kuśinagara. Der Zufall wollte es, daß er während dieser Reise auf die Einsiedelei eines anderen chinesischen Pilgermönches stieß, den er als seinen Studiengefährten Tao-hsi identifizierte. Doch Tao-hsi war kurz zuvor gestorben. Eine schmerzliche Entdeckung für Ta-ch'eng-teng, der die chinesischen Bücher und Sanskrit-Tafeln seines Freundes vorfand, als hätte dieser sie gerade noch benutzt.
I-tsing ist auch Chronist in eigener Sache. Mit sieben Jahren ging er in ein Kloster. Als er zwölf war, starb sein Lehrer Shan-yu. Ein Schlüsselerlebnis, das ihn viele Jahre später bewogen hat, nach Indien zu pilgern. Im Herbst 671 schiffte er sich in Yangchou (Provinz Kiangsu) ein. Es war Monsunzeit, und dementsprechend stürmisch und aufgewühlt die See. Dennoch erreichte der persische Segler in 20 Tagen Sumatra. I-tsing blieg ganze acht Monate dort, davon sechs in Sri Vijaya und zwei in Malayu. Dann brachte ihn ein Sumatra-Schiff durch den Golf von Bengalen. Der Weg führte über die ›Insel der nackten Menschen‹ (Nicobaren-Inseln), wo die Eingeborenen den Reisenden Bananen und Kokosnüsse im Tausch gegen Eisen anboten. Im zweiten Mond des Jahres 673 erreichte man Tāmraliptī (Bengalen), wo I-tsing studienhalber ein Jahr verbrachte. Erst als er sich sprachlich sattelfest fühlte, brach er ins Landesinnere auf. Noch hatte er Nālandā und Gayā nicht erreicht, da befiel ihn unterwegs große Schwäche. Er schloß sich einer Karawane von Kaufleuten an, wurde aber mit ihnen überfallen und all seiner Kleider beraubt. Von Kopf bis Fuß mit Schlamm bedeckt, den Körper notdürftig mit Blättern verhüllt, schleppte er sich weiter und erreichte endlich die heiligen Stätten. Vor dem Bodhi-Baum, unter dem Buddha die Erleuchtung erlangt hatte, sprach er ein Gebet: »Für China erbat ich die Vier Segnungen, dann, für die ganze buddhistische Welt, das Wissen um die Heilige Tradition, die universale Begegnung unter dem Drachen-Blumen-Baum, die Begegnung mit der verehrungswürdigen Person

des Einen Mitleidigen (d.i. Maitreya, Zukunfts-Buddha) und die Erlangung vollkommener Einsicht.«

Die Lebenschronik des I-tsing berührt durchaus auch Aporien seines persönlichen Glaubens: »Wie sehr bedauere ich, so spät geboren zu sein. In der Welt heute kann ich das *Tor* nicht finden, kann den *Weg* nicht erkennen, der zum Nirvāna führt. Ich stieg zu Fuß hinauf auf die Anhöhe über der Stadt und blickte ins Weite. Mein Herz ging auf Reise über die *Sieben Meere.* Von Verwirrung heimgesucht, waren die *Drei Welten* wie in einen Abgrund gestürzt, und unter den zehntausend Arten von Lebewesen keine einzige reinen Herzens. Nur der Maitreya besaß die vollkommene Einsicht, er zerstreute den Staub und besänftigte die Wellen, er erschloß uns den *Letzten Pfad.*«

Im Jahre 685, also 14 Jahre nach seinem Aufbruch, schiffte sich I-tsing wieder in Tāmraliptī ein. In Sri Vijaya widmete er sich dann dem Übersetzen der Sanskrit-Texte, die er zu Tausenden mit sich geführt hatte. Doch die Arbeit war allein nicht zu bewältigen. 689 brach er nach Kanton auf, um Hilfe zu holen. Er rekrutierte dort eine Reihe gelehriger Schüler, um vier Monate später wieder nach Sumatra zurückzukehren. Fünf weitere Jahre arbeitete er an Tagebüchern und Übersetzungen, bevor er endgültig 695 die Heimreise nach China antrat. In Loyang bereitete man ihm einen hochoffiziellen Empfang: Die Kaiserin Wu Tsê-t'ien begrüßte ihn am Osttor der Stadt an der Spitze eines großen Gefolges. Es war ihr Wunsch, I-tsing möge seine Arbeit als Gast am kaiserlichen Hofe fortsetzen.

Wu Tsê-t'ien, eine der markantesten und zugleich schillerndsten Persönlichkeiten in der Geschichte Chinas, war ursprünglich die Geliebte des T'ang-Kaisers T'ai-tsung gewesen und nach dessen Tod (649) die Konkubine seines Sohnes Kao-tsung geworden. Sie war nicht davor zurückgeschreckt, ihr eigenes Kind zu töten, um den Mord der damaligen Kaiserin in die Schuhe zu schieben. Ihre Intrigen brachten den gewünschten Erfolg: Die Kaiserin wurde abgesetzt und Wu Tsê-t'ien avancierte zur Ersten Dame im Staate. Der Kaiser war ihr nicht gewachsen, und so nahm sie 660 im Namen des ›Herrschers des Himmels‹ die Regierungsgeschäfte selbst in die Hand. Rücksichtslos ließ sie jeden hinrichten, der gegen sie zu opponieren wagte, die Frauen und Töchter der Gemordeten mußten ihr als Skavinnen dienen. Andererseits verstand sie es, mit ihrem energischen Führungsstil die Barbaren an allen Grenzen in Schach zu halten. In ihre

Regierungszeit fällt auch die Rückeroberung der Vier Festungen (Kutscha, Karaschahr, Kaschgar, Chotan).
Erstaunlicherweise hatte diese Frau trotz ihres grausamen Wesens ein tiefes religiöses Empfinden. Zwischen 672 und 675 entstand unter ihrer Schutzherrschaft die Skulptur des berühmten Großen Buddha, umgeben von Bodhisattvas, Mönchen und *lokapāla*, in den Höhlen von Lungmên.
Es ist interessant, an diesem Beispiel zu beobachten, wie hier die mystizistische und idealistische Form der Darstellung früherer Zeiten einer äußerst realistischen Darstellung von Gewalt gewichen ist.
Als nun I-tsing seiner Kaiserin gegenüberstand, vermochte er wohl kaum eine ähnlich verläßliche und freundschaftliche Beziehung zu empfinden wie vor ihm Hsüan-tsang zu Kaiser T'ai-tsung gegen Ende seines Lebens. Sicher verspürte I-tsing wenig Lust, an einen korrupten Hof zu gehen; ihn interessierte ausschließlich sein Übersetzungswerk. So wurden ihm eine Anzahl Mandarine und chinesische Gelehrte neben indischen Fachleuten, die sich in China niedergelassen hatten, zur Seite gestellt. Ein Mönch aus Chotan namens Sikṣananda war eine Zeitlang sein Hauptmitarbeiter. Mit Hilfe dieses Stabes gelang I-tsing die Übersetzung von nicht weniger als 56 Schriften, ganz abgesehen von der Arbeit an seinen eigenen Werken. Im Jahr 713 starb er friedlich, 79jährig.

Blicken wir noch einmal zurück auf jene einzigartig fruchtbare Zeit in der Geschichte Asiens, als sich dank der T'ang-Herrscher der ganze Kontinent zu öffnen begann – für Missionare, politische Gesandte, Handelskarawanen. Dieser geschichtliche Moment bot Japan, in dem die sino-buddhistische Kultur gerade zu keimen begann, und ebenso Korea die Chance, an der machtvollen Ost-West-Strömung teilzuhaben. So machten sich in der Nachfolge Hsüan-tsangs koreanische Mönche nach Westen auf, und sein japanischer Schüler Dosho, der 653 mit einer Gesandtschaft nach Ch'ang'an gekommen war, sollte später die Lehre des Meisters auch in Japan verbreiten – die Yogācāra-Bewegung, auch als Hosso-Lehre bekannt. Etwa zur gleichen Zeit suchte der Japaner Shitsu das T'ang-Reich auf, um sich im buddhistischen ›Weg‹ unterweisen zu lassen.
Unter dem Einfluß chinesischer Missionare hatte Japan endgültig seinen Zugang zum Buddhismus gefunden. Über den Buddhismus

wiederum gelang dem Land der Anschluß an den Kreis der alten Kulturnationen. Dies war vor allem der Aufgeschlossenheit zweier Politiker zu verdanken, dem Regenten Shotoku Taishi (reg. 592–621) und Prinz Nakanoe (reg. 645–671). Die historische Gründung Japans erfolgte 604 auf der Grundlage der Verfassung von Shotoku, deren zweiter Artikel lautete: »*Die Drei Juwelen* (der Buddha, das Gesetz, die Ordnung) sind die höchste Zuflucht für alle Wesen und der letzte Sinn aller Existenz . . . Wenige Menschen sind von Grund auf böse. Alle Menschen sind dazu fähig, die Wahrheit zu erkennen, wenn sie darin unterwiesen werden.«

Das Andenken an den Pilgermönch Hsüan-tsang, der vor nunmehr dreizehn Jahrhunderten den Grundstein zur Verbreitung der buddhistischen Lehre in ganz Ost- und Südostasien gelegt hat, ist lebendig. Die unzähligen Touristen aus der Volksrepublik China, aus Taiwan, Hongkong, Japan und Korea, die täglich die Große-Wildgans-Pagode in Hsi'an, (Ch'ang'an), besuchen, in der Hsüan-tsang sein Werk vollendete, ehren in ihm einen ihrer größten Kulturstifter.

Ulf Diederichs

Anhang

Literaturhinweise

BEAL, Samuel: *The Life of Hiuen-Tsiang by the Shaman Hwui Li.* Popular Edition. London: Kegan Paul, Trench, Trübner & Co., 1914, XLVII, 218 S.

BEAL, Samuel: *Si-Yu-Ki. Buddhist Records of the Western World.* London: Kegan Paul, Trench, Trübner & Co., 1906. 2 Bde. CVIII, 242, 369 S.

DUTT, Nalinaksha: *Buddhist Sects in India.* Calcutta: K. L. Mukhopadhyay. 1970. IX, 318 S. (Appendix 1: Hiuen Tsang on the Dispersion of Buddhist Sects in India [629–645 A.D.], S. 281–309).

GROUSSET, René: *Sur les traces du Bouddha.* Paris: Plon, 1929, 1957 (Paris: Librairie Académique Perrin, 1977, 315 S. Übersetzung nach dieser Ausgabe, S. 17–233).

GROUSSET, René: *In the Footsteps of the Buddha.* London 1932.

GROUSSET, René: *In the Footsteps of the Buddha.* Translated from the French by J. A. Underwood, New York: Grossman Publishers, 1971. XI, 337 S.

Hsuan-Tsang. The Pilgrim & Scholar. Bhikshu Thich Minh Chau of Vietnam. Nha-Trang, Vietnam (Vietnam Buddhist Institute), o. J.

JULIEN, Stansilas: *Histoire de la vie de Hiouen-Thsang et de ses voyages dans l'Inde depuis 629 jusqu'en 645.* Paris 1853.

JULIEN, Stanislas: *Mémoires sur les Contrées Occidentales,* traduits du Sanscrit en Chinois en l'an 648 par Hiouen-Thsang et du Chinois en Français avec des Documents geographiques par Vivien de St. Martin. Paris 1857.

LAMOTTE, Etienne: *Histoire du Bouddhisme Indien. Des origines à l'ère Śaka.* Louvain-Leuven 1967 (Bibliothèque du Muséon, Bd. 43). XII, 862 S.

LÉVY, Paul: *Les Pèlerins chinois en Inde.* In: Présence du Bouddhisme. France-Asie, Tome XVI, No. 153–157 (Février-Juin 1959), S. 375–436 (Hsüan-tsang: S. 402–432).

The Life of Hsuan-Tsang. The Tripiṭaka – Master of the Great Tzu-en-Monastery. Comp. by Monk Hui-Li. Peking: The Chinese Buddhist Association, 1959.

SASTRI, K. A. Nilakanta: *The Chinese Pilgrims.* In: Présence du Bouddhisme (1959), S. 437–448

SASTRI, K. A. Nilakanta: *Chinese Travellers.* In: Bapat, P. V. (Hrsg.): 2500 Years of Buddhism. New Delhi: Ministry of Information and Broadcasting, Government of India, 1956 (Third Reprint 1971), S. 225–243 (Hsüan-tsang: S. 231–241).

WALEY, Arthur: *The Real Tripitaka and Other Stories.* London: George Allen & Unwin, 1951. 291 S. (Hsüan-tsang: S. 9–130).

WATTERS, Thomas: *On Yuan Chwang's Travels in India (A.D. 629–645).* Edited after His Death by T. W. Rhys Davids and S. W. Bushell with two Maps and an Itinerary by Vincent A. Smith. London: Royal Asiatic Society, 1904–05. 2 Bde. (First Indian Edition: New Delhi: Munshi Ram Manohar Lal, 1961. XIII, 401, 357 S.).

WU CHENG'EN: *Journey to the West* (Xiyouji), translated by W. J. F. Jenner. Beijing Foreign Languages Press 1982 (vol. I), 1984 (vol. II) and 1986 (vol. III).

Register

Abhidharma 90
Abhidharmakośāśtra 36, 70, 131
Āditya 210
Ajaṇṭā 182, 208, 230
Ajātaśatru 166f.
Allāhābād 132, 135, 208
Almosenebene 210
Amarāvatī 143, 173ff.
Ānanda 122, 148, 167, 168
Āndhra 173ff., 182
Antilopenpark 151f.
Apalāla 111
Arjuna 124
Āryadeva 122, 126, 135, 173
Asaṅga 106, 116, 124, 132, 137, 165, 188, 189, 229
A-shih-na Shê-êrh 27, 228, 238ff., 245
Asita 143
Aśoka 89, 98f., 112f., 115, 129f., 135, 137, 140, 142, 144, 146f., 152, 156, 159, 167, 208
Avalokiteśvara 44, 47f., 160, 164, 169, 193, 203

Bäzäklik 40, 51f., 54
Baktrien 56f., 75, 80, 87f., 94, 97, 105
Bālāditya 120, 165
Balch (Baktra) 88ff., 98
Bambusgarten 166
Bāmiyān 63, 90f., 94, 185
Begram 94, 215
Benares 139, 150f., 153f.
– Predigt von B. 151
Bezwada 173, 175
Bhārhut 143, 167
Bharnkaccha 183
Bhāskaravarman, König von Assam 197f., 200, 202, 213
Bhuvaneśvar 172
Bihār 119, 125, 155
Bilsar 214
Bimbisāra 165ff.
Bodh-Gayā 157, 160, 162, 250
Bodhi-Baum 107, 129, 158ff., 199, 206, 252

Brahmā 127, 140, 146f., 159, 202
Buchara 242, 250
Buddhas Abschiedsstein 156
Buddhaccarita 144
Buddhasiṃha 132
Bunēr 110, 112

Cālukya-Dynastie 129, 173, 175, 178f., 181
Campa 170f., 176
Ch'angan 14, 17f., 23f., 30, 36, 46, 62, 69, 76, 206, 209, 228, 233, 242f., 245, 249f., 254f.
Chārsaḍḍa 105, 108
Ch'êngtu 34, 36
Chieh-li 24f.
Ching-tê 18, 21
Chosrau I. 88, 93
Chosrau II. 75, 184, 186
Chotan 7, 226ff., 241, 249, 251, 254
Ch'ü Wen-t'ai 53ff., 237f.
Cīnabhukti 122
Cola-Reich 173, 178

Dakka 105
Dvāravatī-Königreich 171
Dekhan 36, 129, 172, 175, 178f., 252
Devadatta 141, 166
Dharmapāla 165, 178
Dhruvasena 183
Diamantthron 156f., 159, 160
Dignāga 165, 175
Dīpaṃkara 99
Dschalalabad 97
Dschambul 82

die Eisernen Tore 86f., 250
Elephanta 182
Ellora 181f.
Etah 214

Fa-Hsien 249
Fu-tu-hsin 228

Gandhāra 7, 31f., 52, 61, 75, 87, 91, 93, 95f., 99ff., 105ff., 111ff., 120, 123f., 131, 215, 219

Gandak 147, 150, 154
Gauḍa (Gauṛ) 128, 181, 199
Gayā 129, 159, 161, 188, 199, 206, 252
»Göttliche Blume« (Haripuṣpa) 239f.
Gogrā-Fluß 131f., 150
Großes Fahrzeug → Mahāyāna
Große Wildgans-Pagode 255
Goli 173f.
Gujarāt 129, 183, 198
Gupta 9, 31f., 61f., 120, 124f., 128f., 137, 150f., 155f., 174, 182, 198f.

Haḍḍa 99f.
Hami 41f., 44, 47, 49
Hāriti 108
Harṣavardhana (Harṣa) 121, 125, 128ff., 136, 179f., 183, 188f., 197ff., 204ff., 211ff., 242f.
Höhlen der tausend Buddhas (Ch'ien-fu-tung) 232
Hsieh-li 19, 23f.
Hīnayāna (das Kleine Fahrzeug) 34, 37, 58, 71, 89ff., 96f., 112, 114, 120, 122, 127, 131, 135, 137, 143, 152, 170f., 189, 201f., 205f., 224
Hindukusch 90, 94, 98, 217f., 233, 250
Hou Chün-chi 237f.
Hui-li 180, 183, 205, 207, 231

I-tsing 250ff.
Indra 109, 127, 140, 146f., 149, 154, 159f., 202
Īśānapura 171

Jālandhara 122, 214, 250
Jalālābād 97f., 103, 215
Jarkand 61, 224, 237, 251
Jātaka 114;
– vom duftenden Elefanten 161
– vom Elefanten mit sechs Stoßzähnen 152
– Wunder der Frankoline 149

– vom guten Hasen 154
– des Hirschkönigs 153
– des wohltätigen Hirschen 149
– des Mahāsattva 114
– des Königs der Śibi 111
– der Wildgans 167
Jetavana 139f., 142
Jinagupta 75
Jumnā 83, 135, 137, 122, 124, 209, 214

Kabul 96ff., 101, 103, 105, 108, 249f.
– -tal 80, 88, 96, 99
Kajūghira 200
Kaliṅga-Land 172
Kalyānī 182
Kanauj 125, 128ff., 181, 198, 202, 206f., 211, 214;
– Versammlung von 206
Kāñcīpura 175f., 178
K'ang Yentien 230
Kaniṣka 95f., 99f., 106ff., 113, 115f., 130
Kapilavastu 100, 142ff., 147
Kapiśa 80, 90, 94ff., 102, 107, 112, 114, 242;
– König von 215, 217
Kāpiśī 95ff., 215
Kapitha 127
Kao-tsung 246, 248, 253
Karaschahr 58ff., 238ff., 254
Karghalik 224
Kārlī 182
Kaschgar 27, 62, 217, 223f., 237, 251, 254
Kaschmir 61, 114ff., 119ff., 168, 215, 227, 249;
– König von 215
Kāśyapa 161, 167f.
Kauśāmbī 137, 139, 214
Kirisch 59, 65
Kizil 62ff., 66ff., 73, 93, 225, 240
der Kleine Weg 70, 89, 97
Kleines Fahrzeug → Hīnayāna
Kloster
– von Bhājā 182
– ching-t'u-szu 33
– des Großen Glücks (Hung-fu-szu) 233
– der Großen Wohltätigkeit (Ta-tz'u-en-szu) 180, 243f., 246
– im Kleinen Walde 243
– von Kapoten 169
– Kung-hui-szu 34
– Shao-lin 243
Konfuzius 34, 242
Koṅkan 178, 181
Kośala → Oudh
Kṛṣṇa 122, 124f.
Kuku-nor 40
Kuṇala 112f.
Kumārajīva 61, 70
Kumāralāta 114
Kumtura 61, 63ff., 66
Kuṇala 112
Kundus 88, 218
K'un-lun-Gebirge 41, 224, 229
Kuo Hsiao-k'o 238f.
Kuṣāṇa 88, 96, 100, 106, 113
Kuśāg(ā)rapura 165
Kuśinagara 147f., 252
Kutscha 27, 56, 59ff., 68ff., 73, 93, 184, 227f., 238ff., 249, 251, 254

Lampāka 95, 98f., 105, 215
Land der tausend Quellen 80
Li I-piao 197, 202, 242
Li Shih-min 15ff., 28, 201 → T'ai-tsung
Li Yüan 15f., 19f., 28
Lop-nor 91, 93, 230f.
Lotus des Guten Gesetzes 61, 166
Lumbinī 142
– -garten 144, 146
Lungmên 14, 26, 254

Mādhyamika 61, 122, 173, 187ff.
Magadha 120, 129, 155f., 160, 165, 167, 183, 198, 200, 232
Mahābal(l)ipuram 175
Mahābhārata 124
Mahākāśyapa 161
Mahārāṣṭra 129, 175, 178ff.
Mahāyāna (Großes Fahrzeug) 9, 32, 34, 37, 61, 70, 96f., 102, 106, 111f., 116, 120, 124, 131f., 165, 175, 178, 181, 187, 189, 194, 200ff., 205ff., 215, 227, 232, 235
Maitraka 183, 198
Maitreya 42, 71, 132, 134, 152, 161, 164, 169, 248, 252f.
Malakūta 178
Mālava 120, 125, 129, 183, 214
Mañjusri 164, 182, 188
Māra 45, 100, 158, 212, 232
Matipura 127
Maudalyāyana 122, 141
Mathurā 122ff.
Māyā 62, 66, 68, 143, 146
Mihirakula 107, 120, 199
Miran 91
Mokṣagupta 69ff.
Mucilinda 159
Murtuk 51, 53

Nāgānanda 199
Nagarahāra 8, 95, 97ff., 102f., 215
Nāgārjunikonda 173ff.
Nāgārjuna 122, 188f.
Nālandā 162ff., 168, 178, 187ff., 192, 200, 202, 205, 250f.
Narasiṃhavarman 175
Nārgājuna 173
Nāsik 181
nirvāna 37, 46, 133, 147f., 150, 152, 156, 159, 222, 253
– -sutrā 34

Orissa 172, 181, 189
Oudh (Ayodhyā) 119, 131f., 139, 141
Oxus 19, 75, 86ff., 93, 218, 220

Pallava-Dynastie 175f.
Pamir 40f., 56, 74, 80, 86, 96, 186, 217, 219ff., 223, 227, 242f.
Pāṭaliputra 155ff., 166
Pennār 173, 175
Peschawar 105ff.
Prājapatī 140
Prajñākara 90, 96
prajñāpāramitā 47, 246
Prasenajit 139f.
Pravarapura 115
Prayāga 132, 135ff., 200f., 213
Predigt von Benares 151, 192
Pulakésin II. 129, 175, 179ff.

Pūrṇavarman 199f.
Puṣkarāvatī 105, 108

Rāhula 123
Rājagṛha 165ff.
Rāmagrāma 146
Ratnāvali 199
Rummindei 142, 146

Sängim 51f., 54
Śākala 119ff.
Śākya 142f.
Śākyamuni 24, 37, 70, 88, 99f., 111, 122, 141, 160f., 192, 199, 205, 222
Samarkand 82ff., 88, 242f., 250
Samataṭa 170
Sāṃkhya 190f.
Sāñcī 159, 167, 174
Śāriputra 122, 141
Sarvāstivāda 116, 127, 187
Sarvāstivādin 58, 170f., 224
Siddhi 97, 165, 168
Sikṣānanda 254
Śīlābhadra 7, 164ff., 168, 178, 187f.
Siṃharaśmi 189
Śiva 150, 182, 200, 210
– von Benares 150
Śkrīpṣetra 171
Śrāvastī 139ff.
Sri Vijaya 251ff.
Subhūti 128
Śuddhodana 143f., 147
Sung-yün 79, 90, 96, 109ff., 219f.
Swartanep 69ff., 239

Takla-Makan 229
T'ai-tsung 7, 23ff., 30, 33, 38, 53, 69, 76f., 84f., 95, 194, 200f., 212, 228, 232ff., 237ff., 241ff., 253f.
→ Li Shih-min
Tamilengebiet 175, 178
Tāmraliptī 170ff., 249, 252f.
Taschkent 75, 82
Taxila 112ff., 214
Thānēsar 121, 124, 198, 214
T'o-pa Chün 13
Ṭraṇa (parvata) 169
Transoxianien 83ff., 186, 220
tripiṭaka (Sammlung der Drei Körbe) 131, 167, 180
T'ung, Großkhan der Westtürken 74, 78, 80, 218
Tunhuang 7, 35, 42, 46, 82, 217, 231ff.
Turfan 7, 40, 49, 51ff., 68, 75, 79, 88, 138, 184, 213, 237

Uḍḍiyāna 109ff., 215
Upāli 122
Vaibhāṣika 70, 131
Vaiśālī 154f., 252
Vaiśeṣika 191
Vairocana 227
Vaiśravaṇa 26, 227
Vajrapāṇi 147f., 225, 229
Valabhī 129, 183, 198
Vasubandhu 106, 116, 120, 124, 131f., 137, 165, 188ff., 229
Veda-Schriften 61, 163, 187
Vibhāsāśāstra 70, 90
vijñavāda-Lehre 37, 122, 178
Viṣṇu 176, 198, 210
Viśvaṃtara 24, 108ff.

Wang Hsüan-ts'ê 206, 214, 242
Wen-ch'êng 241f.
Wunderwettstreit 140
Wu Tse-t'ien 253

Yang, Kaiser der Sui 16f.
Yen-ts'ung 180
Yezdegerd III. 186
Yogācāra 37, 122, 131, 168, 188ff., 200f., 244, 254
Yogaśāstra 70
Yü-mên-kuan 42, 44
Yulduz 58f.
Yünkang 14, 32

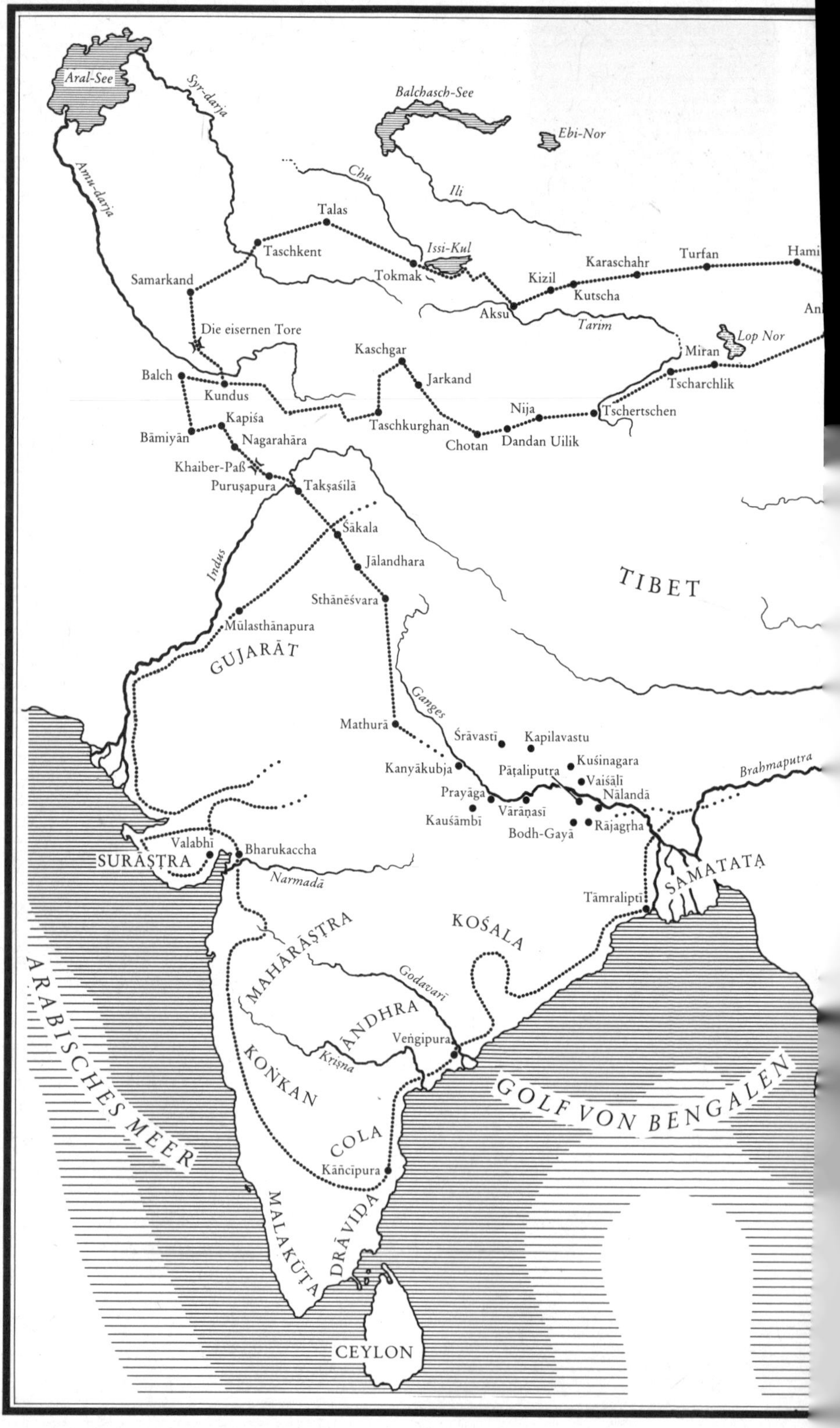
Aral-See
Syr-darja
Amu-darja
Balchasch-See
Ebi-Nor
Chu
Ili
Talas
Taschkent
Samarkand
Issi-Kul
Tokmak
Karaschahr
Turfan
Hami
Kizil
Kutscha
Aksu
Tarim
Die eisernen Tore
Lop Nor
Miran
Kaschgar
Jarkand
Tscharchlik
Balch
Kundus
Nija
Tschertschen
Kapiśa
Taschkurghan
Chotan
Dandan Uilik
Bāmiyān
Nagarahāra
Khaiber-Paß
Puruṣapura
Takṣaśilā
Śākala
Jālandhara
Indus
TIBET
Sthānēśvara
Mūlasthānapura
GUJARĀT
Ganges
Mathurā
Śrāvastī
Kapilavastu
Kuśinagara
Kanyākubja
Pāṭaliputra
Vaiśālī
Brahmaputra
Prayāga
Nālandā
Kauśāmbī
Vārāṇasī
Bodh-Gayā
Rājagṛha
Valabhī
Bharukaccha
SURĀṢṬRA
Narmadā
SAMATATA
Tāmraliptī
KOŚALA
MAHĀRĀṢṬRA
Godavarī
ĀNDHRA
Veṅgipura
KOṄKAN
Kṛiṣṇa
ARABISCHES MEER
GOLF VON BENGALEN
COLA
Kāñcīpura
MALAKŪṬA
DRĀVIḌA
CEYLON